U0114338

五大民航機製造公司頭號機巢位置圖

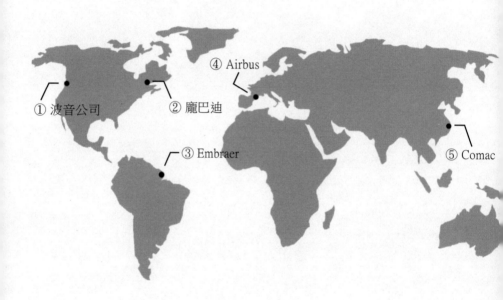

① 波音公司
② 龐巴迪
③ Embraer
④ Airbus
⑤ Comac

① 波音公司（美國西雅圖）
② 龐巴迪（加拿大蒙特婁）
③ Embraer（巴西聖保羅）
④ Airbus（法國土魯斯）
⑤ Comac（中國上海）

博客思出版社

民航機爭霸

張建中　著

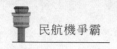

前言

　　本書開寫於 2015 年二月，主題是大飛機製造廠家發展大轉勢，2016 年，波音公司成立滿百年，空中巴士公司 A350 跨過量產門檻，兩大巨頭在單走道機種市佔平分差距拉開，傳統燃油推進的大飛機已然定型。許多影響航空業發展的單位及規則都稍加提及，以便讀者建立航空業界生態輪廓印像。

　　隨著搭機人數越來越多，次數越來越頻繁，筆者覺得一般大眾可能需要一本介紹大飛機行業的書來參考，瞭解大飛機及民航業的一般常識或者淺顯的專業知識，特別是身為一個疆域廣大國家的國民甚至海島住民，在航空發展達百年的今日，交通上搭飛機幾乎已成為必然甚至依賴，國民的航空知識培養至關重要，行業內人員的專業及搭機民眾的素養都面臨提升強化，最好最自然的方式或許可以從普通知識開始認識瞭解。回想起筆者高中時期，多數的航空知識都是先從圖書取得，當時有許多中文翻譯介紹一二次大戰的戰鬥機及轟炸機，尤其是飛行員的空戰事蹟，吸引啓發許多年輕人投向航空領域發展；如今，民用航空業及民航大飛機少說也盛況發展了半世紀，於今更是大量的吸引各國年輕人投身航空，在研發、設計、工程、飛行、空服、地勤、維修及航管等崗位上成為航空業直接雇用人員，可能正是因為如此，大家習以為常，反而在圖書市場較少發現通識介紹書籍，正好給筆者一個機會寫成本書，希望筆者初試啼聲所提供之行業觀點內容能起到吸引讀者的功效，達成寫書的初衷。

本書資料多來自網路新聞報導、航空顧問業報告、空中巴士公司多年對外簡報及年報財報、20 年內市場預測、Aerospace Testing International，國際航空組織統計報告，維基百科（Wiki），Composites World，民航公司網站，「From Worst to First」……等等。筆者因為常年觀察空中巴士這家歐洲飛機製造商，因而本書以該公司為主角作敘述，難免偏頗，希望讀者可以理解接受，未來有第二版時，再將其他飛機製造商的故事也大幅加以寫入。

由於大飛機是硬科技，為了避免本書內容太過工業化，筆者寫就時盡量採用通俗的說法，內容也偏向採取大眾化可以接受的，減少科技艱深份量，所以採用新聞雜誌報導的內容最多，而由於歐美記者有時報導直率不修飾，筆者能改則改，不能改也只好照實翻譯，另外若有引用古籍不恰當之處也請多多包涵。提到的範圍約略可集中成四大類，一是空中巴士公司發展歷史及營運績效，二是 A3XX 諸機族開發上市的紀要介紹，新聞界關切的事項，三是空中巴士與全球航空運輸業共榮發展航空經濟的過程紀要亮點等，四是空中巴士公司產品策略及其與波音公司的競爭。至於與大飛機有關的技術及工程部份，是必需提到，但為求本書是給大多數的讀者閱讀，比重降低且不求深層描述，也分散在不同機族作介紹；同樣比重低的包含航空公司的專業管理領域，至於重要的飛機維護領域及航行管理可能就以幾句話帶過。希望因筆者才疏學淺所列出的簡略內容，依然足夠喚起讀者們對航空的熱情，引起共鳴，如果因此有人日後想踏入航空業，對筆者寫書而言就是最大的肯定鼓舞。

本書希望透過成功的飛機製造企業的事蹟，快速瞭解航空經濟幾十年來的發展歷程。寫法上以通俗報導式的寫法，讓讀者能輕鬆的瀏覽，每一段落單獨從一個面向報導一個時勢觀察點，避免科技工業的枯燥，也避免落於論文寫作化，讀者可以單獨看一段，得到觀察表達之重點，間或夾雜作者心得看法，因此不免有些內容看起來會重複，然而有些談論的相同主題卻是時段不同，也盡量以文字作區隔劃分。由於航空業的專業內涵範圍很廣，有許多名詞是跨理工或管理統計上用的，也盡可能在文章內作簡單解釋，至於讀者有意更深入瞭解的話，礙於本書較偏向取材自新聞報導，所以要請您自他處尋得答案。由於取材資訊多來自新聞媒體，正好可以站在業界關切的重點角度一同觀察航空業的發展，例如，因為座椅的延誤交貨使飛機上市也延遲了，業界經年累月將它當一回事追蹤報導，便成為本書中必須一提之事，重不重要，值不值得一提，讀者可以公評；又例如許多書中提到的一些統計數字，筆者盡可能連同時空背景一併交代清楚，如果與概況差距過大，就可能是筆誤，請諒解；本書沒打算放進圖表照片，單純用文字敘說介紹行業概略史況，讀者若想深入探究，可以自他處搜尋。因這航空業是依舊在持續發展中，未來肯定會繼續出第二版，本書自然會增加日後新的發展，甚至把以往發生的事也一併補實。

　　工業所帶來的經濟利益，一向是所有經濟的根，美國因為連續二十年製造業向國際外包，導致硬工業疲弱，只剩下虛產業撐出一片股市榮景，明證有機器手臂四大巨頭盡在歐日兩國，電動車遲遲不能放量；待美國新總統特朗浦一上任喊出美國優先後，立刻有製造業積極爭取投資設廠，幸好美國國內尚保有真正的軟實力科技研發在手，例如許多機器手臂的利基市場（nich market）存在為數眾多的製造業內，如波音公司的自動化組裝便是一例，又如大量依賴數學演算法的 AI 人工智慧，就是美國廠家發展自駕車技術的主幹，然而這種自動駕駛早就在民航大飛機實現成熟，在你我日常搭機旅行時安全享受到。所以筆者寫本書，有一用意是紀錄下國際上航空工業及其科技突破的發展歷程，或許真正談技術的內容很少，但是希望能給讀者參考或引發思考二十世紀民生工業擷取航太科技利基致經濟繁榮的往事，或許讀者有朝一日在業界握有實權時候，可以發揮再上升的影響力，可以在系統工業領域也獲取同關鍵零組件一樣在產業界舉足輕重的成就，例如台灣半導體代工業近乎寡佔就是押寶硬科技，在關鍵零組件市場上獲取成功明證，也期望現在普遍來料來圖加工的公司群，也能

提升到有研發的功能上,超越現有掌握的大量生產技術,跨個坎兒,把競爭優勢質的部份再強化擴延。

本書內容橫跨大飛機工業數十年,希望對讀者起一個認識其長期發展的過程,從中對其複雜的各種專業知識及過程用語有初淺認識,進而成為普通常識,而不僅是吸收單獨一個新聞事件的字面消息,起因許多媒體並未作長期瞭解,率爾便進行報導,已經直接影響廣大讀者對航空業的錯誤理解,有失新聞界的職責;例如設在台灣的某家日報,就將空中巴士第一架 A321LR 於 2018 年二月首次出漢堡廠試飛升空以「首航」一詞誤用,實際應以「首飛」最為恰當,而「首航」是指航空公司首次開啟某一航道的運輸或不營利的飛行,或是在已經開通的航路上首次改採用另一架新型飛機;還有令筆者也相當意外的是在參觀 2018 年二月書展時,自某歷史悠久中文航空雜誌收到免費元月期刊,看見台灣出版界翻譯英國資深航空專家的書,稱大飛機科技為「老科技」,幸好沒有翻譯成「舊科技」,筆者要在此給讀者們一個定海神針,航空科技才是真科技硬科技深科技。因為科技及工業歷史很久,許多應用原理壓根沒變,他就是牢靠所以沒變,只是在新世紀為效率計換個新面貌。

本書為給多數讀者一個大飛機的概念,所以會列出一些性能數字,雖然都有來源出處,但必然有些會與真正當下行業內的數據存在差異,如有讀者將其背誦也請記住是大概數字,真正在航空業就職的專業人士自然還是以您工作上的數據為準,若筆者提供數據差異實在太大又不察,則請不吝反映指導。

　　本書書名原訂為『空中巴士壯業觀察』，原因是書中內容主要取材自關於空中巴士公司的報導作為骨幹，其競爭對手交易客戶等活動及航運環境則為枝葉，之後因為內容性質橫跨策略、經濟、行銷、工程製造及法規等為數眾多之領域，加上多國意在大飛機產品上力爭一席之地進而執牛耳，彷彿中國春秋時期各國說客論道門庭若市，百家爭鳴天下沸騰，如 ICAO、美國 FAA 及 EASA 可歸類法家，眾多工程公司好比魯班墨家等等，航空世紀盛況如是，筆者遂生『大飛機春秋』書名想法，最後才以本書名『民航機爭霸』付梓。

作者自序

　　寫這本書的緣由有三，一是筆者自七零年代高中期間接觸航空模型開始，就熱愛航空，迷上了，特別是走上工程一路，對飛機設計很熱衷很迷，一開始雖有很好的機會，只是進入九零年代後，服務於台灣的工業技術研究院，戮力別途，進入二十一世紀後，因為網路日益發達，開始養成瀏覽網站上航空新聞的習慣，到了第二旬，進一步收集航空新聞，特別是民用航空及大飛機的市場新聞。第二，一架民航大飛機從構想孕育到退出航空運輸勤務可以長達50 年之久，恐怕連業內的資深人士都已經說不完整始末，如果可以將長年發生的重要事蹟節錄成書，足供後起的業內人士或想一窺瞭解航空業歷史的讀者，廖作參考，略盡一些綿薄之力，也算是可以把筆者長年的閱讀成果公開分享。第三，筆者自己研發的航空器專利也需要一些經費，才可望開啓設計活動，寫書算是籌資的第一小步。

　　筆者開始寫這本書的時間相當早，因為一方面要全職工作，一方面利用休假寫作，還要維持每天瀏覽數個歐美新聞網站，閱讀搜集航空業的新聞文章，所以進度很慢，直到 2016 年七月離開工作後才開始專心加速寫作，還有一件筆者的日常生活主軸也是懸念，乃航空器設計製造，當時作概念繪圖（Conceptional Drawing）一改再改也進行了至少三年，忽然看見航空新聞出現美國谷歌的垂直起降飛機專利申請獲得通過，其特點接近筆者自詡為航空機原創設計師所作的首款設計，筆者驚覺到再不申請專利，國際上那麼多的航空器研發團隊終究有一天會和我有一致的想法，因此趕忙交換順序先進行專利申請，再繼續撰寫本書，想不到本書文稿一延再延，竟在 2017 年才完成全書八成內容，並於年終收尾時，恰好趕上空中巴士公司高管的大換代，幾位領導公司走過數十年盛世，為工程及銷售方面的最高主管紛紛交棒或是不續任，另一個也很重要的改變是把公司營收改成扣除發動機的金額，要由 2018 年財報開始實施，恰恰都帶給本書最好的段點，筆者也要向各方人事物的巧合致謝，令默默耕耘的筆者正好做了準備迎接成書最佳時機。

十年來，筆者一直以閱讀英文網站新聞所報導的航空業消息為主，因時間對任何人都是有限的，所以很快地都集中在空中巴士公司的新聞上加以收集，以至於本書的內容都偏重空中巴士的發展經營動態，提到的航空公司也側重在與其在策略上交易上有關連者，甚至原先的書名是訂做『空中巴士壯業觀察』，但因為恰巧在 2017 年底本書進入整理付梓階段時，波音公司為阻擋達美航空購買龐巴迪 C 系列近窄體民航機，以影響美國勞工為由，要求美國政府加重其進口稅賦，導致龐巴迪找上空中巴士合作生產，一時撼動全球民航機製造業，筆者適逢此關鍵時刻，延後接洽出版社，把內容稍加篇幅，最後訂書名稱作『民航機爭霸』。

最後，我要特別感謝妻子的支持，她身為成功的專業銷售職人，同時還要為家庭內扶老攜幼的一切作出辛苦奉獻，至今歷經三十年，穩定了筆者生活所處的時空環境，才可能有今日本書的寫就出版，再次感謝。

目錄 Content

摘要

　　人類發展航空器的歷程可以明顯的分成兩個主枝，一支是軍用飛機，另一支是民用飛機，我寫這本書的心意是希望為中文的讀者在民用飛機發展上，能提供一點參考。我在 2007 年前後，因銷售儀器設備，有幾趟至大陸的商務調研，參觀了包括 2007 北京航空論壇的航空展，當時見到了許多軍用飛機製造集團的展出，反倒是民用飛機比重及出色的相對較少，幸運的是，當時我也參與目睹了中國大飛機啟動的盛會，見證了中國對百人座民航噴氣機的積極投入，而就在寫書期間的 2017 年五月，C919 成功完成首飛；這些年來，我一直有個看法，認為歐洲在五億人口環境下，出現了一家空中巴士公司，而美國在三億人口的環境下，壯大了一家波音公司，換到中國十二億人口的市場，科技人才更多，至少也可以孕育出，2 至 3 家的民航大飛機製造廠；而現在完全看不出樣子的印度，難保不也在人口紅利的條件下，在日後出現大飛機製造公司。

　　在歷經 10 年閱讀航空業新聞後，特別是歐美部份，越是注意到這個民航大飛機行業的製造部份在雙巨頭波音及空中巴士幾乎瓜分市場的發展下，巨大地影響主宰人類的空中活動，越是感受到其重要性，尤其是空中巴士如何自 1970 年以集團之姿成立後，竟能在二十一世紀的第一旬就在產量上超過威脅到波音公司，甚至未來有機會在雙走道機種的份額上也拉開明顯距離，公司的發展及一舉一動，不僅是百年公司波音所必須注意的，毋寧是所有航空界人士都需關注的。

　　空中巴士的民航機系列產品，包含了 100 人座至 600 人座的民航大飛機，A380 甚至可以搭載高達 800 人，範圍已經超越波音公司。

第一章 泛說航空業

《敬禮》

在開啟本書主旨之前,首先要向航空工程師們致敬,包含了在最前緣的航空機器研發設計工程師們到民航公司的維護工程師們,這個大範圍跨公司群體的專業努力保證了今日航空運輸網的飛航安全,他們到位的工作付出,成就了機師及空服員在值勤中提供的飛航服務,缺乏他們專業的投入,是不會有今日民航網絡順暢的運轉。既使筆者所言的空中巴士公司是一家研發設計製造民航大飛機的公司,但是其所有的過程內涵都是極為工程專業的機密,雖然筆者個人也是本科出身,依舊不能妄加猜測代言,因此僅能從商業角度及新聞報導資料來寫本書。為此,特別就這段落來強調,儘管內容大都是談空中巴士公司,但真正其核心本質的研發設計並未觸及萬一。

《話說航空業沃土之飛機經濟》

歷經百年,航空業依舊是一個非常新的高科技行業,有許多特點是值得一提的。

航空業由兩大業別構成，一個是航空器製造業，一個是航空運輸業。時至 2019 年今日，在製造業方面，由於市場上的併購及消長，百人座以上的民航大飛機製造商，剩下市場公認的兩大家空中巴士（Airbus）及波音（Boeing），加上最有實力成未來市佔第三名的中國商飛（COMAC），可以說是舉世行業的特別現象，航空業的民航大飛機供應商是如此的少；另外，許多在二十世紀末的民航大飛機製造商中，競爭落居第二群如加拿大的龐巴迪，巴西的 Embraer，日本的三菱等也鎖定近百人座的區間飛機市場，持續經營著，甚至俄羅斯的 UAC 也推出 Irkut MC-21 和中國的 C919，先後在 2017 年五月進行首飛。

縱觀整體民航運輸業卻是持續在成長放大中，儘管已開發國家的民航公司家數在整合中減少，但運量依舊持續成長，反觀新興（new emerging）及新盛（under developing）國家的民用航空公司家數則持續成長，運量增長率超越已開發國家。

這個行業的行政級別管理層，也非常特殊，嚴格說起來只有兩個單位，一個是老資格的美國 FAA（Fedaral Aviation Administration），一個是歐洲的 EASA（European Aviation Safety Agency），管的是機型認證，飛機適航，航空公司的飛行，機場的運行，這些管理的執行動作，是超越政府的，直接下達。最近在 2013 年發生的大案例就是波音 B787 全球機隊遭 FAA 下令的全面停飛，因為 B787 的鋰備用蓄電池設計瑕疵，造成剛大量投入運輸的短期內連續發生幾起過熱失火事件，停飛指令無須哪國政府批准，事關人命安全。2014 年，FAA 也繼 ICAO 於 2012 年把印度列為飛航安全最糟糕 13 國後，把印度機場安全管理級別由一類降至二類，實質地阻止印度航空公司飛入美國的增班或共用班號

（code share）達一年之久。時間久了，FAA在面對管理波音公司這個航空技術大成公司，似乎也會猶豫，在當時下達B787停飛令前，拖了幾週，一直由波音董事長出面向新聞界說明，決不會對飛行安全造成危害，直到接二連三的發生中途急降，特別是日本航空（JAL）也遭逢。FAA也很為難，通過認證是他，全面停飛也是他，不明白是擔心誤了波音公司賺錢，還是傷了他自身的權威，幸好事件過程沒有發生任何危及生命情事，只有一場未證實小火災讓伊索匹亞航空的B787停檢一段時間，較為嚴重，反而是波音公司股價鶴起，好像沒事一樣，在B787停飛事件發生伊始，開啟數年一路大多頭。

除了全球唯二的兩個有管到民用飛機技術面實事的FAA及EASA之外，還有兩個分別代表官方及航空業的聯合會，具官方地位的是國際民航組織ICAO，是聯合國所屬特別機構，各國政府管航空運輸業的機構是其會員，制定國際間空中導航與飛航管制的相關準則與技術；而全球民航運輸業者參加的是IATA，類似公會組織，是屬於非強迫參加的。這兩個單位都有發佈全球空中運輸統計報告，值得參考。ICAO的歷史地位是建築在1944年在美國芝加哥市舉辦的所謂的「芝加哥會議（Chicago Convention）」，制定規範了由各國政府間自行簽訂雙邊或多邊合約，基於可授與的第一至第九航權（Freedoms of the air）（第六航權之外，又有第六修正航權），准許民用航空公司商用飛機飛行於領空內，套句俗話說，因為這場會議規範了遊戲規則，進而構成了今日提供空中運輸服務的國際民用航空通道網絡，每回民航機飛出國門，便飛在其中一條經政府們同意的空中通道上。

截至今日為止，全球搭機人次，年年增加，整體運量

（traffic）成長趨勢未見趨緩，還沒見頂成熟，只有在 911 事件、07 年金融海嘯時，運量有短期下跌，但隨後又繼續增長；看看 ICAO 公佈的數據便知，2016 年搭乘國際及國內定期航班的總旅客人次合計達到三十七億九千六百萬強，接近三個中國人口數，比起十年前的二十四億六千萬強，超出五成，而比起二十世紀末 2000 年的一十六億七千二百萬，成長了 127%，上述數據還沒有計入非定期航班及貨運。根據 IATA 的估計顯示，如此多的航空旅客在 2016 年支出的機票錢高達六千五百億美元，比 2001 年的三千二百億元增加一倍，載運的貨物價格合計達 5.5 兆美元，全年全球民用航空業運營利益達 348 億美元（ICAO 2016 年統計值為營收 7,090 億美元，收益 652 億美元。），IATA 還預測 2017 年搭機累計人次會超出 40 億，突破新里程碑，並且預測會以平均年複合成長率（CAGR）3.6% 於 2036 年達到 78 億人次，拿性質接近的個人手機消費來比較，機票賣出張數約是智慧型手機台數 15 億支的 2.5 倍，手機的銷售值偏低只有 4,290 億美元。

這個行業耀眼的成績除了由近千上萬家大小民用航空運輸公司領頭提供相關達 6,770 萬個由直接、非直接及支援等工作職務支撐外，出力最多吸引目光最重的角色不是人員，而是擔任載運旅客及貨物重任的民航大飛機機隊，由 ICAO 揭示其會員國擁有，包含停擺（Parked）加上運行中未汰除的噴射機（Turbojet）數量高達二萬五千零六十架，而依照空中巴士公司的研究顯示，2016 年伊始，全球在服勤的百人座以上民航大飛機剛超出一萬八千架，而距今十年以來，這個為數龐大的機隊，有九成以上極高比例由波音及空中巴士雙巨頭所生產的民航大飛機所組成，特別是長程寬體機種（Long Haul, Widebody）幾乎篤定可說是百分之百；這個由雙巨頭把持的民航大飛機市場，多年來已經成為一場賣飛機競賽，除了比每年年底結算收到多少架大飛機訂單及扣掉退訂的淨訂單之外，各地的航空展期間訂單及承諾等，也都會拿來比較，激烈程度不亞於球賽，連機迷都會網戰，還有更誇張的是，兩巨頭都在網站公開哪家航空公司買了某型大飛機幾架。以上就是當今航空業的雙核心，航空製造業及民用航空運輸業的大致狀況及表現。

　　民用航空運輸業在各國政府的開放天空政策下，歷經數旬讓航空經濟蓬勃發展，然而以航空公司採購所構成的飛機經濟（Aircraft Economics）中最重要關鍵的航空製造業，特別是民航大飛機這一項，卻發展成了商業上沒幾項的戰略商品之一，因為這也是資本財，偶然隔一兩年時會出現在元首會面簽訂經濟合作的場合。但是民航大飛機這件戰略商品未公開也無法證實的政府補貼研發部份，卻也在波音及空中巴士互相告到世界貿易組織（WTO）上，間接證實了航空科技確實依舊是當今的高科技，依舊需要頂尖的科技人員及龐大資金的投入奧援，不像其他消費品，全然因行業上低成本低價格競爭併購而成今日雙巨頭的局面。

　　展望未來，全球搭機人次在已開發國家 10 億人口由 2014 年的運量（RPK, Revenue Passenger Kilometer）年增率 4.2％及新盛國家 62 億人口地區的 6.0％雙速增長下，特別是搭機旅客主力的中產階級人口數，20 年後，後者人口將達到 44 億 5 千萬人，是北美加歐洲已開發地區 9 億 2 千萬的近 5 倍，比起 2014 年全球新盛地區中產階級人數的 14 億及已開發 9 億 4 千萬的未成長來看，只要沒有重大意外，航空運輸將接續二十世紀進入一段長達 20 年的擴張期，看不見經濟上的景氣循環；還有一項指標每人一年搭次（trips per capita，搭機人次），統計自歷史悠久知名的售票軟體 Sabre 對各國旅客的調查，顯示出 2013 年的美國 1.6 及歐洲近 1.0，而中國及印度分別只有 0.25 及 0.06，但是到了 2033 年時，預估印度會成長到 0.26，而中國更高會達到接近 1 的 0.95，屆時全球新盛地區人口的百分之六六，一年會搭飛機一次；早在 2012 年的統計數字顯示，每天就有八百萬旅客在天上飛，相當於一個倫敦市居民數。這項經濟上龐大且長期的曠世機遇，給準備好的民航大飛機製造公司帶來生存立足獲利豐收的機會，競逐稱霸，眼下的 2017 年已經結束，雙巨頭之一的空中巴士公司在年尾 Indigo 430 架 A320neo 加上達美 200 架 A321neo 的訂單和選擇權簽訂之下，繼續鞏固加大在已開發地區單走道飛機市佔領先波音的領先幅度，未來在飛機經濟這塊沃土上，還要開演最具關鍵的長程廣體大飛機區塊激競賽局，就讓筆者透過整理新聞報導文獻等得到的觀察紀錄，為尊敬的讀者們介紹空中巴士公司開始說起。

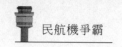

第二章 大飛機歐霸崛起

《空中巴士集團成立及沿革（形成）》

空中巴士集團正式更名於 2014 年初，距其公司成立於 2000 年，已有十四年之久。空中巴士集團原名 EADS，縮寫自歐洲航太國防系統「European Aerospace & Defense System」，其原成立之初，是基於幾位歐盟國防要員及航空工程元老的使命感，其後，時宜勢遷，因緣際會，原先認為必定佔大份額營收且為必要的國防市場，不但萎縮，甚至曾發生併購 BAE 系統公司消息一出導致股價大跌的事件，而原先集團中的民航機製造公司空中巴士「Airbus」，在近二十年的市場耕耘下，乘著世界經濟蓬發之勢，成了民航機供應商雙巨頭之一，更名時，集團在手訂單佔了百分之八十，全世界都認識 AIRBUS，但 EADS 一名，僅有行業中人士認得。因此，順應時勢及世人期望，EADS 改名為 AIRBUS。

EADS 成立於西元 2000 年七月十日，藉由整合 Aérospatiale-Matra，DaimlerChrysler Aerospace AG (DASA)，以及 Construcciones Aeronáuticas SA (CASA) 三家公司而成，

註冊於荷蘭。公司致力於設計製造民用及軍用飛機，通訊系統，飛彈，太空火箭，衛星，以及相關的系統。公司之所以成立的想法理念，最早可追朔至 1997 年六月，有一位英國 BAE 系統公司的協理（Managing Director）發表意見說「在歐洲……，只用了美國預算的一半，就支持了三倍數量的承包商……」，引導出歐洲政府希望航太國防供應商能夠整合成單一公司，也就是 EADS。而在更早的 1995 年，德國的航太公司 DASA，也就是知名的汽車製造商戴姆勒克來斯勒的航太國防部門就傳出要與其競爭對手英國 BAE 系統公司合併成立跨國的航太國防公司，兩家公司也預計可以吸引法國 Aérospatiale 參與合併，前提是其國營身分變成私有化。

然而，空中巴士公司 Airbus SAS，也就是現今空中巴士集團三成員的骨幹，是在 2001 年 EADS 持續合併期間，分別是 EADS 持股 80％，BAE 持股 20％，由已經成名的 Airbus Industrie 更名而來。Airbus SAS 之前身，Airbus Industrie，乃是數家歐洲航太製造公司的一個聯盟（consortium），在成為 EADS 一員之前，已經歷經數十年，並成為民航機市場穩定可靠之供應商。

空中巴士工業聯盟 Airbus Industrie 在成為空中巴士集團一員之前，已經在民航機供應市場奮鬥多年，取得一定成就，因此成為當年歐洲合併以作為與美國航太供應商競逐市場利益的主體骨幹，在那之前的努力不容忽視，容我們再往前瞭解空中巴士成立成長之過程。

《公司起源》

歐洲，早在 1960 年代中期，就開展了有關合作發展民航機的密集談判。各家飛機製造公司都熱衷於這種合作。他們的認知是要突破民航機市場上美國飛機製造商獨大的局面。美國航空工業，受益於包含如美國龐大疆域促成的空中旅行運輸需求，1942 年英國對美國簽署條約委與運輸機的製造，以及兩次世界大戰的政府挹注戰爭財，等多項條件，成就了廣泛強而有力的研發製造基礎，造成歐洲民航機，既使創新有效益，也難以和波音、麥道、洛克希德等美國公司競爭，最成功的也僅達到小量量產。

1959 年，當時，知名的英國航空飛機製造公司 Hawker Siddeley Aviation 就開始以「Airbus」一名用於其 AW.660 的四渦輪螺槳運輸機客運型的廣告上，該機可以載 126 名乘客作短途飛行，營運成本低廉。這家公司所屬集團，就是製造出世界首架垂直起降戰鬥機 Harrier 的 Hawker Siddeley Group，日後也是 A300 機翼的供應商。到了 1965 年的巴黎航空展時，歐洲航空界非正式地討論使共識更加凝聚，認知道，既使有政府資金挹注，也要有製造商自己的合作，在航空公司方面，非常需要美國公司除外的民航機種，能提供百人乃至 120 座以上，成本低，適合飛航短程乃至中程航線的「Airbus」。同年，在英國政府的催促下，Hawker Siddeley， Breguet 加上 Nord 開始合作設計 Airbus。這三家起始的計畫，機種代號 HBN100，成為持續性計畫的基礎，時間到了 1966 年，接續參加計畫的公司有 Sud Aviation，Aérospatiale，Arbeitsgemeinschaft Airbus，Deutsche Airbus，Hawker Siddeley，公司來自英法德三國。隔年，三國政府同意資助計畫案。只是過程中，也不是那樣順利。一度因為備忘錄提到，一俟 1968 年中，計畫量產架數必須要達到 75 架，英法兩國政府對此產生疑問，特別是法國政府同時進行 A300，協和號（Concord），Dassault Mercure 三個計畫，作勢要退出，所幸後來回心轉意，繼續支持。但是，在年底，方案變成提出 A300B 型，換成英國政府以銷售目標很難達成，投資金恐打水飄為由，於 1969 年四月宣布退出，不支持此一方案。德國政府則藉英方退出時際，將其投資佔比，增至百分之五十。由於計畫發展至此時點，Hawker Siddeley 一路都有參與，德法又不願意接手其執行的機翼設計，所以其身份只好轉為享有特權的合約商，供應極其重要的機翼。Hawker Siddeley 已經為開發工具投入三千五百萬英鎊，又由德國政府提供同等金額的貸款。

歷經多年後，1970 年 12 月 18 日，這架歐洲製中距離百人座客運飛機的構想終於促成一家公司的成立，取名為空中巴士工業經濟利益集團「Airbus Industrie Economic Insterest Group，EIG」，本年也是空中巴士公司官方自認的設立年份。誠如前述，此公司最早由法德英三國政府發起倡議，待到公司成立時，由法國 Aérospatiale 及德國 Deutsche Airbus 分別持股 50％。A300 設計製造的工作由 Aérospatiale，Deutsche Airbus 兩家分別佔 36.5％，Hawker Siddely 佔 20％，其餘 7％由荷蘭 Fokker-VFW 公司持有。1971 年 10 月，西班牙 CASA 加入公司成員，其股份佔 4.2％，分別由法德各轉讓 2.1％。隔 7 年，1979 年元月，英國航太公司繼 1977 年收購 Hawker Siddely 後，由法德各轉讓 10％後，正式取得 20％股權，成為空中巴士股東。

《首款民航機 A300》

A300 是催生空中巴士工業公司成立的機種，也是第一架以空中巴士 Airbus 為商標名稱銷售的空中巴士設計製造銷售民航機。1967 年起，A300 被賦予為 320 人座雙噴射發動機的民航機概念設計。緊隨三國政府協議底定後，授命 Roger Béteille 擔任開發計畫技術主席並組織一個部門作為來年製造 A300 的基礎。法國負責座艙、飛行控制及中機身下段的製造，令 Roger 印象深刻的 Hawker Siddeley 旗下 Trident Technology 擔任左右機翼製造部份，德國負責前後段機身及中機身上段，荷蘭則負責製造襟翼及擾流器，西班牙分配水平尾翼。同年九月，法德英三國政府在倫敦簽署備忘錄，同意 A300 後續研究，敲定由 Sud Aviation 領頭，法國及英國各分擔 37.5％工作份額，德國取得剩下之 25％，噴射發動機則交由 Rolls-Royce 開發。由於航空界的反應只能算是溫和但不熱烈，提案又修改為一款 250 人座的 A250，之後又把型號變更為 A300B，發動機改用 Rolls-Royce 已上市服役的成熟機種，特別是當時若 Rolls-Royce 開發新發動機 RB207 較計畫時程為落後，不但會消耗可觀的開發預算，對同時為洛克希德 L-1011 開發 RB211 並於 1971 年面對破產程序的 Rolls-Royce 而言，肯定很難運作。經過如是調整，終於使其物美價廉，大大提高市場競爭力，足以與同時期以三發動機為主力的美國對手相抗衡。順利地，A300 於 1972 年進行首航，其量產版 A300B2 接續於 1974 年開始商業運行，同時間，超音速協和號也開啟運行，難免光彩稍減。剛開始，這個聯盟感受極少的成功，但多虧執行長 Bernard Lathière 展現行銷功力，把 A300B2 推入美國及亞洲航空公司，訂單總算跟上。時間到了 1979 年，累積訂單達到了 256 架，空中巴士工業也在 1978 年繼續向航空市場推出新機型 A310。此期間，空中巴士德國總工程師 Jean Roeder 還語帶驕傲激昂地提到 A310 時說「我們向世界表達我們不會是滿足於九日奇蹟，我們要實現的是一個家族機隊…，我們已贏得過去不曾贏得的客戶，現在我們有兩架機種，他們有極大相似度包含了系統及駕駛艙」。這是經營一家民航機製造業非常重要的觀念，你必須有兩

種機型，才能大幅度長久吸引航空公司購買你生產的民航
機，一種是短中程單走道機型，一種是雙走道的中長程機
型。

《過渡到空中巴士 SAS》

　　由於四家合夥公司各自保有工程及製造資產，使得空
中巴士工業公司實質上只保有銷售及行銷功能。因為必須
面對承襲了四家夥伴公司既存的利益衝突，這種安排顯得
沒有效益，在聯盟內，他們既是持股者，也同時是下包合
約商，在開發成本範圍，他們是合作的，但其個別的開
發程序卻是被守護著，並且盡其可能放大其各自所運交次
結構系統之利益。當時，逐漸明朗的是，空中巴士工業公
司不再像是其原先自我表述的暫時合作生產一架民航機，
而是成為邁向新民航機開發的長期品牌。到了八零年代後
期，發展一對雙走道中型民航機的工作已經開展，此時，
就採用了空中巴士 A330（Airbus A330）及空中巴士 A340
（Airbus A340）。在九零年代早期，當時的執行長 Jean
Pierson 爭論應該放棄 GIE，把空中巴士視為傳統民航機製
造銷售公司。然而，四家公司因其法律上身分差異，要予
以整合及分別估值是困難的，乃至使得該理念遲遲未能實
現。及至 1998 年十二月，有報導指出，英國航太及 DASA
將近合併，法國部份懼於其合併後擁有的空中巴士股權達
到可主導的百分之五十七點九，堅持股份要一拆為二，各
佔一半；好在，這個問題在 1999 年元月獲得解決，英國航
太放棄與 DASA 談，改向和 Marconi Electronic System 合併
成為 BAE System。到了公元 2000 年，由三家公司，分別
是 DaimlerChrysler Aerospace（Deutsche Airbus 繼任者）、
Aérospatiale-Matra（Sud-Aviation 繼任者）以及 CASA 合併

組成 EADS，選擇了簡單容易的合併過程，此時由 EADS 擁有 Airbus France、Airbus Deutschland 以及 Airbus España，合計擁有 Airbus Industrie 百分之八十的股權。接著，BAE System 及 EADS 兩公司又把相關製造資產轉入新公司 Airbus SAS，並轉換成持股。至此時，原本多家公司聯盟的形態，終於在經營民航機市場歷三十數年後，統一了行銷販售研發設計製造各單位功能於一家公司 Airbus SAS。

只是，多年來，執掌空中巴士這家以技術為底的高科技航太公司之風風雨雨仍未停滯。像英國在許多歐洲事務上，都有其獨立於歐洲大陸的看法及行動，乃至在民航機市場也是和 EADS 分別持有 Airbus SAS 股權是其一，而 Airbus SAS 成立後，所謂的法德爭權內鬥是其二，加上其他因各種風波導致經營階層變動，也是時有發生。

到 2006 年四月，BAE system 萌生售出其所擁有的百分之二十空中巴士股權，並自行估值達三十五億歐元。市場上分析師猜測此一動向是為了使財務及政治兩方面條件更利於同美國籍公司建立夥伴關係。剛開始，BAE 尋求與 EADS 透過非正式洽商談妥價格；之後，由於談判時間延宕又得不到滿意的價格，BAE 啓用售權，指定投資銀行 Rothschild 單獨估值。就在此時六月，空中巴士 A380 延遲交機的風暴持續延宕，公司二度更改新交期，導致幾天內股價跌掉四分之一達二十歐元，竟雪上加霜又爆發了執行長涉及股票內線交易事件，七月二日 Rothschild 發佈 BAE 手上股票價值二十七點五億歐元，遠低於 BAE 自己及市場的預期。緊接著，BAE 於七月五日指派獨立稽核調查股權價值低的離譜原因何在，但到了九月份，BAE 決定以二十七點五億歐元的價格把持有的空中巴士股份全數售與 EADS，十月份經股東投票決議通過完成交易，使 EADS 作為空中巴士公司唯一母公司。

　　然而，公司管理面的動盪並沒有隨著 BAE 公司離開而停頓，就在同一個月份，空中巴士公司執行長 Christian Streiff 在很短的任期後辭職，理由是 EADS 未能如其承諾給予充分授權以進行空中巴士公司的內部組織再造。後繼由關鍵的 EADS 共同執行長 Louis Gallois 接任，使得空中巴士公司與母公司 EADS 關係更密切管理更直接。

　　2007 年二月二十八日執行長 Louis Gallois 接續宣布啟動了名為 Power 8 的組織再造計畫，四年內精簡人事一萬名；分別是法國區四千三百人，德國區三千七百人，大英國協一仟陸百人，西班牙四百人，當中有五千人是約聘。廠區關閉或售出轉手的有 Saint Nazaire、Laupheim、Varel，開放給外部投資金的有 Meaulte、Nordenham、Filton。此一宣示，立刻引發法德空中巴士公司工會罷工威脅。到了 2008 年九月，Filton 的設計活最終保留下來，製造部份則授與英國 GKN。Laupheim 轉售給 Thales-Diehl 聯盟變身為 Diehl Aerospace。

《EADS 階段》

　　承前所訴，EADS（歐洲航太暨國防集團）的成立是歐洲希望有別於美國能夠擁有自己的國防工業供應商，無須依賴其他國家，並且也能進一步在國際市場上成為供應來源。因此在 2000 年七月十日，一家由泛歐洲公司組成的 EADS 成立，註冊為荷蘭公司，當下立即成為全世界第二大航太公司，排名僅次於波音公司，同時也是歐洲第二大國防武器供應商，第一是英國的 BAE 系統公司。EADS 集團公司成員及產品包括了空中巴士公司的民航運輸機，空中巴士軍品公司（AIRBUS Military）的戰車、軍用運輸機及任務機，全球第一的歐洲直昇機公司（Eurocopter）所生產的系列大型直升機，加上，Astrium 公司提供的空陸海安全用途系統，含有亞立安（Ariane）太空火箭系統、伽利略衛星系統以及 Cassidan 系統。當中，透過 Cassidan，EADS 成為歐洲戰鬥機（Eurofighter）聯盟成員之一，以及飛彈系統供應商 MBDA。

EADS 設立後的隔年，空中巴士工業才於 2001 年元月逐步轉型，由較無效益的聯盟成為一家正式的控股公司，經半年期間，完備法律及稅金手續於同年七月十一日成為單一公司 AIRBUS SAS。

2001 年四月，EADS 同意安排其飛彈業務部門與 BAE 系統公司旗下的 Alenia Marconi System 合併成立 MBDA，EADS 佔股 37.5%，最後在十二月正式成立，擠身全世界第二大飛彈供應商。

2003 年六月，EADS 搜購了 BAE 系統公司手上的 Astium 股份，成為唯一股東，這項收購由 EADS 付出八千四百萬英鎊取得百分之二十五股權，跟著，Astrium 也更名為 EADS Astrium。此一 BAE 的退出 Astrium 資方加上之後的 2006 年退出空中巴士公司，使得所謂經營階層的「歐洲」成份僅剩下法、德、西班牙三國，英國籍公司仍舊在一階系統供應商（Tier 1）擔任極重要的成員，提供空中巴士所需要的發動機乃至於號稱只有飛機製造公司才握有設計製造技藝「know how」的機翼。

2006 年後，EADS 集團在管理面仍有兩大面向，持續調整修改著，一個是所謂的「法德之爭」，一個是「公股退出」。法德之爭指的是 EADS 董事長是由法國人或是德國人出任，這個問題可大可小，因為畢竟不能懸缺太久，大概讀者都能想到用輪流擔任排除爭議，直到今日大體也是如此，更何況空中巴士集團一向都存在兩個重要職位，另一個幾乎同等重要的職位是空中巴士公司執行長，主掌佔集團絕大部份市場份額的民航大飛機業務，只要是每一任期安排成一法一德或一德一法，公平狀況下，是不會有大問題，畢竟兩國領導人都處於歐盟，再加上一辇知書達理高度科學教養下出身的袞袞諸公，也不至於顛覆心中的天平，但若關係到就業機會之處，如公司工廠設置在哪個城市，就真的滋事體大，非得好好計較一番，政府代表乃至公司經理人員都要下來爭議，而且要讓新聞記者播報，筆者遠在亞洲也是看網路新聞才曉得。

政府所代表的股權退出也是長時間受到市場矚目關注的事項，特別是民航大飛機受到政府挹注開發費用的支持一事，已是查無證據的事實，再加上一直以來法德兩政府透過企業代表持有公司股份，明白的授與標榜自由競爭的資本市場一個違法的權柄，長期以來波音與空中巴士互相告到最高主管法院，往往無疾而終，然後隔幾年又從起爐灶。

2006 年之後，由於 EADS 所代表的歐洲航太國防科技仍舊醉心於國際上國防武器市場，於是在 2008 年 2 月與美國 Northrop Grumman 聯合標得美國空軍空中加油機採購案，供應由 A330 改裝的空中加油機，但經波音公司嚴重抗議，2010 年重新招標後，改由波音公司取得合約，原因就在這是美國國防部有史以來最大的國防採購合約，首約金額高達 350 億美金，加上後續採購上看 1000 億，EADS 雖然只是扮演 Northrop Grumman 的下包商且提出在美國 Alabama

州的 Mobile 設廠組裝作為加分，仍舊沒能通過美國輿論認可。總之，EADS 不是美商，於美國法規不容，美國國防採購只能由美國廠商承包。但英國 BAE 系統公司則具有特殊身分，是某個美國公會的會員，可以承包美國武器採購。到了 2012 年 9 月，市場傳出兩家公司老闆打算要讓 BAE 系統和 EADS 合併，在計畫提報給法國政府持股代表人 Lagardere 遭退還令其重新考慮，加上轉向三國政府尋求支持，終究不看好而告停止。這件事筆者也直覺反對，原因是世界經濟走到當年已經是大利於民航業者，各國，特別是美國，國防預算逐年走低，而當時 EADS 民航大飛機在手訂單高達 4,500 架以上，哪一部份會賺錢，一目瞭然；BAE 還想佔合併後持股 40%，換成你，願意嗎？果不其然，消息曝光當天，股價由 28.8 歐元大跌至 25.3，一天跌幅高達 12%，市場上投資人給了極大反饋。只能說，EADS 的航太國防願景，條件不對，時機未到；往後趨勢越來越明顯，以 2015 年空中巴士待製訂單（backlog）來看，民用航空部份，佔牌價總值一兆歐元的 96%，國防軍用僅有 4%。

《邁進 AIRBUS Group》

2014 年初，公司又一次正式更名為 AIRBUS GROUP NV，空中巴士集團公司，旗下有三家公司，分別為空中巴士公司、空中巴士太空國防公司及空中巴士直升機公司。這項更名誠如前述，主要是因為 AIRBUS 品牌知名度廣為熟知，加上在集團內相襯的貢獻佔比亮麗，期使名實相符下，套句跨界老話，自然而然要黃袍加身，名至實歸。在 2013 年的財報上，空中巴士的百人座以上民航機營收為 398.89 億歐元，佔比為集團營收 592.56 億元的 67.3%，同年的訂單也創下歷史新高的 1998.67 億歐元，更吸睛的是，在手累計訂單高達 6271.13 億歐元，比起 2012 年增加 24％，佔集團比重高達 91.3％，填滿了八年以上的產能；相較於 2000 年 EADS 成立當年的 1043.87 億歐元，在 EADS 十四年期間成長了六倍。在交機數量方面，也由 2000 年 EADS 成立時的 311 架，成長一倍到 626 架。總計在 EADS 階段十三年期間，集團一共收到訂單金額為 6,572 億歐元。

公司更名後，經營策略上也有了新的定位口號「We make it fly」，那就是創造開發一切航空飛行器，一直沿用到今日。

《重要製造地》

《Power8 重整項目》

Power8 是在 2007 年 2 月，首次由新上任的雙領導人之一 Louis Gallois 提出，一共有八項目標，旨在挽救空中巴士公司當時預見的經營危機，一面要解救 A380 項目擺脫量產困境，一面要作組織重整強化財務，最終的影響是以前各成員國的製造力重新調整陣容。Power8 的目標要達成快速開發、划算採購、精實製造、降減管理、滿手現金、製力重整、順暢總裝及幹本業活等八項，相應措施便是較廣地精簡人事，裁減管理冗層及製造員工，影響層面大，內外抗爭動盪劇烈在所難免。最具關鍵的製造力，其構成基礎因而有了新面貌，廠區重整後的製造主力為，法國部份，土魯斯廠區有員工 11,500 人，司客貨艙、電力系、機鼻、機身及機翼，Nantes 廠區有員工 2,000 人，司機鼻及中機身段，德國部份，漢堡廠區有員工 10,000 人，司客貨艙、電力系及機身組裝，Buxtehude 廠區有員工 350 人，司客貨艙及通訊系統，Stade 廠區有員工 1,500 人司垂直尾翼、設計製造及組裝，Bremen 有員工 3,100 人，司客貨艙、機身設計製造，西班牙部份，Getaf 有員工 2,000 人，司水平尾翼、A380 後機身等組裝，Puerto Real 有員工 500 人，司水平尾翼及 A380 後機身等製造，Illescas 有員工 500 人，司水平尾翼及 A380 後機身等開發，全數廠區都保留，英國保留 Broughtont 廠區，有員工 5,000 人，司機翼組裝及製造；至於被瘦身的製造力，在法國部份有，聖那扎耳（Saint Nazaire）員工 2,300 人，司機鼻及中機身段，安排賣斷或關廠，Meaulte 廠區有 1,200 人則開放給投資人，德國部份，Varel 廠區有 1,100 人，司機身部件加工，安排賣斷或關廠，Laupheim 廠區有 1,100 人，司客貨艙設計及製造，安排賣斷或關廠，英國也有一廠區 Filton，有員工 6,500 人，原司電力系及機翼的設計，則開放給投資人。

Power8 項目可以說是挽救空中巴士公司的關鍵高成本降解藥方，當時面對的拖垮危機包含，A380 延遲放量交付達兩年以上，歐元對美元高高升值加變動，A350 必須要推出但因創新不足遲遲不能開賣等，因此被強調經 Power8 完成的製造力，將是日後 A350 生產流程要融入的。而歐元對美元漲到 1.56 時，空中巴士又另外延續推出 Power8 Plus 因應。到了 2011 年，在財務上，回顧自 Power8 後的四年裏，公司節省了 29 億歐元，比預期的 25 億要高，直接供應商家數也由 3,000 家降到 500 家。Power8 項目沒能處理掉的廠區，在法德兩國有六廠區分別集合為 Aerolia 及 Premium Aerotec 兩家 EADS 全資子公司。Power8 項目是 Airbus 公司提出經董事會一致通過的，當時仍須由 EADS 集團裏歐洲工作委員會（European Works Council）聽取簡報後，才對外宣布。

《複材卓越中心》

空中巴士公司所投資的複材卓越中心（Centre of Excellence for Composites）位在西班牙鄰近首都馬德里的 Getafe 市 Illescas，這個城鎮容納了西班牙歷史悠久的航空工業，知名的飛機設計製造公司 CASA，2000 年時併入當時空中巴士的前身 EADS，2017 年有 3,250 名員工，歐洲戰鬥機（Eurofighter）及 A400M 軍用運輸機在此地作最後組裝。空中巴士對複材卓越中心的承諾在由西班牙主持擔負航太結構件及零件製造，中心內有員工 722 名，任務包含跨空中巴士機族之機身段、起落架零件及尾翼部件製造。Getafe 團隊專一製造 A380 水平尾翼的側向盒（lateral boxes）以及 A350、A330 及 A320 各機族水平尾翼的組裝及測試，哈飛製造的水平翼成品就是交到這兒，此處也負責 A380 尾椎的 19 號及 19.1 號機身段。還有一處工廠位在西班牙安達魯西亞（Andalucia）的 Puerto Real，作的是 A380 水平尾翼的最後組裝及功能測試，此廠也生產 A350 XWB 及 A330 的側向盒。在西班牙境內的員工，包辦了空中巴士公司所有民航大飛機的尾翼製造。空中巴士國防及太空部門在西班牙另外也雇用了 7,700 名員工，直升機部門有 500 名員工。

《製造組織體系》

到了 2015 年結束時，空中巴士公司對其民航大飛機製造組裝及零部件供應相關體系廠房大致進展到定型的關鍵時刻，其概念就是以廠帶頭的工業化組織（Industrial Organization），每一族系民航大飛機建造任務都會指定一廠區（plant）承擔，工作涵括設計到量產都搬至該廠區廠房，但各地廠房因成立時間不同，所以其組成一個團隊根據的是圍繞在不同的飛機部件及段件（section）成為各自的零組件交付隊伍（component delivery teams, CDT），每一個 CDT 要不負責一型飛機計畫（aircraft programme）要不就是組併在某一製造技術聚落（manufacturing technology cluster）內，由領頭廠決定採哪種最有利，所以這些廠都具備完整的能力，舉凡生產、工程、供應鏈、品質、製造、後勤等，確保無縫生產流程化運作。除了前面實體的作為外，工業化組織還靠一個單位來辦成，一個泛公司稱作工業化策略及系統適能中心（Industrial strategy & system centre of competence）的制度，來負責管理以確保流程方法及工具上各廠發展使用的是一致且標準化，目的是根據最好的操作增加效率。隨著各別廠的生產製造，飛機分開的段件於分散在運送網路各地間轉運，抵達由項目管理（Programme Management）負責的最終組裝線（final assembly line），項目管理和廠之間工作密切，以確保飛機各段件能在符合品質、時程及成本方面的標準下送到最終組裝線。

《STELIA Aerospace》

作為空中巴士公司組織一員的 STELIA，是在 2015 年一月合併了 Aerolia 及 Sogerma 成為全世界第三大製造航太結構、座椅及航空設備的公司，是空中巴士全資擁有，客戶包含飛機製造公司及航空公司，產品服務含設計及製造航太載具結構、機組員座椅及頭等艙商務艙座椅，2015 年營收 17 億歐元，有員工 6,100 人，客戶包含空中巴士、ATR、波音、龐巴迪、Embraer、達梭、Etihad 及 Thai。設計生產的航太結構主要為民航機及軍機，含配備的機身段及機翼，還有顯著的管及管道系統製造產能，供燃油、流體及滅火設備。其座椅業務，自 1973 年開始已經累計四萬座，現在每年交出 2,500 個駕駛座，在設計奢華的客製化商務艙及頭等艙座椅方面也服務了有 40 家跨全球航空公司客戶。

《Premium AEROTEC》

Premium AEROTEC 是一家空中巴士全資子公司，其形成是因應 Power8 計畫項下航太結構組織精進策略倡議，整合了位在 Nordenham 及 Varel 兩地分割出去的前德國空中巴士廠區及位在 Augsburg 地區的前空中巴士集團。組建後，有自己的發展單位，主力設備位於 Augsburg，工作室遍佈在 Bremen, Hamburg, Munich / Ottobrunn and Manching 多地，本身為德國籍的 Premium AEROTEC GmbH 也在羅馬尼亞設有飛機零件處理場。而其核心業務乃是聚焦於用於飛機構成的結構和製造系統以及相關的發展活動，在未來幾年目標要進一步擴大既有領先的民航及軍用飛機一階供應商地位，而現在就已經是所有歐洲大型飛機項目的主要參與者，像是空中巴士的民航大飛機、歐洲戰鬥機 Typhoon 及 A400 軍用運輸機，也將投身在許多新項目領域，例如碳纖維複合材料科技的設計概念，擔任重要角色。

《Elbe Flugzeugwerke GmbH — EFW》

EFW 是空中巴士公司內部合併的單位，把各種不同的航空及技術工作集中在一個單位底下，包含了有給結構及內裝使用的平面式碳纖維強化複合材料零部件的發展及製造，客機改成貨機，自家飛機的維護修改，以及有關合格及認可的工程服務。在複合材料零部件的業務方面，EFW 開發設計製造平面式三明治結構及內裝給全部空中巴士大飛機使用，產品包括地板、天花板、貨艙襯裡及駕駛艙防彈門，全部形狀及圖面數量高達 5 萬。客改貨（Passenger-to-Freight Conversion）業務透過客戶需要的機型更改，照標準加以修正，客戶的組成有航空貨運公司、自備小量機隊的航太公司及財團等，迄 2015 年止，累計為分佈全球 39 家客戶改裝了 190 架。客改貨業務內有一項 A330（P2F）客改貨改裝項目，是由三方在 2012 年五月啟動成立的，有 35％的產權是屬於新加坡公司 ST Aerospace，首次試飛於 2017 年 10 月完成，此型 A330P2F 客改貨與 A330-200F 性能一致，可載貨約 60 公噸飛 6,400 公里，由於 A330 有高達 1,600 架的訂單，為客改貨市場提供了最好的充分條件，同樣的項目也發生在單走道的 A320 一族，於 2015 年 6 月啟動了 A320P2F，依舊也是由 ST Aerospace 參股，另外又取得 20％，2016 年辦成，等於空中巴士已經交出 EFW 的 55％股權。

《AIRBUS 管理集中》

2016 年 9 月，Tom Enders 對新聞界發表公司進一步改造計畫，為了讓商業事務跨民航大飛機到太空發射的空中巴士（Airbus Group SE）能降低成本及縮短決策時間，將把集團公司合併成單一公司，這是 2000 年空中巴士集團成立後，歷經 16 年，終於整併成單一公司。除了執行長（Chief Executive Officer）一職仍保留由 Tom Enders 擔任，集團的二號職務（Chief Operating Officer）就落在 Fabrice Brégier 身上，由他帶領主要的飛機製造單位，新名稱叫「空中巴士民航大飛機（商業飛機）」（Airbus Commercial Aircraft），領董事長（President）頭銜，而不是執行長。Brégier 在 COO 的頭銜下，要監督管理全公司產品線，包含直升機、火箭、衛星、國防電子等。產品線分由新的三個部門管理，另外兩個部門分別是直升機部門及國防太空部門，有好長一陣子歸入民航大飛機部門的 A400M 軍用運輸機，這會也移到國防太空部門。

這項組織再造，把成立初期因著併購大型公司形成的繁複架構，規則化成為一般公司的架構，估計隨著如此的改造，會有員工數縮編，但 Enders 對員工表示沒有訂出任何目標，表示如果有也不會像 2007 年中 Power8 組織改造時離退 8,000 人年減 25 億歐元之譜；此時空中巴士要減少的開支在 A380 減產下的銷售力道及檢討直升機產量。在這次的宣布當中提到兩位二階重要人物，一位是將擔任 strategy director 的 Marwan Lahoud，另一位是曾任職於谷歌及五角大廈先進研究隊伍的 Paul Eremenko，將扛起空中巴士的研發活動，但後來 Paul Eremenko 只任職到 2017 年結束。

2017 年六月，組織再造實質啟動並持續，Tom Enders 接管空中巴士民航大飛機的銷售部門，繞過 Fabrice Brégier，原先領導銷售長達 23 年的美國人 John Leahy 確定年底退休，交棒給指定內部接班人原副手 Kiran Rao，這是 Tom Enders 組織管理扁平化之下的進一步更動。

向民航大飛機靠攏的組織及營收管理，並未完全擺脫其他形式與外界合作的經營，尚有包含 AirTanker 及 Eurofighter 在內的 consortia，四項主要的合資企業 MBDA, ATR, Airbus Safran Launchers and Atlas Elektronik，加上擁有的資產等，都是公司整體策略看好的未來成長收益，而為達成策略上向公司核心價值整合，相關性偏低的都加以分割轉讓。

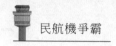

《公司八大策略》

2016 年年報空中巴士公司揭露其八大策略如後。

1. 保持商用航太領導者，鞏固市場地位及有獲利。

2. 經由專注軍用飛機、飛彈、太空及相關服務，以保有歐洲區國防、太空及政府市場領先地位。

3. 在引領及培育所在工業時，於產品計畫內追尋漸進的創新式潛能，同時開發必要技巧及競爭力以面對日後競爭。

4. 探索數位化來增進現有事業及追求破壞式商業模式。

5. 進一步適應全球化並吸引及延攬人才。

6. 專注公司內部平台及周邊的服務。

7. 強化價值鏈定位。

8. 著重獲利可能及創造價值，避免不計代價的成長，主動地管理產品線。

上述的擘劃，隨著 Enders 僅任職到 2019 年三月為止，成為其最後建樹，原本要繼續簽第三期五年的高層職務，在 2017 年 12 月傳出變化，而更早要離任的是 Breiger，12 月瞬間傳出要離任時，只作到 2018 年 2 月，他造機長（Planemaking Chief）一職由 49 歲的直升機製造頭頭 Guillaume Faury 繼任，他也是臨時接到通知，這是根據新聞界的說法。新聞界最新的說法是當年 Enders 的功績之一是把政府的手請出空中巴士公司走上正常的公司治理，這次的管理層改組又極可能走回老路，觀察點可以擺在這兩年內部成立的空中巴士管理學校一窺動向。

《職場》

空中巴士成立後，員工人數最高時曾在 2015 年時達到 14 萬 4 千人，2016 年底時來到 13 萬 3 千多名，在富時（Fortune）所揭露的調查顯示，空中巴士公司在 2016 年世界最受愛慕的航太公司中排名第七，其中在民航大飛機部門的員工有 5 萬 4 千人，直升機部門員工 2 萬 2 千 5 百人，國防與太空部門 3 萬 4 千 4 百人，公司網站顯示 2016 年底的員工們來自 130 國，年齡分佈可以橫跨四代。2010 年時，正逢 EADS 成立十年，慶祝期間還曾發放每位員工免費股票 10 股。

《組織及接班風暴》

自從空中巴士公司成立之後，也不是一直風平浪靜，最大的內部紛擾當屬法德之爭及 A380 延誤交機伴隨的組織改造。還有一度幾乎要由法國廣告界鉅子接任董事長，這種非工程專業背景人士入主經營的情況，無疑是高科技業最大的夢魘，幸好沒有成真。

2017 年六月，組織再造實質啟動並持續，Tom Enders 接管空中巴士民航大飛機的銷售部門，繞過 Fabrice Brégier，原先領導銷售長達 23 年的美國人 John Leahy 確定年底退休，規劃交棒給指定內部接班人原副手 Kiran Rao，這是 Tom Enders 組織管理扁平化之下的進一步更動。媒體 Airways 特別點出，2012 年之後，Brégier 的位階是在 Enders 之前，經過這輪的改造次序變了，它引述路透社（Reuter）

的報導，可能又會再次引發內部角力，而面對新改造的波音公司銷售團隊，及波音公司提出的 MOM 衝擊到 A321 的贏面，Leahy 退休後的空中巴士銷售績效面臨空前考驗。關於這點，當然確實有可能，但是就在同期間，Enders 出現在習主席和 Merker 簽訂 140 架飛機採購簽約儀式中，應該是保障了這次的組織改造排名疑慮。

《最新業績》

自 1970 年成例以來歷經 47 個年頭，空中巴士公司已經成為民航大飛機首屈一指的大供應商，根據公司發佈的 2016 年業績顯示，其民航大飛機部份的收入達到了 492.3 億歐元，佔了公司總營收的 73%，歷年來，截至 2016 年底，一共已收到 17,080 架飛機訂單，分別來自 394 家客戶；未交機的在手訂單數為 6,874 架，價值金額高達一兆零一百零二億歐元。

2018 年二月十五日公佈 2017 年的營運成績顯示，所有關鍵經營指標都有超出表現，年度訂購對交付比值（Book to Bill ratio）1.5，訂購大飛機淨數高懸在 1,109 架，總營收 668 億歐元，大飛機佔比為 75%，累計待製架數為 7,265 架，依牌價計為，總獲利（EBIT）為 42.5 億歐元，佔營收比重 6.4%，每股盈餘 3.67 歐元（總股數為 773,772,702 股），年底現金部位 134 億歐元，年比大增 20 億。商用大飛機部門表現明顯增長，交付 718 架，營收 509 億歐元，雖然同比僅加了 3.5%，但獲利 35.5 億，同比增長 26.4%，大飛機營收貢獻佔比依機族分別為 A380 的 2%，A350 的 11%，A330 的 9%，A320 的 78%。

2018 年自一月開始，公司財務採計會計制度改從 IFRS

15，營收金額由客戶合約而來，包含承認衡量揭示，改制後不會衝擊個別合約起始終結的累積獲利或是現金，未來2018年財報用 IFRS 15，2017年的也會改從再公佈；還有特別的是，2017年財報的營收項目也作了重要更改，扣除發動機的採計，並且也自成本一項減納70億的支出，沒有影響到獲利金額。

新公佈的2018年營運指引（Guidance）也預告會有大幅成長，在發動機交付正常下，將年交機目標訂為800架，獲利要增加兩成，流動現金維持和2017年一樣約29.5億歐元。

第三章 空中巴士機族開發 ✈

　　空中巴士公司所製造的民航機包含了由 100 至 600 人座的各型機種，產品線最為廣泛，在這個時期，機型數目已經超越強大對手波音公司。也因為如此，特別是寬體飛機的市場，空中巴士的 A380 及 A350 不免就發生了自家互相競爭的情形。其全系列的民航機在發展時就考慮到要有相似性特點，所以在機身結構、機上系統、座艙配置及操作特性等都具有高度的共通性，用戶可因此在轉換機型時降低使用成本。機型完整地分布在單走道（Single Aisle）雙走道（Twin Aisle）及四走道（Four Aisle）三個民航大飛機市場區塊（segment），足以供應所有航空公司在各種市場的需求，例如飛短程航線，有傳統全服務公司（Legacy Full Service）的區間航線及廉價航空（Low Cost Carrier）的點對點航線，兩者所需要的單走道大飛機；飛長程跨洲跨洋的長程航線，所需要的廣體雙走道大飛機；還有可飛幹道航線（trunk route）緩解機場時間縫的雙層四走道廣體大飛機。

《A320》

《緣起》

早在二十世紀 60 及 70 年代，空中巴士設計了 A300 機型和波音及麥道兩家競爭時，便持續延伸出多架衍生形（Variant）機，從成立開始一路命名了 A300B1 至 B9，直到 1973 年的 B10 才定案，付諸製造，推出代號 A300B10 的民航大飛機，這架身形較小的衍生機，後來成為長程機 A310。之後，空中巴士才轉為專注在由波音及麥道支配的單走道機市場，由四家歐洲的公司提出構想開始，稱作 JET Study，最後入選的反而是非屬於空中巴士的 BAe，它提出的 JET2，接受後改代號為 S.A1/2/3（163 人座），最終在 1984 年以代號 A320 啟動，宣布推出面市。

《設計階段》

1977 年 6 月，一個名為 JET（Joint European Transport）的項目成立，基地位在英國 Weybridge，當時 British Aerospace 的所在地，雖然成員都是空中巴士合資方，但卻被視作是一項非屬集團內的單獨合作項目計畫，被視為是 A320 的第一棒，後來回歸空中巴士集團內部（空中巴士工業經濟利益集團，EIG），在 1980 年引伸出 Single-Aisle Study，由 JET 計畫領導人 Derek Brown 繼續主持，這個團隊發展出三個衍生型，SA1、SA2 及 SA3，乘坐人數跨越 125 至 180 座，忘記是何時了，空中巴士聯盟（Consortium）完成繪出 A319、A320 及 A321 的個別藍圖（blueprints）。一度因為西德的航空公司，特別是漢莎航空，在意的是四發動機的長程客機，而有兩種選擇存在未決，後來，在空中巴士主導下設立部門，成立單走道計畫（Single-Aisle

Programme），把設計拉回發展。

1981 年二月，項目代號重新改成 A320，工作集中在 SA2 一機上，就是這年，空中巴士和美國達美航空一同合作，因為 A320 可以只用機翼內的燃油載 150 名乘客飛 3,440 公里，是達美航空看中需要的。另一衍生型 A320-200 則具有一個中央燃油箱，使燃油裝載量範圍由 15,590 公升增至 23,430 公升，可以飛更遠到 5,280 公里。當時還有一項機身內部段面（cross-section）直徑大小要比 B707 及 B727 的 3.45 公尺一樣或更好的問題要決定，最後以較大的 3.7 公尺定案，儘管機體更重，但最後證明比 B737 更有競爭力，機翼則經過幾階段的設計，後來長度定在 33.91 公尺，特徵是長且細，長寬比值大過競爭對手 B737 及 MD-80，空氣動力效益更佳。在航空市場歷經 1970 年代的油價高漲，A320 必須要設計到真能省油，到最後，它採用了複合式主結構，控油改變重心，螢幕座艙（EFIS，Electronic Flight Instrument System）（Glass Cockpit）及雙機師飛艙，結果是 A320 比 B727 省油達一半。

《線控飛行操縱系統（Fly-by-wire flight control system）》

A320 是全球第一架採用線控飛操系統的民航大飛機，通過側桿（Side Stick）把控制的力道透過飛控電腦的判斷轉譯成電子信號傳到飛機的操縱面，以確保飛機飛在安全的包絡線範圍內（Flight Envelope），簡單說便是飛操硬體加入了電腦及軟體。早在 1980 年代，用在 Mirage2000 戰鬥機由電腦控制的動態系統，也同時裝在一架 A300 民航大飛機上，嘉惠了空中巴士公司的線控飛操（FBW）工程團隊。A320 也保留延用在 A310 的 Dark Cockpit（暗機艙），因此取消飛行工程師（Flight Engineer），首開民航大飛機先河，這項決定是由 Bernard Ziegler 決定，他是首任空中巴士董事長 Henri Ziegler 之子。隨後的機型駕駛艙全都採取相似的人機介面及系統控制原理，有助於機師轉換機型耗費功夫最小化，Roger Béteille 是作出這項選擇的董事長，當時內心還相當掙扎，自認是一生所作最難的決定。

《發動機》

關於發動機的選用，起初是只有額定（Rated）推力 112.5kN（25,000 lbf）的 CFM-56-5-A1s，直到開始運交給航空公司時，多了也是額定（Rated）推力 112.5kN（25,000 lbf）的 IAE V2500，由於它的孿生型（Variant）V2500-A1 燃油效率較佳，以巡航速度比推力耗油率（cruise thrust specific fuel consumption）16.3 g/kN/s（0.574 lb/lbf/h）優於 CFM 的 16.9 低 4%，之後獲選，就以 IAE V2500-A1 為名。在那個年代，渦輪槳（Turboprop）及渦輪扇（Turbofan）還在競爭期階段，空中巴士一度在漢莎航空支持下曾考慮發動機採用槳扇型（Propfan）技術，把風扇設計在發動機罩（nacelle）外部，最終守在渦輪扇。

A320ceo 及其手足型一族搭配的渦輪扇發動機 V2500 是由 International Aero Engines 公司（IAE）獨家供應，號稱是市面上民航發動機銷售量第二大的，IAE 是由四家發動機公司合資設立，分別是 Rolls-Royce（compressor）、Pratt & Whitney（Combustor 和 HP turbine）、Japanese Aero Engine Corporation（LP compression）以及 MTU（LP turbine），也僅僅生產這系列而已，沒有在 neo 系列繼續出現，其他客戶訂購量比 A320 少太多了，不成比例，IAE 也沒有生產其他發動機，IAE 可說是一時之選，與 A320ceo 好似指腹為婚，在工業技術涵蓋面上來說，IAE 缺乏研發設計，只有製造組裝測試的功能。

《製造及面市》

在 A320 項目上，歐洲三國政府都有意參與總裝（Assembly）及任務，歷經了所謂的「工作份額爭議（work-share argument）」，西德方面希望份額要達四成，英國則提出以重要責任交換給與參與夥伴製造及研發的體驗，最後是英國比法國及西德獲得較多的工作份額。在出資上，法國承諾提供啓動經費（Launch aid）補助款，德國人顯得謹慎，英國政府無意答應英國航太系統（British Aerospace, BAe）提出的製具（Tooling）資金 250 百萬英鎊，懸了三年，在 1984 年 3 月 1 日，英國政府同意給出的 50 百萬英鎊是不用退還政府，不管 A320 是飛或不飛，其他金額每賣出一架補貼一架，3 月 2 日開始動工。

A320 動工時，已經有 96 架訂單，第一筆是法國航空在 1981 年巴黎航空展上簽下的購買意向書（letter of intent），含 25 架訂購加 25 架選項（option）。1987 年 2 月 14 日，首架 A320 原型機，在法國總理席哈克及英國威爾斯親王及王妃黛安娜夫婦出席見證下，推出 Touluse 工廠面世，2 月 22 日首飛，達 203 分鐘，原型機歷經 530 次飛行，累積 1200 試飛小時，於 1988 年 2 月 26 日獲歐洲聯合航空總署（European Joint Aviation Authority）發給適航證書，同年 3 月 28 日第一架交付給法國航空投入運營。

《概說銷售》

1984 年 3 月，空中巴士啓動 A320 機種開發製造，是一架單走道窄體雙渦扇噴射發動機種，通過它，開啟公司成為民航大飛機舉足輕重的主要供應商，可資證明的是，於1987年2月22日於法國Tolouse首飛前，累積的訂單數達到四百架，遠遠超出當年A300的15架，其中，最顯著的一筆是美國西北航空（Northewest Airlines）在1986年十月下的100架訂單，後來在1990年的Farnborough航空展敲定。

A320機種一族涵蓋了A318、A319、A320、A321以及商務機ACJ等衍生機型，依照首次運交客戶時間的順序，分別是A320（1988年）、A321（1994年）、A319（1996）、A318（2003年）；自2010年12月開始，因為新省油發動機的導入選項，又分成A320ceo（current engine option）及A320neo（new engine option）。A320的成功是驚人的，且是空中巴士公司推出的唯一單走道機種，截至2017年四月，A320一族合計售出13,081架給297家客戶，飛航的公司有325家，總計有7,564架出廠運交，其中7,236架刻正載客服役中，手上未交貨的架數是5,517，號稱要十年才能完全交貨。而最省油的A320neo也寫下史上民航大飛機短時間內銷售架數最多及最快的紀錄，單單在2011年就賣出1,196架。同時，A320的售出架數也已經超越早他服役21年的B737。2018年二月編號MSN8000的第8,000架A320自天津廠完工出廠，跨過了又一個里程碑。

A320是航空史上，首架採用線控飛操（flight-by-wire，FBW）及側桿（side-stick）執行飛行控制的民航機，在當時，美國航空製造業者所推出的民航機都是採用液壓操控，所以相當不被看好；解救美國大陸航空（Continental Airline）擺脫十次破產危機且任內經營成業內第一的知名航空業企業家Gorden Bethune就曾在其著作中，說出不看好線控飛操技術的話，認為有液壓操控就極好了，飛行員哪需要

FBW，而如今線控飛操是主流，而 A320 就是首架採用它的民航大飛機。A320 還有一個創舉，機尾的水平固定翼是採用碳纖維複合材料製作，後來也擴大應用至垂直固定翼。

RUAG 集團的 RUAG Aerostructures 是 A320 的重要結構件供應商，到 2016 年七月時，已經交付累計達 7,000 架，同時繼續獲得空中巴士新的五年合約，包含 A320 及 A330 生產組裝。由該公司的自動化製造技術生產的次結構件主要在 18 及 19 段的後機身結構、地板及後隔框，還有中機身結構的板件。新五年合約包含對 A320 組裝達到降成本的 Scope+，新聞界表述此項為空中巴士做出重大貢獻。

《出廠自三洲四國》

A320 雖然在月產量數量上依然落後 B737，可是在最後組裝線上，他卻是分布最廣的，分別在法國土魯斯、德國漢堡，及 2009 年於中國天津，2016 年於美國阿拉巴馬州莫比爾 Mobile，這個也是航空百年來的紀錄，一項里程碑，在三大洲都有交機點，就近服務民航公司及租賃客戶，該公司一位女發言人 Mary Anne Greczyn 還曾向媒體發表「空中巴士 A320 是日不落廠」。20 世紀兩廠，土魯斯 Blagnac 廠總裝線專司製造 A320，漢堡 Finkenwerder 廠則製造其他手足型 A318、A319 及 A321，2015 年時每月有 42 架 A320 出廠。

《一般性能》

A320 機種是一款短中程窄體（Narrow-body, Single aisle）單走道客機，採雙噴射發動機推動，身長 37.57 公尺，翼展 35.8 公尺，最大起飛重量 78 公噸，巡航速度每小時

829 公里（0.78 馬赫）航程依手足型（Variant）而有不同，可以飛航 3,100 公里至 12,000 公里（A320-200）；其載客人數視艙等分配，由 150 人座上達 220 人座，由於機身橫段面直徑高達 3.95 公尺，是所有單走道窄體民航大飛機之中最大的，所以讓民航公司可以提供最寬的座椅給旅客最舒適的享受，同時機身下半的貨艙空間也最寬敞，可更彈性地容納行李貨物。

空中巴士在 2010 年底進行 A320neo 設計及銷售，重點在換上新省油渦扇發動機，要讓相同座位數條件下的每一座位耗油減少 16% 以上，除了主要貢獻來自新發動機，小翅（winglet）也從新設計，目標要在 2020 年出廠的機種達到更高的 20%。

《A321》

A321 是第一架 A320 的衍生型（derivative, variant），在 1988 年 A320 首度交付給客戶後，開始對外招攬，在獲得 10 家客戶的 183 架訂單後，同年 11 月立項啓動，A321 衍生型僅做了最少的設計變更，稍微修改機翼，維持相同的翼展，加長機身，機翼面積僅增大 4 平方米成為 128 平方公尺，機身加長 6.94 公尺至 44.51 公尺，機身中段及起落架組做了加強，以承受加重後的 83 公噸起飛重量，成為一架可載客 185 人至 236 人的單走道客機。此機是空中巴士首度在西德作總裝（Final Assembly），起先法國有爭議，認為沒必要多花一億五千萬美元蓋新廠房，而德國人認為長期下來會提昇製造力，還是通過了。除了 A321 促成漢堡廠的設置，空中巴士也首度發債籌集四億八千萬美元用於挹注開發支出，外加借自歐洲投資銀行及私人投資的一億八千萬美元。將近四年半後，於 1993 年 3 月 11 日，

A321 成功首飛，接連兩家頭先訂購的航空公司完成交付運營，分別是 1994 年 1 月 27 日採用 V2500-A5 發動機的漢莎航空以及 3 月 22 日採用 CFM56-5B 的 Alitalia 航空。

2018 年六月，漢堡廠又因應龐大訂單，設置啟用了 A320 機族的第四條生產線，採用最新的生產機具及流程，其中包含 2 具七軸機器手臂專司自動化機身鑽孔，範圍是機身上半區 80% 的孔，縮短最終組裝所需時間，成為其他組裝線提升效率的標竿，是關係到 2019 年中達成全公司月產 60 架里程碑。

《A319》

A319 是基本型 A320 的第二號衍生型，它的座位數是設計在 130 至 140 座，透過取消 A320 機翼前方的四個機身框架（fuselage frame）及後方的三個框架，機身長縮短為 33.84 公尺，因為減去七個隔框，它還一度編號成 A320M-7，機翼翼展及面積不變，機翼上方出口相應由四個減少成兩門，原單一貨艙門被改成後貨櫃門，以容納降低高度的 LD3-45 標準型貨櫃，除此未作其他更動，最大起飛重量則降至 75.5 公噸，由於前兩型銷售成績良好，A319 設定在直接與 B737-300/700 競爭，首先在 1992 年 5 月推出銷售，1993 年 6 月以二億七千五百萬美元啟動項目發展，1995 年 3 月在漢堡廠進行總裝，8 月出廠，隔日就試飛，歷經兩架累積 350 飛行小時，於 1996 年四月取得機型適航認證，同月首架服勤機交付給瑞士航空，A319 在交付客戶過程中，於 1997 年一月的一次飛往 Winnipeg,Manitoba 交付航程中，打破紀錄，創下交付飛行 6,640 公里長距離，飛行耗時 9 小時 5 分鐘。A319 的歷史還滿有戲劇性，它的開發還是由業界知名的 Steven Udvar-Hazy，向空中巴士提出的，

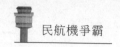

並由 IFLC 公司在 1993 年訂了 6 架，歐洲知名廉航 easyJet
用 172 架 A319 機隊立足市場，成就其航空運輸雄業，截至
2017 年七月為止，A319ceo 出廠交付數累計 1,458 架，與手
足型 A321 的 1,537 架受到市場同等般歡迎，為航空運輸付
出可觀勞工，筆者為它鼓掌。

　　前面提到的大中小三型只是大況，A320 家族還有許多
衍生型下的副型，例如 A321-200 就同時具備家族中最多座
位及最長航程兩大性能，其他就有勞讀者自己去發掘了。

《A320neo》

　　有關空中巴士公司決定開發以省油發動機接續單走道
短程民航機的換代機種，當然是有他的環境因素，一般公
認的自然是燃油高漲促成的，在本書多處會有機會分述。
而經過評估，每一型 neo（new engine option）都要比原來
的 ceo（current engine option）在每一座位每 800 海哩航程
條件下省耗油量達 15%。

　　A320neo 雖然只有更換新的省油渦輪扇發動機，計畫經
費約是一億歐元，所投入的開發時間卻也用了將近四年，
直到 2014 年九月才首度升空，之後又陸續投入 A320neo 及
A321neo 耗 4,000 小時取得兩款發動機的認證，2016 年春季
首度投入服勤。A320neo 在 2016 年完成 68 架運交給 17 家
航空公司，2017 年上半已有累計 118 架在 25 家航空公司服
勤，它的工業化放量（Industrial ramp-up）目標是要在 2019
年完成，全面完全接續 A320ceo，並且年底前要以每月 60
架的新紀錄產出。

《銷售佳績紀錄化》

A320 一族在 2016 年底累計訂單已達一萬三千架，而 A320neo 一系市場受歡迎度有多高呢？光從數字便可一窺，自 2011 年開始接單後，到 2016 年底，一共售出 5,069 架，此時，已有 68 架出廠交付投入服勤（EIS, enter into service），全球機隊總數高達 7,400 架。A320neo 受到市場如此強烈喜好，除了到 2020 年可以持續性能改善使省油高到 20％之外，空中巴士公司自己認為有一個重要因素是 95％的結構件和 A320ceo 是可以直接更換，很能引起客戶共鳴。A320neo 是在 2015 年 11 月獲得 EASA 及 FAA 的合併類型認證（Combined Type Certification），首架交付給漢莎航空，在 2016 年一月開始投入營運。不過，最先通過認證所搭配的發動機是 Pratt & Whitney 廠，卻出了零件問題，搞到設計需變更，一直拖到 2017 年第三季依舊是個問題，不能放量生產，幸好還有 CFM 發動機是順利的。

《A340》

A340 是一型雙走道四發動機長程廣體客機，在航空公司機隊中擔任飛航偏極長程航路低客量的航班，在 1993 年同 A330 一起投入行業服勤，雖然它僅僅製造交付 377 架，使用的民航業者家數卻高達 48 家，比後起之秀 A350 在 2017 年底的 45 家訂購戶還要多，在如此少的架數下，還是個兩兄弟機族，分別是 A340-200/300 及 A340-500/600。依照資料顯示，2018 年仍有 276 架在服勤，2012 年交付兩架給客戶後，就沒有生產交付紀錄；目前空中巴士內部以 A340 作為層流翼（laminar flow wing）研究載體，探討其降低空氣動力風阻節省燃油的效率。

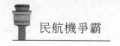

《A330》

　　A330 系列飛機計畫項目起始於 1987 年六月，用意是作為 A300B4 的接替機種，這架飛機非常出色，載客數較 A300 增加三成，但耗油是一樣的，所以飛機本身算是很成功，在 1993 年 10 月獲得認證後，在如期交付及各方面性能表現優於空中巴士對客戶作的承諾，公司因此受到好評，尤其是載重增加 2.5 公噸，正投民航公司所好。

　　A330 一族主要有兩個成員，其一是偏小以飛的遠為主的 A330-200，其二是大個子以載客數多為主的 A330-300，而他優秀的設計及受重視，使其衍生型數多達 21 型，來滿足民航公司各式各樣的需求。結果是二十年下來，A330-200 最大起飛重量（MTOW, Maximum Take-off Weight）增加 3.5％，最遠航程增加 8.7％，而大個子更不遑多讓，大骨架幫他增重 10.95％，航程竟增加 43.7％，可以飛到 11,655 公里遠，估計應該是都加到啤酒肚上，但是這招就太厲害了，使得 A330-300 由空中巴士原先 A340 飛長距 A330 飛中距的機種搭檔策略，瞬間回春成為 B777-200ER 的可怕對手，後者 97％的航路 A330-300 都能飛，以倫敦為出發地的九成長程航路也都能飛，練就肌肉高富帥，民航公司家家愛。事實上，這是很難的，空中巴士公司 Hamilton 說，由於機翼早就是優化的，要再把空氣動力改進實在是很費力困難的，雖然終究辦成了，事實上也的確如此，回顧 1987 年空中巴士推出 A330 時，就已經宣布，其機翼的空氣動力特性就已經比 A300B2 改善多達 40％。在機身結構方面，也透過新分析工具做了很大規模的修改，而不是抽換某部份構件，因此能大幅度增加載重並改進疲乏耐力。還有，因為機翼設計近乎完美，雖然 A330 原來就有 1.8 公尺長的小翅（Winglet），竟使空中巴士沒法賣 A330 小翅。

　　打從一開始服勤迄今，空中巴士不停地為 A330 降低維修成本，經過 2002 年、2006 年及 2011 年三次推出升級及套件的推出，維修成本降低了 20%，疲乏檢查省下 68%，包含線控飛操方向舵、LED 燈、第二代光式煙霧偵測器、LCD 顯示面板、一部份重新設計的結構。

　　還有些系統等級的升級版也協助了降成本及省油，特別是在 1998 年認證的 230 公噸強增重型，有多模式接收器（MMR）、FMS2 飛行管理系統、FANS A 未來空中導航系統等安裝來支援長距離飛行運作。

　　然而，波音公司在 2004 年推出 B787 時，儘管雙巨頭都知道其原意是要與 A380 競爭長途市場，但是，業界人事，包含新聞界，都認為 A330 會因此被封殺，結果，事情的發展，並非那樣，因為 B787 的延宕多年，A330 反而賣的更好。

　　A330 受民航界高歡迎愛用的程度，使他的交機數量在 2013 年七月累計達到 1,000 架，另外，其衍生型 A330-200F 貨機也是市場上客運機以外的貨運機主力。

《A330neo》

　　為延續 A330 的銷售佳績及對抗高油價，鞏固其市場，空中巴士在 2014 年決定仿效 A320neo 的成功範例，把 A330 也 NEO 了，於七月的范堡羅航空展宣布開賣，預計費 42 個月投入服勤。2016 年 9 月這項計畫進展到工業化組裝階段，依計畫，系統部件陸續要抵達位在土魯斯的最終組裝線（FAL）；計畫前置作業是在五月底把飛機的第一個大型部件中央翼盒（center wing-box）＼由最終組裝線預備廠（pre-FAL）Nantes 運抵 Saint-Nazaire，在 Hamburg（漢堡）

廠完成的機身段也會送到，還有 Premium Aerotec 公司及 Stelia Méaulte 公司的段落部件也會送到，以便 Saint-Nazaire 廠製造機鼻及中段機身；同期五月，在英國威爾斯（Wales）Broughton 廠開始製造機翼，照計畫，右翼會先脫離型架（jig）原地打包，幾天後，接著才是左翼，這對機翼會被 Beluga 運到 Bremen 廠內安裝系統。其他部件像是尾部、副翼、襟翼、發動機罩及派龍（Pylon）等分別在空中巴士及合約包商的設施製造。在同時，發動機 Trent 7000 原型引擎也在勞斯萊司（Rolls-Royce）完成首次成功測試，另外三具也在接下來的幾個月內要完成測試。A330neo 的系統也會在實驗室內透過模擬器及整合測試架進行地面實驗，計畫要在年底前完成實驗。在此時，位在土魯斯廠房內的「Station 30」組裝區也已經完成修改，準備好容納 A330neo 並組合噴射發動機，期使最終組裝階段耗用時間最短。

空中巴士公司特別在 2016 年報提到，無論是從銷售面或是製造面，A330 機型已經成功順利從每月 10 架產量轉換到每月 6 架，重要時點是 2017 年 10 月 19 日 A330neo 的首度出廠試飛，順利完成，開啟飛行測試歷程，先動用兩架儀器搭載原型機飛操縱性評估、立下特定的最大操作點、包絡線（Flight Envelope），隨後是第三架配備客艙的客戶機飛航路。

《A380》

A380 在開始醞釀設計階段時，正好遇到民航法規自由化，空前大鬆綁，加上美國的開放天空政策，為 A380 帶來利多想像。

A380 研議的環境，是假設擔任全球轉運中心的各地機場時間縫（slot）不足，特別是主飛國際航線的大型機場，必須仰賴大容量在每班 400 人以上的民航大飛機疏運，像這種機場，依照每天接納的長程旅客人數多寡，IATA 又將他分成一天五萬（WSG level 3）、二萬（WSG level 2）及一萬（WSG level 1）三種等級，空中巴士公司統稱此三級機場城市為百萬級城市群（MegaCities），這些百萬級城市吞吐了全球長程運量（Long-Haul Traffic）的 90%，於 2015 年時，全球有 55 座，而其中有 38 座城市已有 A380 飛抵，估計 9 年後的 2024 年會有 75 個百萬城市，負擔 93% 長程運量，更往後到 2035 年以前，百萬級城市群會有 93 個，一天服務 250 萬長程旅客，佔全球 95%，另外，在 2017 年時，根據空中巴士自己的調查顯示，全球已有 230 座機場可以供 A380 起降。

《A380 特色》

　　A380-800 是一架四具渦輪扇發動機，雙層四走道超廣體客機，機身全長 73 公尺，翼展 79.8 公尺，最大航程 15,200 公里，以四級標準艙等配置，可以載客 544 人，是史上最大型民航機，可以直飛香港到紐約，雪梨到伊斯坦堡；發動機有 GP7000 及 Trent 900 兩型選擇，原先打算僅用輪胎煞車，後來還是在內側兩具發動機加裝電動反推力器。事實上，讀者如果有注意到 A380 的機翼特別大，就不難理解 A380 的原始設計目標是可以搭載 800 人，所以機翼設計留有空間。不容諱言，當初設立 A380 開發計畫就是要挑戰 B747-400 所獨佔的大型市場，所以 A380 的最大優點就在省油，平均每一個座位的耗油量相比可以節省高達 40%，相對碳排放量也低多了，只有其他最低機型的一半，同時噪音非常低，起飛時噪音能量只有其他民航機一半，降落時更只有四分之一，倫敦希斯羅機場周邊居民感受最深。筆者稱 A380 為四走道，是因為它的上下層各有兩條從頭到尾完整長度的走道，並且上下層寬度都達到廣體客機的標準，而 B747-400 的上層走道只有不及機身一半長度，可以算作 3 走道或 2.5，因為 A380 兩層面積合計大到 550 平方公尺，還可以騰出空間擺上吧台，大型樓梯，其他廣體客機所未曾見過的配備。

《A380 雄心孕育》

1988 年年中，空中巴士工程師群在 Jean Roeder 帶領下產開秘密作業，開發一架代號為 UHCA 的超大容量民航機，目標之一是為了公司的產品發展，之二是打破七零年代的 B747 獨佔局面，直到 1990 年六月在一場對董事長及執行長的正式簡報會議後才獲得同意作更進一步評估，並且在同年的范堡羅航空展，對外宣布，目標是營運成本比 B747-400 低 15%。其後，從四大成員公司調來設計師為未來飛機提出新技術需求溢助飛機設計，到 1992 年才揭示獲採用的最具競爭力設計。1993 年一月，波音也把四大成員內某幾家找來合作研究 VLCT 可行性，兩年後放棄。1994 年六月，空中巴士再無猶豫，宣布計畫發展自家的非常大民航機，代號為 A3XX，考量過幾種機身段面，包含一種不常見的把 A340 機身並排，是當時空中巴士最巨型的構想；1997 年到 2000 年間，受到亞洲金融風暴影響，市場前景一片黑漆時，設計繼續進行，目標訂在比 B747 運行成本低到百分之 15 到 20，機身斷面設計朝向雙層蛋形定案，以容納大量乘客，支應傳統軸輻式航網，與飛點到點式航網的 B777 競爭；原有設計雙層構想大空間可包含的免稅商店、餐廳用餐、賭場及沙龍等，在民航節省現實下，都被打消。最後終於在 2000 年 12 月 19 日，新成立最高董事會投票決定啓動 88 億歐元項目造 A380，伴隨立項客戶有六家合計訂購 50 架。講到這個編號，和先前 A300 編到 A340，離很遠，直接跳到 8，原因是看起來神似獨特的雙層結構，還有亞洲的一些國家喜歡數字「8」。2001 年早前，構型終議定案，2002 年 1 月 23 日第一具翼盒（Wing Box）起造；直到首架完成，開發經費已漲到 110 億至 140 億歐元範圍，這本開發成本的帳在 06 年因電線事件延後 2 年首度交機後，又列了準備金 49 億歐元，估計金額來到 180 億歐元，公司在 2015 年承認說是 150 億歐元，但外界分析師認為超出 200 億。

《研發技術》

A380 因為它身形的巨大，最重的民航機，所以機翼的長度居民航機之首，導致市場上找不到現成的航空級鋁合金原料板材加工，只好走向尋求新技術，分段結合得到適用的材積，結合的強度必須是等同原材料，才可以避開鉚接雖強度夠但過重的缺點，空中巴士找上摩擦熔接（Friction Stir Welding）的技術，將鋁板兩塊接成一塊後，克服了機翼製造的難關。

GLARE 是一種玻璃纖維同鋁箔膜合成的強化複合材料，特別為 A380 機身減重開發出來的，其耐衝擊及腐蝕特性優於航空級鋁合金，修復方法也和傳統鋁合金結構一樣；其他如碳纖維複合材料及石英纖維強化塑膠也都被使用在遍佈機身機翼的結構上，尤其是翼盒（Wingbox）採用碳纖維材質製造還是 A380 首創，因為翼盒要承受多重形態的力，包含落地的衝擊，關鍵角色如同船舶之龍骨，是需要技術過人才膽敢一用；還有一樣也是 A380 首度使用，是所謂的線傳動力（Power-by-wire）飛行控制致動器，是引自軍用技術，作為液壓致動的備援，或是某些特定飛行動作時的增大各部位飛操面變動位置；A380 的 35MPa 液壓系統也是無機可及，有別於 1940 年以降民用飛機常規使用的 21MPa，由八具可解除離合液壓幫浦供應，管路材質為鈦合金。

在航電方面，空中巴士採用同其他空巴機族的座艙佈置、流程及操作特性，以降低機員訓練成本，屏幕座艙還是有改進，一樣是側桿線控飛操；安裝的網路系統伺服器 NSS（Network Systems Server）是構成 A380 無紙化座艙的心臟。

A380 機身除了超大的特點之外，因為超大而該有的舒適，自然也有，除了傳聞機長可以聽見機艙內嬰兒的哭聲之外，筆者妻子曾搭過一次，相比其他民航機確實噪音很低，成為最大印象，公司自稱機艙噪音降了 50%，體積面積增加 50%，頭頂空間比 B747 大 60 公分，連帶窗戶及置物櫃都增大，一排 10 座配置下，座椅寬度 19 英吋；全機座位數彈性大，有大韓航空的 407 座到阿聯酋飛哥本哈根的二級艙 615 座；為了滿足航空公司更多座位的需求，空中巴士也在 2015 年推出一排 11 座的選項，勢必要乘客犧牲點舒適度，據報導說，就連 A330 也犧牲舒適推出一排九座，而 A350 是一排十座。

為了開發 A380，空中巴士還於 2002 年首次在北美設立設計及技術設施，地點位在堪薩斯州 Wichita 市，雇用 200 名工程師，著眼優秀技術人員及眾多出色的一階供應商（Tier 1），是 Barry Eccleston 看中的。

《製造組裝》

空中巴士公司位在英國的基地可說是舉足輕重，一點也不誇張，因為幾乎所有機族的機翼組裝都是在英國完成的。2017 年時，這裡有空中巴士公司的一萬五千名員工，分布在兩大地區，分別是 Broughton 的 Welsh 市的機翼工廠，歷史悠久，在二次大戰期間就在製造轟炸機，已成為全球航空工業中心，以及位在英格蘭西南方的 Filton，主要是負責機翼設計。英國政府長期在財務面上資助空中巴士的機翼開發，初始可上推自 1970 年代。A380 的機翼由此處完成後，離廠時搭乘巨筏延河道離開英國，過橋時要選吉時，選退潮時才能通過，總之，組件尺寸都大到破格，筆者要交代完整，讀起來會像是平面旅遊，相信大飛機迷都知道，在接近土魯斯的某小鎮可以深夜偶遇 A380 各巨型組件的運送車隊，或是空中巴士廠房導覽或可以一窺 A380 的最終組裝，筆者再考慮於第二版補強時列入，大飛機的開發過程相當一致，已經分別寫在其他機族的介紹裡。

《風光面市》

第一架 A380 原型機，登記號碼 F-WWOW，於 2005 年 1 月 18 日在土魯斯首度揭開面紗向世人展示，4 月 27 日首度升空，搭配的發動機為勞斯萊司 Trent 900。中間，2 月 14 日在對測試機 MSN-5000 執行機翼破壞強度試驗時，只達到設計負載的 146%，沒達到認證所需的 150%，隨後宣布要加 30 公斤結構到機翼使強度達到要求。

A380 揭幕大會「A380 Reveal」是航空業大事，地點就在空中巴士土魯斯廠區的 Jean-Luc Lagardère 最終組裝線，18 日當天幾家主流航空給媒體訪問都語帶機鋒，新加坡航空說 2006 年會是他們先飛，往倫敦及雪梨，座位數近470，比 B747 增加三成；阿聯酋說他家是第一個簽訂 A380 訂單的，買 45 架也是最多的，註定是最大客戶，會具備新特色引領阿聯酋乘客進入新紀元，體驗許多小玩藝小工具，並且特別提到選 A380 不是考慮國籍，而是從經濟角度，乘客花多花少都有最大享受，如淋浴及大廳，基地機場也會配合完成 23 個閘口和 500 人大廳供雙層登機；這兩家標竿主流航空公司也透露期待 A380 貨機。

當天的揭幕儀式，合作的四大國首領到場集合，見證堪稱航空業里程碑的歷史事件，為空中巴士的遠見及努力，合作精神致敬；法國總統席哈克為 A380 揭幕大會致詞時充滿驕傲情緒，高調讚譽 A380 是一個偉大歐洲的成就事蹟，龐大技術足以和環境挑戰匹敵，是世上最乾淨的民航大飛機，歸功於 20 萬歐洲及全世界工程師的努力貢獻，並聯同將飛他的航空公司，一併致上感謝之意，英國布萊爾首相德國總理斯羅得西班牙總理也接連致詞，大意一致，布萊爾特別提到英國工程師的努力貢獻，斯羅得回憶在土魯斯討論立項時，何時成功，要看上帝，Zapatero 則提 A380 成功，意味歐洲勢不可擋，人類籌劃文明共存的最好範例。

致詞前的表演，猶如一場秀。先是在動容的音樂聲及燈光幻影搭配煙火及噴泉下，在巨大螢幕投射出影像以羅曼飛翔史般的口吻柔和了空中巴士合作精神形象說出 A380 發展成真故事，謝謝政府及客戶的支持，才有當下的成就；四位政頭站上舞台，空巴五大機族的影像飛舞在包覆會場大廳的布幕上，繼續投射出客戶的讚語，終於由四位孩童拉下包覆 A380 的面紗，空中巴士董事執行長 Noël Forgeard 與四國首長出席的 14 家航空公司老闆和買主一起按鈕，燈光灑在 A380 身上，全場五千位來賓媒體一片掌聲歡喜叫好；

同時也看見新的空中巴士標誌，由藍灰白三色線交織出象徵文化及創新的融合是空中巴士公司成功基石。

　　一位記者說，當天是所有與會者的驕傲，一場充滿活力歡欣鼓舞的慶典，完美襯托出世界上最大最先進的民航機。

《量產推延》

　　A380 的試量產遭遇問題，導致 2005 年六月發生第一次交付延遲六個月，因為德國西班牙兩地用 CATIA 第四版，而英法兩地已升級為第五版，使艙內線路相關的 9 萬 8 千條電線及 4 萬個接頭，無法全公司內資訊一致，加上各買家幾乎都是客製化，構型管理及變更（change）控制失敗，以鋁導線替代銅等，需要特別的設計，不能用標準尺寸及折彎半徑，亂了套，不是單純換版本就能解決。隔年六月，又發佈二次延期，還要再延六個月，雖然 2006 年底的首次交付運營可以如期，但是 2007 年的交付量掉到僅剩 9 架，原先 2009 年底產量 120 架的計畫也掉到 70 至 80 架，消息一出，空中巴士母公司 EADS 股票價格大跌 26％，並導致 EADS 執行長 Noël Forgeard 以及 Airbus 執行長 Gustav Humbert 連同項目經理 Charles Champion 三人去職，十月，新接任的空中巴士執行長 Christian Streiff 在全面檢討瞭解 A380 項目後，又決定再延一次，把首次交付改到 2007 年 10 月，2008 年交 13 架，2009 年交 25 架，2010 年才會達到量產滿載的 45 架，這一陣的延遲交付，推測會導致空中巴士連年到 2010 年短收 48 億歐元。後來的發展是 2008 年交 12 架，2009 年又掉到 10 架，2010 年也不過 18 架，所謂的年產 45 架從未發生，最多時是 2012 年及 2014 年的 30 架；這個嚴重的推遲，相對地讓對手波音的 B777 由 2005 年的產量 40 架，一下蹦上 2006 年的 65 架，往後的十年有九年

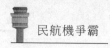

都維持在七十、八十、九十幾架的高峰，此前只有在 1999 年及 1998 年才出現高峰，這個失誤是令客戶轉單的因素，看來不無可能。

《訂單潮曇花一現》

雖然 A380 剛推出時，多數歷史悠久的傳統航空公司下了訂單，但是，好景不常，很快就面臨了無訂單的窘境，往往一年努力銷售下來卻沒訂單，連續好幾年都如此，航空新聞界都會固定追問，對空中巴士的超級業務員 Leahy 君來講，簡直是一種酷刑，有時候，對外簡報業績時，談 A380 的幾頁只能用未來夢想來點綴，不然就是出現個位數，還曾過渡到把 VLA 貨機切割開，只因為 B747-8I 收到 Fedex 下訂十數架。各種銷售話術都會出現，比如說，漢莎航空在以 A380 開闢飛航東京的航線時，造成轟動，很快在旅客方面受到歡迎，空中巴士也順勢想到如何強化廣告以吸引日本籍航空公司看重採購 A380，打出「只有 A380 才能和 A380 競爭」的口號。關於這點，雖然很有新意，也可能確實發生在其他機場，但卻也引起筆者對航空公司在機場的競爭手段的記憶；由於機場閘門的租用是一筆成本，理論上，在載客數上，飛兩班 A380 可以取代飛三班 B777，航空公司可以在機組員及閘門等的租用上省下一筆運營支出，但是，相對地會留下一個時間縫給其他航空公司使用的機會，對自己反而不利。如果賣飛機還要顧及機場時間縫的競爭影響，確實是對民航機製造商造成額外的負擔，但實際上確實如此，例如倫敦希斯羅機場的時間縫爭奪，每每是大事一件，維京航空就曾經在某年為此花下巨資標下釋放出的時間縫，牢牢捏在手上；而且，時間縫及閘門租下不用，在民航界也不是新鮮事，在民航業者的商戰中，是一種戰術常例，只要不導致機場管理部門蒙受客流量低落，機場使用率偏低，未盡到疏運旅客之責便是。時間縫爭奪這點，還有一個反例可以明證，日本 ANA 接手天馬的三架 A380，準備放在飛往夏威夷航點，這條東京出發的旅遊航線專門服務日本國民對夏威夷景點的熱愛，不會有其他外國航空公司特地來競爭，ANA 不會顧忌讓出時間縫被對手承接。這裡再補充說明漢莎航空當初以 A380 開飛東京至法蘭克福航班後的市佔變化，依照空中巴士對 2009 年六月至 2011 年二月期間調查統計，漢莎航空在 2010 年六月開始以一周三班投入運營，很快就在十月調升成每日一班，投入座位數由原先一周 2,500 座位增為 3,600 座位，受影響最大的是 ANA，由 2,300 縮減為 1,500 座，JAL 維持約 2,000 不變；再細看 Sabre 劃位系統得出的上座率及運量，漢莎航空上座率由 74% 漲到 79%，運送乘客量增加 52%，反觀兩家日本航空公司，JAL 上座率由 81% 降到 71%，運量少 7%，ANA 更嚴重，減班後，上座率雖由 90% 增加到 94%，但運量大幅犧牲，少了 17%，漢莎航空以單向運約二十七萬名旅客，等同 JAL 及 ANA 的加總，在三家運量裏攫刮一半，改寫此前的三家均衡局面。

《A380 的扞格》

《獨特類別實質障礙》

A380 剛開始設計時，經營層膽識特別大，不僅超越 B747，甚至在當年的 FAA 法規的飛機類別中，並沒有他這一類，雖然最後獲得與 B747 類別一樣但外觀及性能差異仍舊很大，因此長年以來空中巴士都是將牠歸類為「非常大飛機」（VLA, Very Large Aircraft），而波音公司只用長程

（long haul）飛機的類別，特別是兩家公司的未來二十年民航大飛機市場預測就是旗幟分明，除了單走道大客機一樣，雙走道長程機種就各說各話，波音公司乾脆在 2017 年的預測上排除 A380，空中巴士依舊在 A380 訂單連續三年掛零的情況下，繼續在所有資料顯示他家的四大類別，分別是單走道、小型雙走道、中容雙走道（intermediate twin ailes）及非常大；而筆者經多年接觸資料，獨創將 A380 稱作四走道。

如果真的要談 A380 有哪一點導致其銷售量不佳，可能就要歸因於過早在座位數上的跳蛙，當年規劃這型飛機時，許多樞紐機場（hub airport）還沒大舉擴張，經過一段期間的全球機場擴建，許多跑道加上時間縫都成倍數增加，讓 A380 的 500 多個座位相對變得太多，令民航公司很難填滿，隨便舉例像香港及日本在關西都填海造了新機場，像國泰航空是原先開發時鎖定的客群，其機隊更新就沒選 A380。

另外還要談個法規因素，這就又得提到 FAA。七零年代，B747 的開發是特別用在越洋航線上，四個發動機的飛機可以因為避開 ETOP 的限制，縮短航路縮短時程進而省油，在市場上獨佔，所以 B747 有空中皇后的美稱，二十世紀期間的產量就超過一仟架，空中巴士設計 A380 主要用意也包含挑戰 B747 的獨佔市場；可是波音公司在接續 B747 的新一代後續機種時，採用風阻低的雙引擎 B777，讓油耗更低，美國 FAA 也更改雙發動機 ETOP 規範，可以飛四引擎的路線，瞬間 A380 在擂台上面對的對手變成 B777，可以慶幸的是他的經濟效益非常好，每個座位的成本（Relative COC）是所有長程廣體機種最低的，B747-8 高他 30％，B777-300ER 高 20％，甚至規劃中的 B777-9X 也高 9％，自家的 A350 也高個 2％，這個強項最是讓阿聯酋董事長 Tim

Clack 笑到合不攏嘴，每飛一趟就有大筆利潤入帳，2017 年又有新消息說要設計新的小翅，可以再將耗油減少 4% 到 5%，有人算了下，說 5% 相當於一趟可以在杜拜至洛杉磯增加 22 名乘客，一年下來等於一筆幾百萬美金的收入。

《空橋及登機門》

由於規格訂 529 以上的座位數，機身設計成上下兩層甲板，雖不算是業界首創，但就是產生了和機場上下旅客行業內慣例不一致的問題，原有的登機 SOP 時間拉長，乘客不耐煩，也不符航班使用閘門時段的常例，機場管理也是麻煩，要搞個新例，只好設計新空橋，旅客由上下三個機門登機；演變成 A380 要飛哪個機場就得要建新空橋並且要固定登機門。空橋訂做及閘門沒彈性的問題，自然增加 A380 的通航困難。

對於杜拜機場而言，為了擴大因應旅客的持續增加，在 2016 年 9 月宣布計畫，要把第三航廈阿聯酋及聯盟 Qantas 專用區域 Concourse C 的 A380 專用登機門（code F）增至總數 47 個，在 2018 年底完成，以達成機場不擴建下要在 2023 年吞吐年旅客量 1 億 1 千 8 百萬人次的目標。而美國紐約的 JFK 機場又是另一樣風貌，第七航站是 50 年前的設計，實在沒有空間讓地面整備作調整修改，停機坪沒能改大，單一候機室也容不下那麼多數目的旅客，導致像英國航空既使有 A380 旗艦機種，到 2016 年初也飛不進 JFK 機場。

《跑道》

A380 的空氣動力設計是先進的，只是在跑道上的需求，特別是寬度及荷重條件，依舊限制其對機場的選擇性，要達到 F 等級（Code F），雖然 A380 的落地速度及所需跑道長度都比 B747 低，改跑道比起空橋的更改還要難上千百倍。因為如果航空公司的長程機隊是普遍的雙引擎，航點名單內的大小機場大概沒什麼差異到給客戶帶來要長期處理的問題，但是換了機隊當中有 A380 時，便產生了侷限，失去調度擴展的簡便性成長性；單單想到這點，便可以理解為何像漢莎、英航、法航等一級航空公司購買 A380 的數量都相對的低，如果單看這幾家公司的機隊，A380 和 B777 去取代 B747 這件事上，A380 的比例就明顯不如 B777；所以跑道等級要到位才能容納 A380 起降，就成為影響 A380 訂單的重要因素，例如桃園機場在 2015 年完成的機場跑道改建工程之後，2016 年才正式迎來阿聯酋的 A380 飛航。早期，法規還沒設想到超大型飛機，ICAO 還配合空中巴士及機場訂定了八十米盒「80-metre box」，機場據此設置可容 80 公尺翼展的閘門（gate），空中巴士也根據規範設計 A380，使他能安全操作在寬 60 公尺的第五類跑道（Group V runways）；起初美國 FAA 是反對的，直到很晚，在 2007 年六月，FAA 及 EASA 才都同意 A380 可不受限地操作在 45 公尺寬的跑道，算是開了更大的門。而當初在設計時，因為 A380 兩側發動機的距離太長，超出標準跑道寬度的 150 英尺，幾乎有多達 16 座重要機場都要額外花個七千萬到八千萬美元加寬，這些要加寬的重要機場包括吾人都耳熟能詳的如東京 Narita、悉尼、新加坡、香港、杜拜、法蘭克福、巴黎及倫敦希斯羅等，都包含在內。

《航管間隔》

由於飛機在飛行時，機翼畫過空氣會造成上下翼面產生壓力差,這是升力的來源,但過程的副作用是會在翼尖形成渦旋,飛機起降時就會在機場,特別是跑道上方形成渦旋帶,不利隨後飛行的飛機獲得足夠升力穩定起降,所以航管上要劃分出時間窗(時間縫,slot),給渦旋消失的時間,一個時間縫給一班起降用,時間窗的長短已經制度化,以保障飛安,特別是 A380 之後要是跟著一架 A320 就更要注意;偏偏 A380 的翼面積比 B747 大,渦旋也大過通例,慣例的時間窗不夠牠用,給牠兩個又太浪費,又不能整數切割,造成航管上及機場營運產生困擾,筆者還見過專文分析探討。這點的影響主要反應在航管單位的彈性適應度,對 A380 的擴展並未造成關鍵的阻礙。這個間隔也是勞駕 ICAO 提出建議,在 2006 年 11 月把 10 海哩(19 公里)的安全距離,再依照尾隨 A380 之後進場的大飛機的重量級、中量級、羽量級,ICAO 制定的三等級,細分成 11 公里 15 公里及 19 公里,也建議 A380 機師自稱「Super」,以資區別於其他重量級大飛機;2008 年八月又改成 11、13、15 公里;但同年 11 月澳洲當局因為一次並排跑道遇上側風發生意外,自己改了條件。

《有無對策》

古云「兵馬未動,糧草先行」,據說美歐軍方非常重視中國的古籍「孫子兵法」,商業界是不是也可以從中國古人的智慧找出借鏡之處?說到 A380 的推廣,航空業界都在使力,連租機業者都開了紀錄訂購 20 架,沒買的航空公司還幫忙出錢在芝加哥機場蓋登機閘口,FAA 還加開適用 A380 的型別,空中巴士擁有、投錢合資的公司個體高達 300 多家,如何就不會去規劃一個專責隊伍,把工程技術上的解決套件模化,再將它活化,或者藩鎮化、幕府化?最

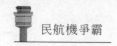

忌諱的是像部分看衰的新聞界總是認定空中巴士會以不賺錢為由將它停掉。

《A380 的訂單波折》

2014 年對 A380 而言是挫折明顯的一年，原因來自兩家航空公司在 2014 年的營運惡化，一家是馬來西亞航空公司，另一家是日本天馬航空 Skymark。首先是馬來西亞航空在三月七日失蹤了一架 B777，繼而在年中 7 月於烏克蘭領空被飛彈擊中又一架 B777，嚴重打擊公司士氣，更不用說財務上的巨大損失，以至於公司開始一連串變革，於 2015 年六月決定裁減 6,000 名員工，當中包含要出售兩架已參與運營的 A380，這對運營數量尚不滿百的民航市場自然影響頗巨。另一家日本低價航空天馬航空突然於年底左右宣布破產，打斷正要進行的 A380 交機，迫使空中巴士火速告上法庭求償，該公司下訂數達可觀的五架之多；同期，2015 年六月，又傳出泰國航空也打算縮減 A380 機隊架數。當下，東亞七家購置 A380 的航空公司，除南方航空、韓國、韓亞及新航以外，有三家都在放棄 A380，雖然數量只有五架上下，但加起來的金額不小，對空中巴士而言，自然會對財務面造成影響，計畫中，2015 年 A380 達損益兩平，很可能兌現無望。

但是，這三家航空公司的決定，到底和空中巴士設計 A380 的市場策略是否抵觸？策略是否錯誤？否則像民航機這種屬於資本財性質的投資，航空公司的規劃絕對是長遠的，幫忙評估的也必有銀行的專業加入，為何退場如此大規模？馬來西亞航空就算特例吧，多年虧損，加上厄運連連，2013 年馬國政府還辦起觀光年活動，造勢拉動旅遊提昇經濟，以 A380 增加外國旅客，可謂配套齊全，然而事後

發展畢竟人算不如天算。天馬航空就更戲劇化了，日本於
2014 年申辦爭取到了 2020 年奧運在東京舉辦，安倍經濟舉
措有望獲得兌現，日人亢奮，天馬航空適時召開發表會，
準備迎接新機 A380，電視上的廣告還列出一隊穿著久違的
藍色迷你裙空姐，召喚著旅客們快快準備登機，連台灣的
電視新聞都播了好幾回，只可惜，這個行業內少見的宣傳
活動，效果就像那迷你裙一樣，很短，緊接著就是財務惡
化的窘態，演變真如天馬行空一般，大膽估計，應該是伴
隨安倍經濟的日元大貶已被預見，財務上不會是早先樂觀
的規劃。致於泰國航空又是什麼因素？寫作當下也不得而
知。

　　這三家打算處理 A380 的公司陸續加重此一民航機的市
場危機，適逢 Brieger 一行人出席 IATA 年會，又被業界追
問，空中巴士如何是好？包括 Leahy 君也都加入回答。總
而言之，除了不久前，Leahy 君首次對外透露把 A380 的市
場銷售壽命延長到五十年之久，適逢 A380 自於新加坡航空
首航後，已經即將面臨二手機市場開市，原先不利於 A380
的高單價令客戶退卻因素，弱化了，Brieger 說詢問 A380 的
航空公司近來多了，英國希斯羅機場時間縫難以增加來因
應旅客人數攀升的狀況一直未改善，美國三大航空公司也
得面對。

《航點滲透有如涓滴》

　　所以 A380 在市場上面對的阻力可說是無時無刻都存在
的，要不是乘客樂於買單，鼓舞航空公司開闢新航線，光
是其他領域的打擊，就不是我們一般乘客甚至航空界熱心
人士所能想像得到的，就連美國的航空新聞網也要找機會
端一下 A380，下面這則報導是筆者不經意讀到的。話說就

在 A380 入市以來，歷經 10 年後，終於在機隊最大的阿聯酋 Emirates 航空公司持續開拓下，於 2016 年七月 20 日飛進美國芝加哥 O`hare 機場，由於 A380 機身是四走道雙層構造，需要特殊的空橋，因此硬體條件滿足下才能通航。而這篇貼在 Aviationpros 網站出自 Chicago Tribue 所下的標題是「Will the monster Airbus A380 ever become a regular at O`hare?」，實際上這一趟只是試飛，可是用 monster 來形容 A380，就不得不令人想到那股以 SkyQueen 來形容 B747 的力量，這個氛圍彷彿有種說不出的熟悉，卻又帶著一絲反差。而這座 A380 專屬空橋，背後還有個故事，原來是所有使用 O`hare 機場第五航站的航空公司，在 2014 年應芝加哥市府要求下，全體出資一百萬美元作設計費用，其中還包含了沒計畫引進 A380 的 American Airlines，美國航空當時是考慮到他的合作夥伴英國航空及澳洲航空 Qantas 會用到。這座改造升級的空橋費資五百萬美元，而市府為了提昇機場的競爭力，也還要續建第二座空橋，並調查出約有 3 至 4 家航空公司會以 A380 飛定期航班，同時，以符合 A380 的第二條寬 200 英尺跑道也在施工中，預定在 2020 年啓用。這件事還有一點才是令人可以深思的，作為美國北方重城的芝加哥，在二十一世紀擴張最積極的阿聯酋航空，卻是在 2014 年才開始飛航。那趟 7 月 20 日的首航還發生一個插曲，操作空橋時因不熟悉那麼大的體積，竟然撞損 A380，這是機場的差恥，可能因此故，阿聯酋隔了一年都沒宣布何時要飛定期航班，反倒是英國航空在 2017 年 8 月 8 日宣布在 2018 年 5 月要啓動每日一班飛 A380 的定期航班，取代原有中的兩班 B747-400，早上 10 點 50 分自倫敦希斯洛飛來的航班。總之，有 A380 飛航的航道，累積的速度相對的慢，到 2015 年底才有 100 條，儘管，2014 年時，在 47 個 Mega-city 當中，已經有 36 個城市有 A380 飛抵。

再看看 A380 推出時著眼民航發展趨勢的機場時間縫（Slot）不足的問題，正好有幾個典型的應對方式，如北京、希斯羅及杜拜，首先來看北京機場。北京首都國際機場（BCIA）在 2015 年的旅客人次達到了 9 仟 3 百萬人，比原先規劃容量的 7 仟 2 百萬人次，超出了近三成；而中國民航總局（CAAC）選擇加蓋 DAXING 機場（BDIA, 大興）舒解，啟用時間是訂在 2019 年，而 2016 年八月已對外界發佈，屆時中國南方航空及中國東方航空兩家將全數遷往大興（DAXIN）機場，主要服務未來該機場八成的國內旅客；就在這個時間點，中國籍航空公司所擁有及訂購的 A380 依舊只有南方航空的 5 架，沒有計畫以高座位數機種舒解時間縫不足的跡象。由於 DAXING 機場規劃在 2025 年時將有 9 條跑道及疏運 1 億 2 千萬人次，所以筆者自行判斷其目的是重點放在多數國內以單走道飛抵北京的交通用。再來看看香港機場，新機場取代啟德後，也才幾年，兩條新跑道在 2017 年已經用到 90%，也開始要計畫圈地增建第三跑道，把每小時 68 班提高到 102 班，因為時間縫不足，要熱起來的廉價航空就很苦惱，U-fly 聯盟成員 HK express 飛內地應付不來，打算把 A320 換成 A321。2016 年四月，香港機場一位高管接受 Flightglobal 的訪問，提到已經累積有五千次 A380 的航班，對疏解機場時間縫不足應付旅客人潮很有幫助，但依舊還要向航空公司呼籲多派 A380 來飛，讓同樣的時間縫帶來更多的遊客，每一個人也能少付些機場稅；而希斯羅機場也是希望再多一些 A380，原因是希望能多挪出一些時間縫，開通新城市航道，像是南美北美亞洲等地，現在未能提供服務者。

此外，筆者洞見 A380 會是中長程低價航空得以成功的必要條件，也在 IATA 會期露出署光，開始有東南亞的低價航空詢問 A380。作為低價航空的經營策略，除了壓低成本之外，成功的必要條件就是要有穩定大量的乘客，特別是要有高於傳統航空的單次起降座位數，RyanAir 航空老闆為乘客厭惡就是因為座位特小，擠沙丁魚，而且還想出讓乘客站著的飛法；所以 A380 先天具備了此一絕佳必要條件。可是我也可以告訴讀者，空中巴士內部肯定也是心知肚明，只是商機就是天機，作為民航機市場上的天之驕子，具有獨一無二條件高檔機種的 A380，沒有必要急於推進到廉價航空市場，這是一個資本財性質的產品及市場，A380 已經是一個難以跨越挑戰的獨佔市場 Monoploy。我認定，A380在未來 NEO 化之後，終將迎來其天命盛世。

2016 年 7 月期間，波音公司已經發出要停產 B 747-8 的消息，而空中巴士也對市場表示要在 2018 年將 A 380 月產量降至每月 1 架，新聞及分析業界一片看壞超大型飛機的後市。筆者身為民用航空研究者，有責任將飛機的優弱點以專業的方式為航空關切者做出分析，但無法掩飾我個人對空中巴士及 A380 的喜好及認同，借用 Seeking Alpha 一位專門分析飛機製造商人員所發表的，閱讀 Airinsight 報告後心得的一句話，『Don't dismiss A380』。

《心理障礙》

阿聯酋航空董事長 Tim Clark 董事長是堅定的 A380 愛用者，他認為要透過新一代的主要航空公司高層管理者來啟動 A380 熱賣，這是他在 2014 年 11 月向 Aviation Daily 說出內心的想法，「自從 2000 年開始，冒險犯難已經悄悄浮現在航空公司的董事會上，令許多航空公司擔心招不到足夠數旅客填滿座位，自發羞怯而遠離大型飛機。」，① 此時的阿聯酋機隊有 53 架 A380，Clark 透露此時已經很容易滿座，「的確 A380 是大個子怪獸，可只需每一航班帶來五名轉機客，距滿座目標僅剩半途。」，他論及現在位的執行長們是出自過氣航空運輸年代傳承坐上位置，而從此期間中的新盛市場出現新玩家，還沒見到，但他相信「下一代會識出 A380 的價值，我無法相信亞洲籍航空公司不會大筆的買 A380。」，他也直指是空中巴士造成 A380 銷售低迷，「那群在土魯斯的朋友們無能行銷 A380，他們是可以多作些的。」，此時，Etihad 已在 A380 搞出個私宅艙，一票包含客廳、臥房及浴室，Clark 說阿聯酋還沒那條件，「這告訴你 A380 的潛力，然則，一些在世界部份其他地區的朋友（記者代說歐洲），竟搞成 DC-10。」談到這裡，筆者內心有個感觸，2017 年我飛到巴黎參觀航空展，因為首度造訪之故，趁機赴凱旋門拍照，在駐足欣賞的當下，出現一位印度壯晚大哥，希望我為他拍一張照片，合影的是一位女士，身高矮了一個半頭長，外表猜不出是他妻子或是母親，但肯定不會是非親屬之外的，筆者想談的感觸是，有一部份人是很難得搭飛機出國一趟的，更少的人是有錢無暇，所以除了極有錢的人有充分條件選擇高價的頭等艙之外，也有人以勞力積攢了旅遊的費用，歷經數年才有一次攜家帶眷搭機出國度假去，內心多麼期待盼望，是可以有多種選擇，夠上值得，所以呢？到底是波灣油國太奢華，還是資本主義世界有某些制度規則盜走了中產階級的勞動成果？從二十一世紀開始，許多大型航空業的民航大飛機紛紛取消頭等艙及縮減商務艙座位來看，不特是個觀察指標。

　　除了前面 Clark 說航空公司經營者有心理障礙之外，筆者也注意到有些機場管理者就認識到除了增加機場數及跑道數之外，另一個增加時間縫效益的做法就是鼓吹航空公司飛超大型飛機，這可以達到兩種功效，一是應付運量大的航道，避免佔用太多的時間縫，另一點是可以騰出更多的時間縫以供開發新的航道至新的目的地，筆者很意外的是，這一點是出自一位香港機場的管理層，赤鱲角機場 98年啓用，2016 年就趕緊增建第三跑道，這可是香港，算是新蓋的機場，一號客運大樓面積世界第一，直到 2008 年才被首都國際機場三號航站打破，竟也撐不到 20 年就得擴建跑道，可供 A380 使用的閘口數也少到令人驚訝。

① 引述來源：參考資料第 91 條。

《減產過渡》

由於到了 2016 年時，多年缺乏新訂單的注入，公司做了 2018 年降低產量至年 12 架的過度計畫，降低支出成本，做到屆時能收支兩平，特別是對每一個客戶的客製款設計有關供應源及成本作持續的降低，並達到牢靠的管理。

2017 年六月，Leahy 君對新聞界表示，有關 A380 在2018 年每月產出一架的目標之後，有可能年內決定在 2019年繼續調降至一架以下，而空中巴士也在評估新目標下維持財務打平，就在同月的巴黎航空展期間，空中巴士展出新的 A380 樓梯通道設計，把原來極為宏大豪華的氣派樓梯縮小體積成一般樓梯，藉此增加出 80 個座位，使每趟飛行的營收變大，好拉近與 A350 級別機種的營運效益；同年七月，新聞界傳出法國在新總統馬克宏上任後，有機會讓中國購買較多的 A380，因為眾多的中國旅客，確實需要超大型飛機來提供運量，同月的 G20 會議開幕前，中國國家領導人習主席的到訪，簽訂購買 100 架 A320 及 40 架 A350，令航空界想像 A380 的採購，仍需要多一些時間討論。

　　2017 年 8 月首次迎來 A380 汰除役這件事，因為新加坡航空在 2007 年首批向 Dr. Peters 集團租用的 4 架加上另一架，已經屆臨飛滿 10 年，確定停租，在幾乎確定沒有其他航空公司願意接手的狀況下，接下來的發展情形尚未可知。幸好，其他仍在飛役的 15 架確定會有 14 架進行機艙翻新，另外有五架訂單也會在 2017 年 10 月至 2018 年 5 月陸續交機。這個階段對 A380 相當重要，如果連新航都沒有繼續飛他，單靠阿聯酋大量採用，是算不得成功的；另外，也是在 2017 年 8 月，原本馬來西亞要處理掉的 A380 機隊，也因為東南亞應回教年度 5 日盛事 Hajj 的需求，發揮航空運量瞬增的功用，向聖地麥加載運信徒，在配額增加之下，印尼要運送 22 萬 1 千人，馬來西亞 3 萬人；印尼是全球回教信徒人數最多的國家，Hajj 運量約佔 Garuda 航空年營收 3.91％，而馬航方面 Hajj 加 Umarh 佔年營收 5％，馬航在年初時還開始計畫為專門服務兩大宗教盛事成立單一航空公司，並且把 6 架 A380 機隊座位改成 700 座。2017 年 9 月就有好消息見報，一家葡萄牙籍包機航空公司（charter airline）Hi Fly 接手兩架，該公司主要業務是飛機租賃，服務對象是旅遊業、政府及公司，還有 ACMI 租機，方式是合約包含提供飛機、機師、組員、維護及飛機保險給租方；講起來，這無疑是件好的轉折，由於報導描述這兩架極可能是 Doric 在 2007 年買下的最早一批較耗油的 A380，如果都能被接受，代表 Leahy 君的 50 年說法是專業的，畢竟民航大飛機是資本財。

　　2017 年 11 月，新鮮的事發生了，訂購 20 架 A380 卻找不到客戶的愛爾蘭籍租機公司 Amedeo，打算開設航空公司自己來飛，空中巴士公司應當深自反省，是不是自己也該要拿出突破性的做法？

　　這半年階段緊張歸緊張，最後還是顯現它的價值，話說新加坡航空的慣例是把機隊維持在九年歲數，以往超出時都會汰除到二手機市場，但是 A380 沒有航空公司等著接手，還是有其他考慮？總之，市場專家一直批評不看好情形下，自家購買的 A380 還是沒有被汰除，新加坡媒體11 月報導，新航 12 月後要接收五架新出廠 A380，配備新機艙內搭，連同在勤的 14 架都要換，總耗費八億五千萬美金，新的配置是四級艙 471 座比舊型最多增加 92 座，最豪華的六個私間（Suites）在上層，有平床及辦公室，經濟艙座椅寬 18.5 英吋大過標準，加新花樣，舊換新要陸續施作到 2020 年，執行長受訪說計畫自乘客調查開始進行了四年之久，筆者回想這些年來多數網路記者報導內容一直唱衰A380，如何就沒個獨家挖到新航為 A380 換妝？接下這個改裝工作的還是空中巴士自己，他也沒藉此對業內專家的評擊反駁，也沒吭聲，只有在自家網頁像沒啥大不了似的發個新聞。2016 年 8 月，Seeking Alpha 就轉載了 Air Insight 的分析言論，認為二手 A380 對市場是有破壞力的，明白指出達美航空就是善用二手機的個中高手，一架二手 A380 推測值美金一億二千萬元是新機牌價 28%，但要看長遠些。

　　歷經將近一年，Hi Fly 藉著范堡羅航空展，推出漆有自家彩妝的 A380，大作宣傳，緊接著在八月二日迎來開業喜，為 Thomas Cook Airlines Scandinavia 飛丹麥至塞浦路斯 Lamaca，雖然有媒體報導說是旅遊業者 Thomas Cook 一時缺大飛機，臨時找來 Hi Fly A380，替補原先常用的 A321，但也可作為 A380 擴大應用的努力明證，這架中古 A380，依舊屬於 Doric 公司，但註冊在馬爾他；忙過 Thomas Cook，又排定下半月要去救 Norwegian Air Shuttle ASA，因受困於第二季 B787 發動機大規模停檢更換零件，這家北歐長程廉航濕租（Wet Lease）Hi Fly A380 應急飛倫敦紐約航線，又為二手 A380 初嘗低價旅遊開闢生路；Hi Fly 包機公司專門提供雙走道廣體機出租，機隊中還有 A330 及 A340，A380 會被選中，不能忽略其折舊下降後，令每一座位運行成本更划算的利基，相信關切民航者可以明白為何新航要翻新內裝續飛，而英國航空要嫌新機貴的原因，相信大家都聽過，會嫌貨的才是潛在買家。Hi Fly 首架 A380 機身漆了海底珊瑚世界及兩句話，分別是右側的「2050 年前珊瑚礁將消失」、左側「為珊瑚礁計尚不遲」，垂直尾翼兩側寫有小小的「解救珊瑚礁」，其實只要寫「飛 A380 救珊瑚礁」，直搗訴求；順便給空中巴士公司一策，繼多年來打「省油」及「寬座椅」之後，接著打「零噪音」，打出口號「飛 A380 救救耳朵」。逗逗讀者罷了，希望不要讀書讀到睡著了。

《多方檢討在天之數》

Morgan Stanly 在 2006 年 9 月刊出一篇專門報導「議論 A380, The A380 debate」，邀請兩位專業分析師各自評估 A380 的航空公司機隊胃納數值，Forbes 在 2017 年阿聯酋航空展銷售原預期訂單破滅的狀況下，刊出一位作家把分析的結果拿出來討論，又問一次 A380 何時要停？這兩位分別看高及看低的分析師給的總機隊數字分別是「2015 年前（第一旬）380 架，第二旬 500 架」及「第一旬 200 架，第二旬 200 架」，都比空中巴士當年規劃展望的數字低，而目前還登記在訂單名冊上的總架數 317 架及運營中 210 架算是在高低範圍內，這位作家的報導還引述 1995 年的報導說空中巴士似乎願意根據調查的運量預測數字提供市場設備，而波音要先看到實際的市場狀況，市場狀況沒那麼好，所以推出 B787 小型雙走道，波音眼光是對的，筆者對現階段的情況提出自己的看法，民航大飛機可耐用二十年，許多家長都知道男孩在十年級作學生服要作大些，否則後兩年會穿不下，很明顯的在單走道民航大飛機市場兩家以 A320 對上 B737，客戶是選機等同選廠家，二選一，A321 大座位數熱賣已經是明證，但在長程大機位數市場上，有雙走道、2.5 及 4 走道機型，自 2005 年 A350 開賣後多達 7 型機族，航空公司面臨的是四型對三型的大賣場，既選機型也要選製造商，進入二十一世紀第二旬，空中巴士 A340 停產，波音 B747-8I，不到十年也打入冷宮停產，但也還有多達五機族可選，相對單走道客戶數還在增加，少了好幾倍並且歷經一輪合併的長程機隊客戶數相對又少了的情形下，分母多分子少，A380 看起來確實令人為她著急，如何不多生點？總之，現階段的廣體超廣體民航大飛機市場，和 20 世紀可以說是兩樣風情，在 1970 年開始商業運行，四具發動機的 B747 可說是艷驚全球，舉世目光之焦點，唯一的亮點，人類第一架廣體客機，雖然擊敗同期競爭的 MD-10 及 L-1011，一度售出 400 架時，還被新聞界評為是過時的機種，誰會曉得一路到 1999 年製造數達到 1,000 架，成為美國籍廣體客機勝利續產者，同樣市場定位的長程廣體客機 B777 要到 1989 年才開賣，而空中巴士公司則在 1987 年同時向民航界推出 A330 及 A340 兩型長程廣體客機，1995 年後市場進入二對二的四型機族時代，很快地，五年後，在進入二十一世紀的前夕，2000 年 12 月 19 日，A380 宣布開賣，不僅使廣體機市場擴大到五族競爭的局面，也終止了 B747 連續三十多年獨佔超大型民航大飛機市場的時代，然而長時間下來 B747 也扎實了可觀的出廠架數，99 年前 1,000 架，95 年後也有 500 餘架出廠。

其實空中巴士公司為舉世航空網絡會是如何發展，並且規劃出大座位數及中座位數的機型，是相當細心講究的，好比作父母的會為子女購買適合不同年齡尺碼的衣服，或是準備不同場合穿著的衣服，筆者看手邊保有最早空中巴士的未來 20 年（2011~2030）全球機隊需求展望報告，以超大型（VLA）機隊架數來看，客機加上貨機會有 1,780 架，這還是假設空中巴士自己僅有一半的市佔率，也就是 900 架，如果再考慮客戶在新選擇出現前，會以原機型取代，等於以一般平均 20 年的服勤壽命，加上 10 至 15 年會下後續訂單來看，現在的 300 餘架訂單再加把勁就可以和自己預測的低標吻合了，如果再拿 2000 年項目提出預期的 15 年內 1,200 架，確實是差很遠，但是 2016 年時也將展望調降至 1,400 架。空中巴士公司在展望報告裏，解釋其航空運量的研究統計數據，是在採納 161 個區域客流，選定最佳分析模型，套入 869 家航空公司，包含區域、廉價及包機，顧及經濟發展，才得出後二十年民航大飛機機隊估值，其中有一點剛好是本書寫作年正要發生的，那便是每機座位數成長率一值，其 2010 年完成的展望推測廣體機將會以 12.5% 於 2018 年和單走道飛機追平一致，過了 2018 年，每年成長率都高過單走道機，預測到 2026 年，廣體機平均每機座位數成長率達 17%，而單走道是 15%。2013 年 11 月時，有一則經濟學人的新聞引述一家 Jefferies 銀行人員 Sandy Morries 的說法，指出 B747 一直等到首飛後 25 年才見到訂單高峰，而 A330 也等到第 15 年，依此類推，A380 還會有一次訂單高峰。

《B747 功成謝幕》

2017 年第四季十月底，新聞界開始報導達美航空首架

A350-900 開始投入載客飛行，取代原任飛航的 B747，並且將它淘汰，記者下的標題是「天空之后終究引退」，隨後聯合航空也在 11 月 7 日報出要淘汰 B747，並且是最後一趟國內航班，由舊金山飛到夏威夷檀香山，也是聯合航空 B747 在 1970 年首航同樣航道，相隔約 47 年，將近半世紀，這架擔綱的 B747 是 1999 年加入機隊服勤的，然而，在底特律的國際線還要繼續飛它，達美航空則是要完成 12 月 17 日的最後一班國際線後，再來一趟連飛四市告別之旅，20 日結束，年底把最後六架 B747 機隊一起退出定期航班勤務，以上就是美國籍最後兩家飛 B747 的航空公司，告別 B747 的尾聲；達美航空的安排極感人，18 日開始把當中幾架飛回半世紀前 B747 出廠地，波音公司的 Everett 廠，記者報導時還用了當年形容 B747 風采的詞「Jumbo」，勾起筆者幼年沐浴在航空世紀的記憶，當年有中文記者給了很美的譯名，稱作「珍寶」。此時調查一下，依舊有高達 150 架上下的 B747 擔任旅客的運輸，像是英國航空就還有 36 架在服勤飛航，而貨運部份更多，全球約有 175 架上下，加上新的 B747-8，整個機族加一加也高達 500 架，所以這次記者的說法可以適用在美國籍航空公司；2018 年元月，B747-8I 僅剩餘一架待製交付。

其實關於以往專屬「天空皇后」頭銜一詞的 B747，何時會被 A380 取代，多年來也一直被新聞業者拿來作文章，以標竿級新加坡航空公司為首，早在 2012 年四月 6 日送走機隊最後一架載客的 B747，果然是豪門才能辦的事，還在停機坪容重盛大的安排管樂隊演奏，歡別最後一程航班，新航也在 2011 年 6 月發表引入 A380 機隊成果，四年內合計飛 13,000 航班，並且旅客超愛選搭，載運人次超過 500 萬，2010 年平均上座率高達 82％，全公司也才 77.9％，而 IATA 的行業統計值是 76.5％，而空中巴士眼珠還透視進新航的口袋，查出該年每架 A380 因而為新航額外進帳四百六十萬美元，所以，新加坡航空可以說是動作最快的，把訂單的 19 架 A380 在五年內完全接收投運。至於英國航空汰盡 B747 的日期，據 2017 年 11 月的 Flightglobal 報導要到 2024 年 2 月，此時英航仍是 B747 機隊最大使用者，有 36 架服勤客運，英航很晚才於 2007 年訂購 12 架 A380，加上選配晚開發的 Rolls-Royce Trent 900 發動機，遲至 2013 年 7 月才接收第一架 A380，差一點忘記還有一家漢莎航空，也是 11 月啟動的，要逐步全數將 17 架 B747-400 投入飛航法蘭克福至柏林此一熱門的國內航線，不禁讓筆者想起德國空軍還曾專門收舊二手 F4，不禁要問該國碳排放量要怎麼個列帳。

最後當然還是要問問波音公司自己怎麼說了，就在 2017 年的巴黎航空展，工業週刊（Industry Week）記者訪問到了市場部副董事長 Randy Tinseth 說「往後我們看不見有多少超大飛機需求」，波音在其最新的未來二十年展望將超大飛機市場排除，並發出警語要將 B747-8 客機型停產，認為市場事實如此；記者又訪問了 John Leahy，回說「他們勢必會這樣作，B747-8 不叫座，我們沒打算和他們分食超大型飛機市場。」

《A380 的運量貢獻》

以 2016 年四月來看，A380 在全球公認最忙碌的倫敦希斯洛機場，一天有高達 50 班起降，疏運的乘客流量佔比達 10％，比 2015 年的 8％增加了 2％，洛杉磯機場一天有 24 班起降，香港機場一天有 14 班。截至 2017 年五月，全球已有 13 家航空公司，在 110 條航道上，以 A380 運行，每

天的總航班數 300。

《福星高照》

2010 年 11 月 4 日，一架澳洲航空的 A380 在樟宜機場起飛不久，2 號（左邊內側）羅斯來斯發動機 Trent 900 突然爆裂失火，瞬間失去對發動機的控制，幸好澳航機師們處理得當，滅火後，檢查操縱有反應，安全折返，事後檢查發現是輸注油管不符規格，由較薄處裂開滲油，也就是這個檢查過程擴及機翼結構，意外發現翼肋（Rib）角片（Bracket, Feet）未到年限就有了疲勞裂縫，這下不得了，所有生產中及服役中的 A380 都要安排停工停飛更換新材質角片，行動過程陸陸續續好幾年，設計上採取的技術概念，永久修復翼肋，導致空中巴士公司在 2013 年財報中一次提列了總計 8,500 萬歐元的 Wing Rib Feet 費用。

由於 A380 銷售不佳，再加上前述發動機意外，增加額外賠償及費用支出，空中巴士力圖早日讓項目打平（Breakeven），終於在 2015 年年度交付 27 架後，首次達成年度目標，然而根據一般業內分析人員的看法，整個項目的財務打平可能性還是微乎其微。

《馬到成功》

筆者拜讀一位航空經濟分析師的文章，連續收他的網郵有一年，起先是因為他批評 B787 項目財務有算法方面的問題，後來發現他言論轉向支持波音，一天突然開始狠批 A380，時間點就發生在老頑童 Tim Clark 不在 2017 年年底的杜拜航空展上買 36 架 A380，還勸空中巴士要向航空公司殷勤哈腰來擴大市場，展前航空新聞界放風聲阿聯酋航空要在展期下單，Tim Clark 董事長要空中巴士作出保證 A380 要繼續生產 10 年才願首肯，所以這位分析師在 2018 年元月二日上班首日，發了一封標題為「A380 玩完了（Game Over For The Airbus A380）」，熟料，法國總統馬克宏在元月 8 日抵北京一會習主席，新聞界傳出以中國整裝 A380 換取訂單，這位分析師立刻在同一天發出一篇標題為「Potential For The Airbus A380」「A380 潛力」，還提出未來市場有 400 至 600 架的可能；但是這位分析師際遇還好呢，筆者曾經遇見某家新聞網站，要連續刊出三篇分析 A380 大好前程的報導，筆者看了第一第二兩篇，但就是等不到第三篇拜讀，被抽掉了。幸好，空中巴士還沒有出現會計財務當權的局面，有一次年度報告記者會，一位 CFO 簡報時，脫口說出既使 A380 停產也不會影響財務，隔天，股價大跌，單日跌幅可以說是其史上第一，與 Enders 說要合併 BAE 那次下跌，嚴重程度真可說是不相上下。川普總統很明顯對國之重業波音使出商人本色大力加持，首次訪問中國就替波音公司爭取到 300 架大飛機訂單，馬可宏訪中賣大飛機也是力道驚人，May force with you both。

《2018 春風催起》

歐洲在大航海時代期間，船員最怕找不到風，困在大海上，哪裡都去不了。A380 在缺訂單的五年後，終於盼到了阿聯酋在 2018 年二月的 36 架訂單，可以維持往後十年裏，每年 6 架產量，空中巴士並且採取配合措施縮減人員，連同 A400M 軍機項目，辭退 3,700 名員工，這個階段雖然終於吹起春風，確保 A380 項目得以延續，但是春天吹的風就是那麼不穩，還夠不上叫船速加快到船員放心的地步，因為在三月上旬，當初 A380 項目出生推手客戶之一的維京大西洋航空（Virgin Atlantic Airways），把推延 10 年的 6 架 A380 訂單給取消了，維京的說法是 A380 機隊要產生經營效益得至少有 10 架才辦得到，而 A350 現在是最適合其公司採用；維京公司創辦人 Richard Branson 是有心的經營者，只可惜公司規模只有機隊 44 架，既使擠身大西洋熱門航線，乘客風評佳，其運量依舊不能同一線主流航空公司等量齊觀，發展也因此受限。這個月，卡達航空董事長 Baker 也首次對新聞界批評指出，A380 本身太重了；是的，對比後起之秀輕穎的 A350 XWB，A380 必須在後續改良上減重，為航空公司提昇獲利比例，才能在重運量航空幹道（trunk route）上大範圍大量地運行，證明其定位價值。

《A350》

A350 XWB 項目的正式成立推出是在 2006 年期間，但是可以相信的是，在 2004 年，他就被構想成和 A330 配對，加上新的空氣動力特色及新發動機，這和當年 A330 及 A340 同時搭檔推出有相同意義，所以航空業界公認 A350 是繼承 A340，同時在市場對 B787 及 B777 抗衡；但是，最後還是經過幾家有眼光的航空公司批評指點加以重新設計，才以編號 XWB（extra wide body，特寬機體）問世，如此一來，A350 XWB 的市場歡迎程度竟遠高過 A340 一族。

最初，波音公司推出 B787 之時，宣稱會對 A330 產生嚴重威脅，空中巴士拒絕承認，認為只是回應 A330，無須另作反制；不意，航空公司開始要空中巴士提出競爭機種，空中巴士提出 A330-200Lite 構想，配上與 B787 相似的發動機，原計畫 2004 年在范堡羅航空展宣布，後來沒進行。

2004 年九月，時任空中巴士 CEO 的 Noel Forgeard 在一

次與客戶私人會議中證實有考慮新的計畫，但沒透露計畫名稱，也沒說是全新設計還是改進既有機種，航空公司不滿意，空中巴士承諾要投入 40 億歐元進行設計新民航機。最開始的版本簡直就像 A330 的翻版，因為共用機身斷面及同樣的組裝，機翼、發動機及水平尾翼是新的，採用新的複合材料新的機身製造方法，使 A350 像一架全新飛機，空中巴士自 EADS 及 BAE 董事會取得授權開賣（Authorisation to offer），正式命名 A350；2005 年六月的巴黎航空展上，卡達航空對外宣布一筆訂單購買 60 架，九月，卡達還和 GE 簽訂備忘錄，發展 A350 的發動機 GEnx-1A-72，進展神速，後續卻出人意表。十月時，項目的工業化進程公開發表，估計投資約在 35 億歐元，目標是作出 A350-800 及 A350-900 兩型，以資抗衡 B787-9 及 B777-200ER，不意受到來自兩家重要客戶的公開批評，其一是 2006 年 3 月 ILFC 董事長 Steven Udvar-Hazy 催促空中巴士搞出一型全新設計（clean-sheet design），否則會拱手讓出市場，還給空中巴士面對 B787 衝擊的反應策略一個外號叫「膠帶補丁（Band-aid）」，GECAS 董事長 Henry Hubschman 也同聲附和，其二是新加坡航空 Chew Choon Seng 在評比兩架的標案時，指出 A350 既然機翼尾舵駕駛艙都費力做了新設計，何不連同機身也設計個全新樣式，時任空中巴士 CEO 的 Gustav Humbert 考慮到空中巴士的策略不能僅止於滿足將要下單的一兩家客戶的需要，而要有市場長期的看法及要有能力完成承諾，遂接受意見回應已考慮改善 A350；緊接著，Qantas 及新加坡航空先後捨棄 A350 選擇購買 B787，Humbert 連忙組織工程任務編組著手新的設計替代方案，其中一個內部稱作「1d」的構成新設計的基礎。

《二次設計》

很快在 2006 年七月的范堡羅航空展上，重新推出，也給了新代號 A350 XWB，加寬機體（Xtra-Wide-Body），新加坡航空可能早有消息，四天後，訂了 20 架，外加選擇權 20 架；這裡還有個插曲，推出前外界傳說代號有可能是 A370 或 A280，空中巴士真搞出個烏龍，在 Financial Times 網站的廣告以「A280」作型號。二次設計的 A350 XWB，機身加寬至可容一排 10 座的經濟艙，標準的 B787 是 9 座，最初版改自 A330 及 A330 一族也只能一排最多八座，而 B777 及 B777X 也最多 10 座，不過，拿機艙內部寬度在乘客眼部水平線作比較，A350 XWB 還是比 B777 短 28 公分。2006 年 12 月董事會批准工業化期程啟動細部設計，一次包含 -800、-900 及 -1000 三架兄弟型，有一點拖的原因是 A380 延遲，此時的 EADS 執行長 Thomas Enders 表示 A350 項目並非是必然的，因為整個集團消耗資源範圍太大，決定以現金流來供給項目支出。首次交機是排在 2013 年年中，先出 -900，再過兩年出 -1000。這次的設計變更，導致開發金額由 55 億歐元膨脹到 97 億，也延遲兩年才交付客戶。經過一番設計努力及功夫，空中巴士期望 XWB 單位空座重量比 B777 低 14％，在 2008 年 12 月達成 A350-900 的細部設計完工凍結。

在飛機最重要的機翼設計上，A350 的特色是複合材料機翼，在同一機族內的三架兄弟機都有相同長度的翼展，這個 64.75 公尺的翼展，使 A350 同 A330/A340 以及 B777 一起落在 ICAO 歸類的（ICAO Aerodrome Reference Code）機場參照代碼 E 65 公尺限制內，機翼的 31.9 度後掠角是為馬赫 0.85 巡航速度而設訂，也能作最大馬赫 0.89 操作速度，A350-900 機翼面積 442 平方公尺，A350-1000 機翼則因後緣有延伸，面積大 4%；機翼也採用一種類似 A380 的先進襟翼，功能是後緣高升力裝置，算是某種程度的可變形蒙皮（morphing），效果是連續優化機翼負載降低燃油消耗，從段面看就是可變弧線可作縱向荷重控制，這個機翼除了廣泛進行計算流體力學（CFD），其風洞試驗也耗用近 4,000 小時涵蓋高低速範圍，力求完善其空氣動力設計，機翼含小翅最終構型完成於 2008 年 12 月 17 日。

　　機鼻在設計上的特徵是鼻尖偏低，在前收式鼻輪艙及六片駕駛艙窗方面則是沿襲 A380，二次設計的新機鼻改善了空氣動力也促使機頭上方的組員休息區能更往前移以避開客艙；駕駛艙窗的中柱寬度縮小增進了視野，而 A350 總工程師 Gordon McConnell 的說法是衡量抗鳥擊及成本之後，還是採用鋁結構。主起落架（Undercarriage）的設計也採用了新的思維，好像是個安在機翼下的開關，兩側機輪支柱連接到機翼後樑前方面及一支輪架樑的後端上，輪架樑同時接到機翼及機身；機輪組架（Bogie）可配四輪或六輪，A350-900 配的主要是四輪，但飛長程加大油量的 900ULR 及 A350-1000 都配六輪。

　　在實際設計階段，GE 的發動機最終棄守，因為被要求供應更有效率的發動機，卻只有意將 B787 發動機 GEnx 供給 A350-900，有能力但又不願意提供超越 Trent XWB 等級的發動機，造成和自家提供的 B777 衍生機打對台。2006 年，空中巴士確定一款全吸氣系統（full bleed air），以茲同 B787 的無吸（bleedless）構型作區隔，促使勞斯萊司同意供給 A350 XWB 一型衍生型發動機名為 Trent XWB。2010 年，經過低速風洞試驗，定下規格為海平面淨推力範圍 330 至 420 千牛頓，-900 及 -1000 配的外型一樣，只有高推力會對渦流風扇模組（Fan）作修改，扇葉修改後轉速跟著提高。

以座位寬度來說，與 B787 作比較，無論是高價艙 2-4-2 一排或是經濟艙 3-3-3 佈置都來的寬，一排九座的椅寬也比自家 A330 大 3.9 公分；只有在和 B777 一族及 B777X 相比，座椅寬度窄了 1.27 公分，但 A350 XWB 的標準 18 英吋寬座椅已經是遠遠符合國際長程航班的舒適標準。

《銷售》

A350 XWB 的銷售有其公開的盛況及少為人知的秘聞，筆者所謂的公開盛況是因為首次聽到有人這樣自誇業績的，那當然是出自 John Leahy 之口，他當時已經坐在全球大飛機銷售巨星的寶座，他說「A350 已經賣完了。」，說這話的意思自然不是以後沒航空公司要買，而是當時好的 A350 出廠時段都被搶購一空，許多航空公司想下單，但又要等更久才有飛機，出廠時間趕不上其機隊航線擴充計畫，因此下不了單。另外一件秘聞，是筆者眾多收集資料中唯一有提到的，話說卡達航空（Qatar Airways）那筆 80 架大訂單還是空中巴士董事長 Louis Gallois 一通電話幫忙救回來的，當時他對著電話另一頭說「太棒了，我很感激，我們可以來進行一紙協議了，A350 會是一型世界級的飛機，我們有信心產品一定可以上市交付。」，這通電話把可能拱手給波音的 160 億歐元轉回空中巴士。

2007 年九月，空中巴士推出二次設計時，集合了 A350 XWB 連同既有客戶及潛在客戶共吸引了 100 個各家代表，開賣後年底前拿到訂單 294 架，2008 年底設計凍結，該年又拿下 163 架訂單，加上 2009 年 51 架，累計短短三年內衝到 500 架，這是第一個高峰，到了 2013 年，一年簽下 230 架，瞬間待製架數自 582 架躍升至 812 架來到第二個高峰，截至 2017 年底，扣除取消數後，累計總訂單為 854 架。

《碳纖機身最省油》

A350 一族在設計上選用大量的碳纖維複合材料，包括最重要的中央翼盒（center wing box）也採用，這是減重上的重點突破，在重點結構件上取代以往的金屬，最終在全機可操作的空重上（OEW, operating empty weight）達到相當傲視對手的 159 公噸。尤其是對上 371 座的 B777-300ER 時，標準 366 座的 A350-1000 最大起飛重量少了 35 公噸，還可以多飛 450 海哩，並且每一座位營運成本少了 23%，非常可觀，空中巴士看上的是 1,000 架的取代市場。因為機身大量採用碳纖維之故，艙內壓力較金屬材質增高，溼度也昇高，乘客有更舒適的體驗。

《碳纖複材維修理念》

A350 是繼 B787 之後第二架以碳纖維複合材料用在機身薄殼的民航大飛機，但技術上不同的是，B787 是採用滾編一體式做出各個機身段，可以做到一條纖維連續繞完成一個圓筒式機身段，而 A350 是把圓筒機身段延軸向先分成四件 90 度周長碳纖強化複材薄殼，再加以組合成一體圓筒狀；空中巴士的思維是考慮到遇見修補機身薄殼時，可以用整件拆換的方式，縮短維修時間；在技術上，可以理解的是碳纖維複材在固化時需要進真空爐（Autoclave），結構強度才能達標。

《鋰離子電池坎》

話說 B787 大量投入運營伊始，發生了鋰離子備用電池過熱導致全數停飛事件，當時筆者不解 FAA 是如何讓他授證的，但想不到的是，已經在發展中的 A350 也是用鋰離子電池，而筆者見到此一新聞發佈時，雖然距 B787 已經有一段時間，一般讀者可能已經忘記停飛事件及原因，但航空新聞界已然等著看「好戲」，卻不知，Brégier 面對新聞界的疑問一點也沒在怕，說空中巴士的技術不同；2017 年六月航空週刊刊出「鋰離子電池價值獲得 A350 證實」一文，大意是說，「經過一年半服勤，A350 配著鋰離子電池靜靜地飛著，為這個曾經令某架飛機嚴重牙疼的技術，顯現出真正價值，連同搭配相似電池的 Bell 505 直升機，近日也獲得適航授證，A350 真可以為鋰離子電池廣獲民用航空業採用而歡呼。」。

《最終總裝（Final Assembly）》

A350-900 是其一族首先進入最終總裝的原型機種，第一件結構零件是在 2009 年 12 月動工，第一具中央翼盒始於 2010 年八月，其機身及機翼的大構件實際製造是在 2011 年九月執行，要趕在年底啓動首架原型機的組裝，預計費時一年在 2012 年底完成。前段及中段機身是在 Saint-Nazaire 工廠製造組裝，後段機身則由漢堡廠提供，這些機身段出廠時都已經安裝妥電線及接頭、液壓及艙內系統，例如空調系統；機翼是由英國 Broughton 製造組裝，完成後先運到德國 Bremen 廠加配備，之後才運往土魯斯。

空中巴士編號的中機身「15 段」（Section 15），是三段機身之中最長的，有 20 公尺長，「15 段」是由美國供應商 Spirit Aerosystem 公司負責製造，由六件巨大的弧形長鑲版（panel）構成，製造地位在北卡羅來拿州 Kinston 新廠；Kinston 廠工作內容包含生產 A350 機翼的前端樑，其本體是三件式全複合材料，長度達 31.2 公尺，構造利於 Broughton 廠製造機翼，免除曾發生在 A380 及 B787 的瓶頸，可提升月產量。Spirit 公司的「智慧設計」搭配「聰明生產」的實作，促成大型部件是由易於製造且容易修理及維護的次級零部件組成，「聰明生產」的特色包含廠區更好的佈置改進動線及採用最新式的自動化碳纖維鋪排技術（Automated Fiber Placement）增加產量，佈置形式係由廠房中央的運送走道放射出清潔間（Cleanroom）、真空爐（Autoclave）及塗裝間，以加速部件流動，且日後保有增加新製程設備的彈性空間，Spirit Kinston 廠著重客戶空中巴士的 A350 訂單，啓用當下面對的是 574 架訂單。弧形長鑲版在 Spirit 的 Kinston 廠完成後，裝進貨櫃海運至 Spirit 在法國 Saint-Nazaire 廠房作 15 段上半身三片鑲版組裝客艙地板後，再連同下半身三片一起運給空中巴士公司 Nantes 廠，由其組成 15 段後，再結合中央翼盒完成中機身段，最後空運至土魯斯廠進行 A350 總裝。

《聰明設計》

A350 的主機身分成大三段，前段及後段又分別由上下兩側四大件複材弧板組成圓筒管壁，中段機身樣式相同但增加兩塊側板用以銜接左右機翼，弧板及側板是安裝在由複材及金屬作成的框架，這便是機身段的構造，如此作的好處是各段的複材板可以裁疊及調厚度成為適合承受各段特有負荷組態，加上可觀的連續長度減少了接合部位，負載及機身性能重量可以做到最佳化。A350 的金屬結構，例如鋁質座椅軌道，機身下半部的鋁、鋁鋰合金及鈦合金作成的結構及客艙格狀樑地板，都有結構及抗雷擊雙重功能，連同鉚件及複材板近表層的銅網，構成全機內部的整體式流電網絡結構（Electrical Structural Network, ESN），形成法拉第（Farady）原理籠，引導雷擊電流流動，避免擊穿鉚

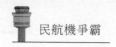

件或結構件造成機體損壞。因為雙功能設計，不必另外增加 ESN 專用構件，因此不會使複材節省的重量又被加回，結果中段機身「15 段」重量輕到只有四噸。

　　機翼設計和機身一樣受益於所謂的拓樸最佳化（Topology Optimization）流程，係結構設計分析過程是透過有限元素法（Finite Element Method）數值計算優化完成。這種技術在 A380 的機翼就用到了，也證明有其效益，在 A350 上便更早更廣泛地使用，因為空中巴士公司預見可以較低成本較有效地得到較佳性能。A350 的機翼是空中巴士第一架設計上具備弧形可變功能，所依靠的襟翼控制系統可以使內外側襟翼作差動控制，利於在進行負荷管理時，可移動合成升力中心位置；巡航時，襟翼調整可由飛操電腦自動監管控制。

　　透過前述提到的以有限元素分析方法進行的結構（應力）分析及搭配碳纖維複合材料或非碳纖維複合材料製成的全機結構，得以優化減重降低成本，其所統稱的客製化剪裁（Tailored），相當於裁縫因人而異作出合身的衣服，不是鬆垮的，而是合身的，穿上去一看就是有精神朝氣的，帥氣橫溢的，布料的剪裁縫合是有其學問才辦到的，效果才會出來；而其隱而未現的強度韌性，則好比一個練家子，從頭到腳沒有多餘的肥瘦肉，有的盡是肌肉，機翼滿佈二頭肌，看盡機身六塊肌，真的使出武打招式，也可以收形到力到的功效，外練筋骨皮，內練精氣神；還有所謂的「和緩飛操負荷」（maneuver load alleviation，MLA）就是優化操縱及控制面結構才能辦到，MLA 的效果是令 A350 作動作時候避免對機翼造成過大彎矩。機翼聰明設計的結果便是有效率、重量輕及省油耗。

《拓樸優化（Topology Optimization）》

　　繼續瞭解前面提到的拓樸最佳化技術，空中巴士公司是少數幾家先驅採用這項技術來進行飛機結構分析，所用的有限元素分析工具是美國密西根州 Altair Engineering 公司出產的軟體 OptiStruc，這類型的有限元素結構分析軟體在二十世紀大小型電腦主宰工程分析的年代，就已經出現許多知名的軟件，例如 Nastran、Ansys 及 IDEAS，說到此處不禁勾起筆者回憶，在擔任助教工作的兩年半期間，逢甲大學電腦中心的小型 Unix 作業系統電腦就安裝一套 IDEAS，筆者便曾經以樑元素（Beam Element）分析輕航機（Ultralight）的共振模態，經驗心得就是前後處理耗掉的時間比計算時間同樣可觀，這個經驗即使接下來進入工業技術研究院使用 Ansys 時也相去不遠，現今的條件自然不可同日而語，但相對的，執行的分析深度技巧和減重目標必然也會更繁複，大飛機之筋骨皮優化就是在計算機有限元素軟件裡假以時日練就而成。OptiStruct 執行的構造優化，有機尾 19 段（section 19）、翼盒及襟翼支撐結構，通常在計算後，都能達到重量減少 30%，剛性及強度等性能增強 30%，成本少一半。其實，拓樸優化僅僅是空中巴士在飛機設計程序上採用的電腦輔助設計技巧之一，現在採用的時點比從前更早，以期節省成本縮短耗用時間。在優化翼盒時，總計考慮了三千個變數，包含疊層厚度（ply thickness）、纖維走向（fiber orientations）、桁條斷面等，以及三十萬個限制（constraints），例如蒙皮挫屈、柱挫屈、材料強度及製造參數等；複合材料前機身段更是由工程師開出一萬四千個設計變數及一百萬個限制，因為太大，設計團隊被迫拆解結構優化模型部份至最小部件，以減少變數，如此才成功定義零件初始設計的尺度。這項技術採用細節是得自 2011

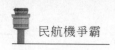
年 9 月 Composite Worlds 由 Altair Engineering Inc. 自述，內容頗符合有限元素法精要。

《首飛及首航》

2013 年 6 月 14 日，第一架原型機，編號 MSN1，首度升空試飛，同年，空中巴士編列一筆總支出多達 434 百萬歐元的再評估費用，以反映實際和估計的單位成本，也開啟改進行動貼近成本目標。2014 年 A350-900 獲得類別合格證明（Type Certification），年底 12 月 22 日進行了首次航班服務，達成對客戶的承諾，由卡達航空執飛。2017 年底原訂首次交付的 A350-1000 也在 2018 年二月完成交付，同樣也是卡達航空，首航飛多哈至倫敦。

《超長程衍生機型》

A350 一族有一衍生型 A350-900ULR，航程可以達到超長距離的 8,700 海哩，受到新加坡航空的歡迎喜愛，這樣的超長飛航能力正適合新航開闢高端直飛航班，比起還在設計的對手 B777-8 的 190 座，儘管少了 17 座只有 173 座，但是因每座營運成本少了 10%，依然得到執行長 Goh Choon Phong 的稱讚說「策略上，ULR 對我們非常重要。」

除了前述 ULR 特性以外，A350-900 也拿到雙發動機民航大飛機延程操作（ETOPS, Extended-range Twin engine aircraft operations）資格，而且是史無前例的在試飛期間就獲得了，EASA 在 2014 年 10 月授與 A350-900 超過 180 分鐘的 ETOPS，包含 370 分鐘選項在內，意味 A350-900 單發動機飛行折返時間可以超過 180 分鐘以上，而在 370 分鐘選項上，可以長達 4,000 公里距離，如此的資格，在直飛航道的規劃上，變成更經濟更環保，南半球航道可以連通澳大利亞、南美及南非，而 ETOPS 300 分鐘選項有利於讓越北、中太平洋航道更有效率，例如由東南亞直飛美國或澳大利亞近亞洲區直飛美國。這個資格後來在 2016 年五月也得到美國 FAA 的認可，歸屬 FAA 的第一家飛 A350 的航空公司得以服務無限制的直飛航線，同樣也是累積到一定的飛行時數後，可以准許單發動機在標準大氣壓條件下掉頭飛 370 分鐘達 4,000 公里，這代表的是 FAA 對 A350 性能的肯定，在美國還沒有航空公司飛 A350 的情形下就授與 ETOPS 資格。在投入飛航服務之前就得到 EASA 認可 ETOPS，便證明了開發團隊著重在確保飛機的設計及系統是成熟的，透過示範其 ETOPS 等同公司廣體 A330 一樣能在多方面非常可靠。

《A350 的量產延宕》

有關 2016 年的 A350 量產目標遲遲無法達成一事，一般的報導都集中在座椅生產不及、或是隔間的認證量產延誤。如果去了解那些已經作好準備的供應商，便可以知道因不能出貨而受到的影響。像是，位在 Wichita 的知名飛機結構件供應商 Spirit Aerosystem 在第二季的財報損失上，就把原因歸罪在 A350 的延遲交貨上；在八月的財報公佈顯示利益 4 仟 5 百萬美元遠低於去年同期的 1 億 1 仟 5 百萬美元。主要的變動是來自和空中巴士新訂合約後，所提列的前置損失（forward loose），新合約的內容是把供應的中機身段及機翼零件數量由前約 400 架增加至 800 架，財務長 Sanjay Kapoor 宣稱在第一架 A350 的交貨上，因工程變更需要工程師出差，效率差，導致成本較原先升高；但也因為更新合約排除了其中的不確定性，下一年 A350 計畫肯定會達成正現金（cash positive）。所以，在延遲一事上，還是有公司

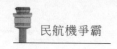

能藉機順勢拿到更好的條件。

此外，一般原型機 5 架經過試飛認證後，總是會有某些零部件要更改，因為研發階段的設計打樣，多少會因為要避免延誤工期而犧牲了最佳化，所以有些空氣動力及減重等優化會持續作，各級包商也要配合跟著修正，以至於即使到前面十數架飛機都有大小程度的差異，而且這些設計變更也是要送到 FAA 及 EASA 審查，從獲頒機型認證到真正量產型底定，也可能耗時要數月乃至一年以上。研發設計工程師為打造既安全耐用又能替民航業掙錢的民航大飛機，所投入的時間及精力，絕非外界所能體會的，通常也非新聞界所能觸及，然而這些階段所作的努力卻墊定航空業榮景的根基。

在客戶方面，對民航大飛機要求也未曾折衷退讓，好比空中巴士的 2015 年報就透露，為了首批客戶所採用的構造合同會計（Construction Contract Accounting）是 IAS 11 版本，而之後交付的客戶則採用 IAS 18 版本，就是因為部份首批交付客戶參與了 A350XWB 開發及製造的過程，而且還造成顯著的影響。此外，A350-1000 也實際經歷了設計變更，導致原訂計畫的首次運營也延遲了兩年。

A350 在大量生產上的大部件運輸也很早做了多方面的準備，重新設計了超大運輸機 Beluga XL 來載運左右機翼及機身段供土魯斯廠作組裝，一共有 5 架會陸續投入，首架要在 2019 年開始服役，該年是空中巴士為 A350 設下放量月出 12 架的達標年，空運大結構件關鍵地縮短運輸時間增加頻次，保證了放量目標達成。

其實，2016 年真是空中巴士公司為 A350XWB 一族最忙碌的一年，最終他還是交出僅僅以一架之差的 49 架交付客戶服勤成績，可以算是漂亮達標，不僅如此，還完成了三架 A350-1000 原型機投入認證飛行，為後續順利依時程量產交貨，墊下良好基礎，可說掌控得宜，到 2017 年上半年累計達到 1,000 小時測試飛行。

《機型齊整》

A350-1000 在 2017 年 11 月 21 日獲得 EASA 及 FAA 授給適航證，為空中巴士的民航大飛機產品線齊整化，特別是日後 350 人座雙走道機種市場肥利所依，就要靠這架 366 人座大賣來搶利，補實其對抗 B777-300ER 獨佔區塊及迎戰 B777X 的產品發展目標，Brégier 透露公司的挑戰是 A350-1000 有 800 架待製架數，有信心自 2020 年起辦到量產交付，此時 A350 一族的總訂單約 854 架，多數是 A350-900，A350-1000 只佔 169 架。獲證後的亮相秀活動，在 2018 年的首季開始，安排飛目的地包含波灣的多哈及 Muscat 加上十個亞洲澳洲城市，擔綱的是編號 MSN65 測試機，內艙配置是商務艙 40 座，高價經濟艙 36 座及平價經濟艙 219 座，新加坡一地停三日，參加航空展作靜態展示。

民航大飛機的規格有兩點是航空公司最關切的，一是可設座位數，一是最遠航程；目前民航大飛機的雙巨頭主力機種涵括 150 人座至 400 人座，航程在單走道機種可達 7,400 公里，長程雙走道航程可遠達 15,000 公里，而空中巴士的利基機種四走道 A380 載客人數可自 500 人到 800 人，航程最遠可達 15,000 公里，更是其獨家提供，產出機型最完整齊全。而 2018 年初，B787-10 也獲得 FAA 適航證，使得兩家民航大飛機的產品線陣容齊整，大飛機商戰可謂進入全面白熱化。

第四章　大飛機五霸

　　歐美大飛機廠家成為一霸，都離不開政府政策扶持，主要原因不外乎民航機是屬於高科技高資本的行業，為了強化本國在民航機市場的競爭力，遂著力扶持一家，美國的大飛機製造業，就因此潮流，獨留一家波音公司，其他成熟廠家要不是被合併，便是轉成為專造軍機；而歐洲因為兩次大戰導致的虛弱，雖在民航機上也有幾家亮點公司，但在營收上都無法與美洲相比，因此朝向合作一途邁進，最終是由航空製造業整合成一家空中巴士。如是，在進入二十一世紀前，美國及歐州各自形成民航大飛機一方巨頭，還相當令人紛紛跌破眼鏡的，在剛步入二十一世紀的第一旬裏，空中巴士便連續多年在年交機數量贏過波音公司。

《中國商飛成立》

　　2007 年，中國政府決定設立中國商飛（COMAC）製造百人座大飛機，也就是航空產業通稱的單走道民航機。此一決定當然是為全球市場帶來宛如驚天霹靂的震撼。自從萊特兄弟的時代以來，飛機市場就幾乎和政府關係匪淺，在兩次世界大戰期間，武器的需求造成政府國防部門大力

溢助經費，乃至之後的東亞戰爭，可以說提供了相當多的
航空技術提昇機會，促成民間有安全舒適的交通工具，促
進今日的商務飛行及旅遊產業的大繁榮。既使今日沒有從
前那樣的國與國之間的戰爭，航空產業仍然是國力的象徵，
許多大筆民航機訂單還是選在外交場合由政府領導人簽訂；
已開發國政府在民航研發補助方面也一直是繪聲繪影的，
乃至要在世界貿易組織（WTO）上對簿公堂，評擊對手的
大飛機開發補貼不公。大飛機市場在初進入二十世紀末時，
空中巴士還僅僅是顯露出具有挑戰波音老大哥的地位而
以，僅可以說是在市場份額領先加拿大的龐巴迪及巴西的
Embraer，主要機種也就是單走道的 A320。但波音在市場
上是超過八十年的資深公司，當時已經併購麥道多年，獨
霸全球，航線上及機場幾乎只見波音旗下的 B747，B777，
B737。而二十一世紀初，空中巴士才剛剛幾年超越波音，
才形成雙巨頭要持續纏鬥競爭時，中國商飛的設立不意是
給市場帶來更多競爭挑戰。

　　早在公元 2000 年前，麥道公司就曾和中國合作開發民
航機，看重的是中國龐大人口數所相伴的機隊需求數量，
訴求自然是中國政府及民航業者會傾向採購自家生產的大
客機，對政府及人民而言，製造民航機，特別是大型客機，
對國人自信心的建立，可以啟到巨大成效，財務上也可以
減少外匯的損失，畢竟這是國家生存的戰略項目；只是看
法上中外都是相同的，但畢竟這不僅僅是看法想法做法的
問題，更是一個經濟強弱及技術層次深度的問題。

　　首先從經濟面來看。雖然中國自鄧小平南巡訂下經濟
發展目標並且也執行多期五年計畫，二十世紀尾聲，也就
是當時與麥道的合作案，時機並不是很恰當，人均所得還
沒有到一定程度，大家對市場的看法還不足以兌現，特別

是大飛機作為一件資本財，航空公司對他的投資是很慎重的，使用期又很長。

再又從技術面來看，儘管中國有成熟的軍工產業，不在話下；但國際上民航大飛機市場，技術不僅相當成熟，在歷經數十年的發展，早以成就完整的工業體系，所生產的大飛機及配套體系也滿足行業最應被重視的飛行安全，之外，一項較大差異是大飛機必須能使航空公司賺錢。中國當時能不能整合及篩選技術，使飛機啓用後能否為航空公司賺到錢，是較為受質疑之處。但是，就在中國商飛的大飛機項目宣布的二十一世紀初，時機及條件已經演變不同了，計畫一公佈後，系統廠商看見新的商機，豈會輕易放過，紛紛表態願意提供最先進技術。例如 C919 的發動機採用的就是與 A320neo 同系列的 LEAP-C。

也因此由各種因素，讓波音公司及空中巴士公司不得不正視中國商飛的大飛機計畫，畢竟 100 人座以上的單走道飛機這塊市場大餅，豈能輕易讓其他公司分食，更何況中國加入後，未來不管是多少年，肯定成為第三極。在筆者來看，如果以人口數加上同比例的工程師，三億多人口的美國及五億多人口的歐盟有足夠的經濟力量拱起民航大飛機系統商（OEM, Original Equipment Manufacturer）如波音及空中巴士，那中國也有良好的多種條件有機會培養出甚至兩家三家民航大飛機製造公司才是。

空中巴士公司發生 A380 量產危機時，董事長一職交棒到素有救火隊頭銜的法國人 Louis Gallois 身上，他便曾在 2010 年七月英國范堡羅航空展媒體日上回答記者對中國商飛成立 C919 項目一事看法，乾脆回答「我們這行現在有多家競爭者，最能威脅的是加拿大人及中國人，新進者明顯要打破單走道雙巨頭。」，② 銷售大將 John Leahy 透露九月就要決定是否要給 A320 新發動機，也說替代機最快要到 2025 年才來取代；沒時時談不代表沒警覺，重大轉折可都擱在心上。Leahy 君繼續談了心裡話，說新進者要準備 40 年，前 20 年會很艱難，除了造飛機之外，還要三樣，一是銷售策略，二是產品支援服務，三是信譽。

② 引述來源：參考資料第 122 條。

《美洲民航機製造廠商》

遙想二十世紀的美洲，置身二次大戰之外，既有良好的經濟發展條件，又有廣大幅員環境，促進交通需求的發展，造成巴拿馬運河及美國鐵路網的大建設，孕育茁壯了航空業，因為需求加上多國都有締造航空業的有識之士，竟也形成了多家大飛機製造公司，其中有三家依舊活躍在二十一世紀，讓本書多介紹一些他們的奮鬥歷史吧。

1. 波音公司

美國波音公司（Boeing Company）大名鼎鼎，由創辦人 William E. Boeing 設立，於一次大戰美國宣戰後一個月在 1917 年五月九日將公司更名為波音飛機公司「Boeing Airplane Company」，公司現在承認的歷史是上推至 1916 年七月 15 日，由波音本人於西雅圖成立的「Pacific Aero Products Co.」開始。成立初期的年代，有一段長期的時間是製造水上飛機，交易的主力是供應一次大戰美國海軍的訓練飛機。1923 年後期間，與知名的 Curtiss 競爭成為美國陸軍供應商，開發驅逐戰鬥機，雖然落敗，但接續的 PW-9、P-12 使公司後十年成為戰機領導廠家。1919 年推出的 B-1 飛艇及 1925 年的 Model 40 是波音成功踏入航空早期的郵件及 2 名乘客空運市場的機型。1928 年七月，波音推出第一架純萃為運送乘客的飛機，型號為「Boeing 80」的雙翼三發動機 12 座大飛機，1929 年又推出首飛的 18 人座「80A」。

1930 年，波音公司製造了名為「Monomail」的郵件機，此機是第一架低單翼全金屬材質飛機，並且首次採用可收式起落架，航速快，非常符合空氣動力學的訴求。到了 1933 年，可變距螺旋槳問世後，結合 Monomail 的特色，又設計推出了真正符合現代化的民航機「Boeing 247」，具備雙發動機，但是可以單發動機飛行，在當時發動機還不牢靠，Boeing 247 的設計大大地保障了飛行安全，波音製造了 59 架，全數獨家供應給其轄下的 United Airlines，嚴重打擊到其他航空公司的生意，觸動美國政府在 1934 年頒布 Air Mail Act，禁止飛機製造公司及航空公司同時存在受控於一家大公司底下，於是自波音內部分出 United Airlines 及 United Aircraft Corporation，分別是今日的聯合航空及 United Technologies，連帶地戲劇化轉變，創辦人 William Boeing 也離開公司，把持股賣給接手的 Clairmont L. Egtvedt，此君在 1933 年任董事長兼主席，認為波音公司的未來落在製造更大的飛機，因此在 1936 年開始著手改造位在華盛頓州的波音二號廠，使合於製造現代化大飛機 。

沒多久，波音和汎美全球航空（Pan American World Airways）簽約開發製造可以飛越大洋的飛船「flying boat」，1938 年六月進行了波音 314 Clipper 的首飛，它可以在白天搭載 90 名乘客，是當代最大的飛機，一年後，開啟史上首次美國至英國的定期載客空運航班，之後，其他全球航路也在汎美航空以 Boeing 314 開通。

　　1938 年，波音又在技術上創新，首度在新機 307 Stratoliner 配上加壓客艙，因而得能在六千公尺高空巡航，避開多數的天氣干擾，這架飛機與 B17 機翼尾部多處共用，連同 B29 一起，獲得許多二戰軍機合約，波音公司因此在獲得政府戰時合約金額上排名 12，而波音設計的 B17 及 B29，還找來了洛克希德、道格拉斯、貝爾及 G. L. 馬丁等四家公司投入生產製造。1950 年代，波音推出其首架 B707 噴射式客機，同時也是美國飛機製造業的第一架噴射客機，於 1958 年開始交付航空公司，與同期間英國 Comet 及蘇聯的 Tu-104 同為人類第一代商用噴射客機，一起競爭。B707 具有四具發動機可載客 156 人，美國因此成為領先世界的民航機製造大國。

　　波音公司第二架噴射客機是 B727，1963 年後投入市場服勤，此後有衍生出不一樣的客機貨機及改裝機，因此使 B727 成為首架銷售破 1,000 架的民航機。也就是在 1960 年代後期，波音公司大紅大紫，先是在 1966 年開始製造四噴射發動機大型廣體 B747，緊接著，在 1967 年向市場介紹短程單走道 B737 噴射客機，打下深厚基礎，鞏固往後半世紀的大飛機生產巨頭地位，於今 2018 年三月，B737 依舊在交貨，累積了一萬架出廠數，寫下民航大飛機史上難以超越的里程碑。

　　1980 年代，全球經濟發展熱絡，航空運輸市場需求大增，伴隨著空中巴士新起的挑戰，波音一次同時推出單雙走道機族，分別是 B757 及 B767，首先在中長程機型完整上一家就能滿足航空公司的全面機隊需求，成為大飛機製造公司的發展典範。1990 年代，波音推出 300 至 370 人座雙走道長程廣體客機 B777，首度引用線控飛操（Fly-by-wire）控制，完整了公司大飛機產品線的座位數，補足 B767 至

B747 的空缺，坐實了市佔獨大的條件，終於，在 1997 年以 130 億美元合併了國內可敬的對手麥克唐納道格拉斯公司，MD-95 改官方編號為 B717，加上另一家洛克希德公司改型專門研製軍用機，成為代表美國在全球大飛機市場的獨佔表徵。如今，在全球大飛機服勤機隊裏，以 2017 年底，維基百科資料顯示，雙巨頭合計總數一萬九千八百餘架之數，波音依舊以一萬零九千餘架，佔比 55%，全球第一。

有航空史以來，波音製造出廠的噴射式民航大飛機累計總數已經有一萬八千六百多架，這一項世界第一紀錄，在可預見的未來，如無意外，都會是波音公司專屬。

2. 龐巴迪（Bombardier Aerospace）

加拿大籍龐巴迪航太公司位在魁北克省 Dorval，屬於加國 Bombardier, Inc 之子公司，成立於 1989 年，目前產品及服務有噴射式單走道民航機，公務機及特殊飛機。龐巴迪公司首先在 1986 年併購軍民機製造商 Canadair，在 1989 年更名後，龐巴迪收購位在北愛爾蘭貝爾法思特的 Short Brothers 飛機製造公司，隔年又收購了宣布破產的美國公務機製造商 Learjet，第三次是在 1992 年買下位在多倫多的波音子公司 de Havilland Aircraft，雖然早年是一路買下壯大的公司但也算投資得法，推出許多受歡迎的區間機（Regional Airliner），如 Dash 8 系列 400 型、CRJ100/200/440 以及 CRJ700/900/1000，貢獻營收佔全公司一半。經四次收購建立起的大飛機公司，也還是投入大筆研發經費推出嶄新的中程單走道 C 系列（C Series），包含 108 至 133 座的 CS100 及 130 至 160 座的 CS300，先後在 2013 年九月及 2015 年二月完成首飛，也紛紛在 2016 年交付給首運營航空公司，除了自 2009 年推出後僅收到合計 372 架訂單，但

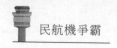
是整體開發時程及研發技術成果，有板有眼，不容輕視，2016 年四月經營報告中，潛力顯示在合計選項、選擇權、條件化定單及意願書後，待製架數上看 800。

3. Embraer

Embraer 是一家巴西籍航太公司，製造的飛機包含窄體民航機、軍機、公務機及農業用機，公司是成立於 1969 年，位置在聖保羅州，現今公認是僅次於波音及空中巴士的全球第三大民航大飛機製造公司。巴西政府在 1940 及 1950 年代就開始摸索發展國內的飛機工業，做了幾回投資，直到 1969 年成立政府擁有的 Embraer，一開始生產渦輪螺旋槳推進的客機 Embraer EMB 110 Bandeirante，1975 年以前都局限在國內市場，1985 年也是渦輪螺旋槳的 Embraer EMB 120 Brasilia 首度出廠亮相，這是一架區間飛機，開始外銷，成為 Embraer 第一架極為成功的小型客機。1994 年 12 月，公司轉賣成為私有公司，但政府依舊保有所謂的「黃金股份」，2000 年股份公開上市，也進到美國 NYSE 市場。

Embraer 公司於 1989 年的巴黎航空展上宣布開發區間客機一族，編號為 EMB145，市場名為 ERJ 145（Embraer Regional Jet），是一架 50 座雙噴射發動機單走道飛機，一排 3 座，左 1 右 2，飛行速度 0.78 馬赫，航程最遠 3,700 公里，兄弟機包含 37 座的 ERJ 135 及 44 座的 ERJ 140，首架出廠交付是在 1996 年 12 月給美國大陸航空（Continental Airlines）負責區間的部門 ExpressJet Airlines，這架區間客機表現優異，打響名號，到 2017 年製造出廠了 1200 餘架，還分成多達十幾型民用衍生型及至少六型軍用型，還成功與哈爾濱飛機製造公司合作生產。

1999 年，同樣在巴黎航空展，Embraer 推出 E 噴一族（E-Jet family）三兄弟機，E170、E190、E195，是有模有樣的單走道大飛機，一排四座，座位數分布由 66 座到 124 座，已經可以挑戰 B737-600 及 A318，2005 年 3 月開始交付運營，到 2017 年也出廠交付了將近 1,400 架，中間在 2005 年又衍生出 E175。Embraer 開發新機也沒歇著，又在 2013 年巴黎航空展推出 E 噴 E2 機族（E-Jet E2 family）一樣又是一次三架兄弟機，採用了線控飛操及 PW1000G geared turbofan，每一座位省油 16％ 至 24％，2016 年五月完成首飛，2018 年 2 月取得適航，預計 4 月服勤，此族最大座位數 144 座，航速 0.82 馬赫，最遠可飛 5,330 公里，已接到超過 200 架訂單。

《大飛機五霸》

筆者早在 2008 年開始收集全球航空工業的概況新聞時，當時感覺空中巴士及波音雙巨頭是否極巧合地都把公司設在同一緯度，經過一番調查，發現波音位在華盛頓州西雅圖是北緯 41 度 52 分，而空中巴士製造大本營的根是在土魯斯 43 度 36 分，簡直可以視作同一緯度，所以這個緯度帶可以稱作是民航大飛機盛產帶，不意外的是再把龐巴迪也檢查一下，他也是隔壁鄰居，落在 45 度 30 分；說實在，會有這種好奇心，是因為學生時代曾聽師長說到，位居寒帶的工業大國，冬天冰雪封地不利活動，但利於閉門思考擘劃，謀定而後動，故此利於科技富國。近日，電視台又再一次重播大秦之裂變，筆者無意間看見一集贏渠梁受周天子及東方各國承認秦國恢復為雄主的歷史畫面，驚覺今日大飛機世局，只待 C919 投入運營，加上歷史悠久位在南美洲的 Embraer，不就是五霸。敬愛的讀者們，您可

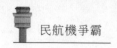

說是生逢精彩的航空歷史大長潮。

《單打演成雙打》

　　話說 2017 年 4 月，波音公司一狀告進美國政府，指出龐巴迪傾銷 C 系列客機，美國政府商業司（Department of Commerce）祭出 292％關稅，形勢促成空中巴士參與龐巴迪 C 系列項目，雖然至 2018 年元月份經美國國際貿易委員會（International Trade Commission）判定波音沒因達美購買 C 系列受損，且 C 系列依舊要在空中巴士莫比爾廠製造不變，空巴及龐巴迪合作一事又促成波音公司找上 Embraer 談合併，先是巴西政府跳出來表示意見，再到巴西軍方也到台前出聲，甭想把軍機業務也帶走，後來傳出只合併次窄體客機成立新公司等可能性，如何發展尚未可知，唯一可以確定的是，筆者出書不能一延再延，只好把這件大飛機史上極重要的轉變事件結局留到第二版再說下去。

　　兩家次窄體民航機製造商恰好又各自有公務機製造銷售，使波音及 Embraer 的合作複雜化，公務機市場利潤是其兩家重要生存之所依，如果全部被併走，Embraer 還有何存在根基？又或者 Embraer 的品牌如何存續？而波音公司會如此在乎次窄體飛機市場，所圖何在？當年併麥道，而麥道民航機如今安在？B737MAX8 基本上是可歸類為次窄體民航機，和 E 系列 C 系列屬於相同市場區塊，屆時如何劃分客群，將是大飛機市場可觀之處，二十一世紀隱然成型的雙巨頭商戰局面，在進入第三旬後，將上演長機帶著僚機捉對空戰之新時代。

　　空中巴士及龐巴迪終於在 2018 年 6 月 8 日簽訂了盟約，七月一日生效。C 項目的持份分別是龐巴迪 31％，魁北克省屬投資局（Investissement Quebec）則握有 19％，走到這裡，公司歷史也有 75 年的龐巴迪，選擇以分持強項 C 系列的方式，在大飛機市場續存；生效當月，C 系列也正式改號編入空中巴士機群，採用新型號 A220，歷來的編碼上已經沒有合適的 A3，只好退而求其次用 A2，而拔頭籌的是拉脫維亞籍的 Air Baltic 航空，在七月 20 日於 Riga 接收首架漆上 A220-300 的大飛機；這型一排五座的次窄體民航機立即參加同月的 2018 年范保羅航空展，立刻拿下 60 架美國 JetBlue 航空公司訂單，連同展前的 60 架，合計當月售出 120 架；JetBlue 的想法是 130 至 160 座的 A220 搭配 P&W 的 GTF 發動機，可以使每座位油耗較現飛的 E190 省40％。

第五章 民用航空經濟向好

《美國起頭開放天空（Open Sky）》

　　二戰後，民航業在 ICAO 組織成立後，各國政府在國際航空法規成立下，也相應成立自己國內航空法，特別是成立國營的航空公司（Flag carrier）大力扶持，掌控民用空中運輸，成為現今所謂的傳統航空（Legacy carrier）主體。到了 1978 年美國政府鬆解其國內航空運輸系統，歐洲在 1985 年跟進，這些舉措直接影響航空運輸需求的增加，也影響了民航大飛機的需求成長。最近在 2008 年生效，由美國同歐洲簽署的「開放天空協議」（Open Skies Agreement），容許兩方民航公司合意不受限的飛行在雙方機場，其他地區及國家也跟進，特別是亞洲。這些長達數十年的解除法令限制，帶動民航市場成長，包括最新的低價航空模式，相互影響到民航大飛機製造商開發新的機型，未來在跨區間的新商業模式乃至於新的機型都可能繼續出現。

《運量猛增一路長紅》

　　根據民用航空運輸研究資料顯示，包含空中巴士自

己內部每年研究分析發佈的未來二十年市場預測（GMF,
Global Market Forcast），在二十一世紀的第一旬，非來往
美加歐日地區的空運乘客距營收量（RPK, Revenue Pasanger
Kilometer，簡稱運量）佔比衝過一半，在 2010 年來到
57％，傳統八大工業國的空運量就這樣一次性地被超越，
當年，中國大陸每人年搭機次數 0.2，僅有全球最大空運市
場美國國內航線每人年 2 次的十分之一，但其運量在 2010
年已排名第四，勢以年增率 7％成長，估計在 2030 年擠進
第二名。然而，空中巴士分析全球 160 個民航運量區塊在
2010GMF 顯示，美國國內的年運量佔比依舊奪得第一，高
達兩位數的 11.1％，西歐區內位居第三，份額為 8％。

在 IATA 公佈的數據顯示，儘管 2008 年金融海嘯
（Financial Crisis）重創航空業，但卻沒有損傷到運量增長
的趨勢，很快地全球民航業在 2010 年的整體營利（Operating
Profit）就衝出歷史新高，達到 300 億美元，超出 20 世紀
最高紀錄 1997 年的 160 億近一倍。在此一事件之前，還有
1990 波灣戰爭，1997 年亞洲金融危機，2001 年的 911 恐攻，
2003 年的 SARS 事件都明顯影響航空運量成長，但共同的
特色都是受影響的時間算短的衝擊，沒有影響到繼續成長，
以一般衡量行業盛衰的說法，可以說是還沒有到成長成熟
（mature）階段，遑論衰退（decline），所以，可以說是民
航運輸業根本沒有發生景氣循環。截至 2016 年為止，ICAO
公佈的全球搭機人次是 37 億，年增率 6％，全年離場架次
3,500 萬，總運量 70 億（RPK），年增率 6.3％，這項紮實
的增率數值，在各行各業乃至各國的 GDP，同比之下，亮
眼吸睛。

如果以全球各個國家來看，個別國家民航機隊擴增及
航線開闢的年成長率相當高，以 2016 年同比成長率來看，

有多達 184 個國家的每座位公里供給乘數（ASK，available seat-kilometer）是成長的，其中 42 國成長率在 5％以內，有 64 國在 5％至 10％之內，而成長率在 10％以上的更是高達有 78 國，熱度分佈異於常態，成長率越高國家數越多，可說是好年冬。

《上座率（Load Factor）一路叭高》

年年增高的上座率，使得民航公司經營者注意到要買座位數大的機型，正好與空中巴士的民航機設計策略不謀而合。有一項數據很有趣，由於上座率的提昇，在 2000 到 2010 年之間，全球航空運輸業的燃油使用量只增加 3％，但運量（RPK）卻提高了 45％；上座率的提昇也得利自民航業者主動降低獲利率（Operating yield），所謂的薄利多銷，每一運量（RPK）獲利由 1980 年的 20 美分下降到 2010 年的 12 美分左右。上座率就是指一班航班座位的使用率，在 20 世紀後半，這個數據一直都很低，行業整體平均在七十年代大約是 55％左右，世紀交替時，大約到 72％，到了 2013 年叭抵 80％，之後到 2016 年，在 ICAO 的全球國際及國內定期航班年平均統計都維持在 80％，而美國國內外市場則來到 83％，平均每班航班座位數比 1980 年多了 38 個座位，中東地區則是自 2007 年開始幾乎年年維持在 75％上下。

在 2010 年時，構成機隊的最大宗單走道飛機已被空中巴士定位在 100 至 210 人座，當時市場上龐巴迪及 Embraer 的百人座飛機尚足以在市場上堪比，2013 年巴黎航空展前夕，新聞界還等著看單走道交易大戰，龐巴迪的 CS300 座位數可達 160 座，而到了 2015 年以降，相關出版資料提昇到 150 人座，逐步作實空中巴士退出百人座飛機市場，

A319 在 2016 年就不接單。這裡特別解釋一下新聞界及航空界包含顧問業等業內對大飛機的區隔所形成的慣例，剛進入 21 世紀時，百人座及以下的窄體客機供應商主要是指渦槳推進的 ATR，這個百人座的分野一直被沿用著，到了 2010 年以降，所謂的大飛機雙巨頭成型，龐巴迪及 Embraer 雖然生產一樣的渦扇噴射單走道機種，座位數也一樣是一排六座陳列，一架座位總數也超出一百甚多，但是現在業內就是有一股氛圍要將這兩家和三菱 MRJ 另外分割稱作一羣 Crossover Jet Manufacturer，字面上的意義便是機身更窄，要換軌，筆者暫譯為「近窄體，次窄體」機種。到如今，A320 系列由一開始設計標準座位 150 人座，而 A321 標準座位達 240 人座，已經演進到 A320neo 經最佳化後座位數升抵 165 至 189 座，這些座位數因著飛行距離，化妝間、廚房、法規逃生出口、艙等座位數配置等等主客觀條件的變化，因而有所不同，總之，在上座率年年有所增加的趨勢下，民航公司經營者在單雙走道機型家族內越來越選擇大座位數的，慢慢的，原先真正符合百人座像是 A318、A319 等，便逐漸走入停產，這類型百人座近窄體機種的市場就交由龐巴迪及 Embraer 公司聚焦在支線的運行，雖然支線是樞紐（hub and spoke）的組成要素，擔負著向中央機場提供轉運客源的功能，但隨著飛機航程的增加，許多二十世紀短程飛機飛不到的點，在二十一世紀都可以飛到，所以在大陸內的點對點航線就增多，因此，類似美國國內市場以支線飛機起降幾個小機場，最後飛到中大機場給乘客轉機這種模式所稱的支線航班，已經少之又少，大多數只剩下直接由二級機場飛往一級機場的支線。

現在我們看到屬於大份額的全球運量是集中在一、二級城市的機場，二十世紀末開始的建設機場浪潮，許多一級城市不是兩個機場就是更多到三個，倫敦就衝到六個國際機場，當時還有單獨替廉價航空蓋一個機場的做法，或是單獨蓋一座航廈。像這類擁有二至三個機場，加上每天有高達上萬名搭乘長程國際航班乘客飛抵的都市是所謂的民航一級城市，例如像是東京、紐約、巴黎、法蘭克福、上海等，在 2010 年時有 39 城，估計到 2030 年會有 87 城，屆時，這群飛在一級城市之間的長程乘客人數佔比會高達九成。空中巴士發表的 2010 年二十年全球市場展望（GMF）顯示的長程座位數年增加率統計在第一旬前半平均 6%，後半平均 7%，相較之下，前半旬的短程座位數年增加率只有 3%，到後半旬才倍增到 8%。這裡提到的長程航班是廣義的，是指航程距離在 2,000 海哩以上的飛航。

上座率也可以視為是航空業經營獲利的溫度指標，根據 IATA2016 年的年度報告顯示，平均每班航班只要達到 61%，該航班就可以收支打平，超出的部份收入就是航空公司賺的，而 2016 年全球航空業達成上座率（Achieved Load Factor）是 66%，相減達 5%，是二十一世紀最好的一年。

《油價破百及回落五十》

燃油價格對航空公司的影響是很大的，雖然它是屬於運營成本（Operating Cost），但又因為是變動的，對管理者營利上是一項考驗，特別是佔總成本特高，不能不注意。根據 ICAO 的調查報告顯示，在其他條件不變動之下，油價在每桶 Brent 價格 50 元美金時，會佔到支出成本的 22%，到一桶 100 元時，會更高達 36%，特別是廉價航空。以 2009 年數據為例，歐美的大型傳統航空平均支付在燃油的成本佔比是 23%，而亞洲的廉價航空佔比高達 38%。

二十一世紀初，油價在 2007 及 2010 年發生二次價格大噴出到將近每桶 120 元美金，直到 2015 年才開始回落至五十元，這個期間從起漲開始算，長達有七年之久，在台灣，半導體教父張忠謀曾被媒體披露，表示油價上看 200 美元，幸好沒有發生；期間，催生替代能源產業，百花齊放，對航空業也產生契機影響；近年電動飛機吸引資金投入技術研發，雙巨頭都沒忽視。

首先是波音公司的 B787 已經出廠服役，它的碳纖維輕量機身，號稱省油，斬獲上千架訂單。空中巴士推出的 A380、A350 及 A320neo 也非常省油，特別是碳纖維機身的 A350，訂單暴衝賣到沒貨，許多客戶要不到滿意的交貨期，沒法下單，A320neo 到 2016 年開始交機時，累計訂單要 10 年才能全數出貨完畢，這些佳績，是二十一世紀初空中巴士為航空公司省油，為航空業節能減排，所推出的技術解決方案，在油價瘋漲推波助瀾下，獲得豐收。

最初，多數航空公司都必定選擇燃油避險的方式來規避高油價對財務面獲利的衝擊，但是多數時間避險不成功，賠的更多，2008 年筆者想到航空業資金也有大的，何不購買煉油廠，根本解決問題，結果美國達美航空（Delta Airlines）真的這樣作，反倒是避險真不是人可以猜的準，2016 年時油價早就跌到 50 元，2017 年時國泰航空（Cathy Pacific）揭露的財報還是被避險搞慘了，導致離退數百名中階主管。

許多航空有關的媒體及顧問公司，因為油價跌到 50 元後，發表新的轉向預測，等著看民航機訂單解約，原因不外乎，航空運輸業，真的可以說是歷來都是東省西省才能賺到錢。首先是，在二十世紀末，傳統民航公司經歷一波減薪潮，人事成本退休金佔成本比重太突出，稀釋獲利甚至賠錢，這波之後，就是二十一世紀初的油價瘋漲，瘋漲前就已經佔支出達四成，航空公司只好自救，筆者搭飛機很有感，原來經濟艙每個座位都有報紙改成機門前限量自取，不鏽鋼刀叉等重器皿改塑膠材質，一個字「省」，減重省油錢。美國民航業省出癮頭，已三十年來沒被討論的購機成本，在油價跌落 50 元後，也被檢視，二手機取代售後回租成了新寵，許多飛了 12 年的中古機，購買成本變得非常低，還可以飛個至少 10 至 15 年，即使中古機耗油，低油價卻又使支出成本比重不明顯，很有誘因。但最後有無成效，因為航空業是資本財運作型的產業，不是三五年可以判斷其輕重的，讓我們繼續觀察下去。

這個油價的跌落 50 美元一桶，甚至也危及空中巴士的直升機營收，因為價格不好，運作吸取原油的離岸鑽井平台就開始關閉，直接影響到直升機的採購乃至於租用飛行時數，這點風險因子，空中巴士也直接反應在其 2015 經營年報。

《英國脫歐》

2015 年時，英國保守黨在選舉間開出政治支票，說要在勝選後舉辦脫歐公投，當時全歐洲因為梅克爾主掌的歐盟，在政策及施政上接納逃離 ISIS 戰區的中東及非洲難民，其後衍生造成歐盟區恐攻及暴力事件接二連三發生，保守黨在 2016 年六月為兌現競選諾言，舉辦脫歐公投，以為可以行險僥倖，不料弄假成真，因為一場臨時來的大雨，下在支持留歐的大倫敦地區，許多年輕選民以為留歐必勝，沒去投票，最終竟以些微差距，通過脫歐，英鎊應聲大跌。這下子，經濟領域受到牽累，歐洲在英國有關的工商業都在驚嚇中緩慢動了起來，空中巴士及其重要客戶 easyJet Plc 都要作因應調整。easyJet 在 2017 年七月宣布，取得了奧地利民用航空業者執照（AOC, Air Operator Certification），是其繼英國及瑞士後的第三張 AOC，使這家登記在倫敦的航空公司在脫歐後以第三家公司 easyJet Europe 取得歐盟內運行及飛往 Alpine 區的資格。至於空中巴士在選前為安定英國威爾斯區員工由 Fabrice Brégier 所作出「無論公投結果如何，都不會影響公司在威爾斯的投資等語」，恐怕最終會成為不能兌現的諾言。空中巴士在英國的製造能量，不容小覷，一般航空業公認的只有飛機製造廠才擁有的機翼製造技術秘密，就是落在威爾斯廠，英國在航空製造業的份量是重大的，勞斯萊司的噴射發動機歷史悠久技術口碑卓著，提供空中巴士所有民航廣體機型的噴射發動機，其中最新型的 A350 XWB 還是由他獨家提供，說赤裸的話，命都掐在英國手上。再接著繼續談 easyJet Plc，是空中巴士在歐洲幾家廉航客戶最早成氣候的第一大客戶，在 2017 年四月時，手上握有 130 架 A320neo 訂單尚未開始交機，運營中的機隊含 143 架 A319 及 125 架 A320ceo，這種純空中巴士機隊的規模，業績仍然不敵純波音的 RyanAir 航空，所以閃失不得。

筆者前面提到的空中巴士各機族機翼幾乎都在英國製造組裝，認為咽喉掐在英國手上，大概沒見過哪些媒體有報導相同觀點，倒是在 2018 年初，開始有 Bloomberg 提出另一種不利英國的觀點，指出已經有多達七國政府接觸空中巴士公司，意欲分食英國掌控已久，長達半世紀的機翼製造組裝工作，其中包含也打算進入民航大飛機市場的對手國中國及另一巨頭美國，使空中巴士英國工廠飛機製造團體心生忐忑，憂心自身的領銜角色落漆退色。這項機翼製造組裝的技術成份高屬於高精密，製法本身也是秘密，無論空中巴士如何因應，將不只是要面對擾動交期延遲的挑戰，就連品質保持水準都會是一個坎一個險，而空中巴士高管已經好幾個月指出不會保證獨仰一地，而 Enders 也已經在一場集合英國高管的會議上開始緩頰，作出第一項保證是不會獨厚特定國家，但也指出為顧及民航大飛機全球市場，最優先且最重要的是公司及本業的全球競爭力。這波搶工的暗潮，就連機翼工廠所在的 Broughton 區的委員也出面關切，希望英國政府能瞭解到，不是市場國要你的工作而已，即便是德法西三國也在爭取。德國政府過去就曾抱怨為何重要項目如 A350 的分工不均，甚至以拒絕貸款表示抗議。其實英國政府是有在保護該國機翼製造這種複雜的專業權威。還有兩國是墨西哥及南韓。

此時，伴隨移出既有工作，空中巴士公司還可同時另外尋求一個廠區，為其下一代 A320 接替機種的全複合材料機翼新設一機翼廠，這個工廠就很重要了，因為接替機的全複材機翼又可以省三成耗油。最有可能的是西班牙，因為英國製造 A350 機翼的複合材料零件就由西班牙供給；然而全機總裝最多的法國及德國也是不斷爭取把自己的整體產出加大。Enders 最後在前述對高管講話中指出「我不得不說的是，脫歐將會弱化英國的航太工業」。

《空運地理變遷－空運網演化（network evolution）》

自二十世紀民用航空運輸一路發展以來，全球環境在二十一世紀有一個大的變動趨勢就是航空運輸量的重心，有長達半個世紀都落在大西洋兩岸，中歐與北美的內陸空中航道，再加上北太平洋的美日航道及東澳至英倫和中歐；

然而在空中巴士發展的階段，適逢中東國家在波斯灣大舉開發建設都市，充分發揮其世界地理中心的位置優勢，已經逐漸將其開發轉為空運的地理中心，從目前已經公認的杜拜，隨後還有卡達及土耳其的伊斯坦堡也要充分運用其特色，發展其亞歐空中交通中心。就如同好的策略，需要各種條件促成，空中巴士居中扮演航空器的提供者，成功的抓住此一大勢，在中東航空公司的訂單取得亮眼的份額，分別有 A380 最大客戶阿聯酋航空公司，及 A350 的首發客戶卡達航空，加上 Etihad。而在歷史悠久的袋鼠航道上，杜拜成功的超越新加坡及香港兩機場，成為悉尼與倫敦來往航路上重要的中停機場，到了 2017 年時，飛航悉倫這條成熟航路的航空公司竟也高達有 24 家之譜。

在 2016 年四月公佈的 APAC 民航市場檢討顯示，五月表定定期航班由亞太飛往中東的前五大航空公司合計提供八千八百多個航班，兩百六十餘萬個座次，當中前四家航空公司由中東的 Emirates、Qatar、Etihad 及 Saudi 包辦，而印度、曼谷、馬尼拉又是包辦前五名，無論是由航班數或座位數來看。由二十一世紀的第二旬表現來看，當初空中巴士在規劃 A380 及 A350 時期，以催化杜拜成為全球空運地理轉運中心的預期，隨著 08 年金融海嘯後的全球經濟市場復甦，帶動新盛市場對空運的需求增溫，空運地理又有了大幅的變化，筆者看到的是以轉運中心發展出的轉運區鏈。在二十世紀，因為美國地理遼闊，其國內空運市場若以轉運區鏈來看就是美國東西兩岸，歐洲則是西歐主要機場，如倫敦、阿姆斯特丹、巴黎及法蘭克福；往東再來就是開頭提到的波斯灣區鏈，繼續向東後幅員更廣，德里、新加坡吉隆坡印尼等是南亞區鏈，而在中國，以西安經度左近的幾大機場和上海等經度機場可以分別視作兩個空運區鏈，這四鏈中的飛機採購，很明顯地表現在空中巴士近十年的銷售量，波斯灣區鏈的幾家訂單，是衝的最快的，在空中巴士的 20 年預測裡，比重很高，其他三區鏈，雖然在空巴 2016 年的在手訂單庫存量佔比最高，但胃納量仍舊很大。另外像是 2018 年元月有報導指出，東南亞地區已有 20 家廉價航空，2017 年合計機隊數成長率 10% 達 690 架，眼下就要突破 700 架。

《順風還有幾年？》

這個小段標題是出現在 Aerotime 網站，2017 年 12 月的一篇新聞報導上，談的是 IATA 主席 Alexandre De Juniac 一周前在協會 2017 年媒體日發佈的全球航空運輸業市況，重點就是會員已經連續七年獲利，寫下史上最好的紀錄，且來自 120 國的 280 家航空公司會員，已在 2017 年合計攢下 345 億美元利潤，淨獲益率（net margin）4.6%，會員總體運送旅客人次為 41 億，營收為 7,540 億，平均自每一乘客賺進 8.54 美元；預計 2018 年營收還要上到 8,540 億，而由於油價可能些微回升，佔總成本約在 20.8% 低位，至於勞工成本佔比為 30.9%。這些成績顯示航空運輸業有作功課，已經不是往年的蠢行業（dumb industry），由於連續四年獲利，其資本投資回收效益（return on capital invested）9.4% 也超出各行業平均的 7.4%。

《航空公司新心眼》

民航大飛機製造商又有新的挑戰，相信全球經濟真的在 2017 年要發了，是發生何事讓筆者產生感覺，先是第三季 easyJet 要自己投資設計新飛機，適合她航班的百人單走道電力推動民航大飛機，到了年底 12 月，日本航空 JAL 董事長 Yoshiharu Ueki 在記者訪問時透露，已經秘密支持對外公佈一陣子的 Boom 超音速客機發展達一年以上，這兩件民用航空運輸公司的投資新機設計開發舉動，分別代表幾項意涵，首先最重要的是航空經濟長勢如虹，管理階層對未來旅客搭機的旺市充滿信心，才會作出比買飛機還要更激進的動作，把資金投向源頭的飛機設計製造；其次，JAL 比 easyJet 還要冒險，easyJet 是給自己的場子做了新載具，多了一項選擇，多了討價還價的機會，而 JAL 投資 Boom 是一項新藍海，要在航空運輸市場開闢新速度新航道，性質上接近 Richard Branson 的 WhiteKnight 項目翻版。這兩件航空界多年來少有的投資案例，可能性非常高，原因是金主們每天都在收現金，他們腦海中的人龍已經不知道排向宇宙的哪個角落，第三個案例不知道還會不會在某個時刻冒出來？這個變化空中巴士及波音有沒有當一回事？因為當伊龍馬斯克及貝索斯都可以自己發展太空引擎並且有控制系統可以回收，代表的意涵就是相關的人才技術其實都有，只是沒有資金去兌現，一旦資金到位，兩巨頭以外的航空專業廠家其技術就有機會可以具體商業化，空中巴士公司的亞立安（Ariane）太空火箭運送服務明顯會受到影響，近五年，其對外展示的沖壓引擎概念設計以及電力推動飛機開發規劃（Roadmap），眼下受到挑戰。

除了客戶端因著消費局面大好衍生的環境變異之外，供應端也在變化，Safran 併購 Zodiac 的過程也在 2017 年底來到剩餘幾國政府審議的階段，一旦通過，據新聞界的報導，將成為航空業第三大供應商，槓上另一組 United Technologies 及通用電氣領先在前的美國公司，會不會又變成哪一張臉？外界只能繼續被動驚異，但是目前主場戲碼

是聚焦在中國商飛 COMAC 身上，C919 第二架原型機在 12
月升空，這架單走道大飛機已有近八百架訂單，等到首架
投入服勤開始那日，有了足夠性能數據對照之後，單走道
市場又要進入動盪期，或許因為中國的因素，市場會動盪
到難以捉摸，更加劇烈。

第六章 航空運輸市場變幻

《蓬發新紀元》

《市場胃納》

空中巴士公司根據多年在航空界耕耘的經驗，歸納出民航大飛機市場的成長驅動力來自七大方向，其在 2011 至 2030 全球市場預測報告裏列出如後，成熟市場現有機隊的汰舊換新，新盛市場因人口及經濟所帶來的動態成長，城市化增加驅動財富及運輸量成長，北美及歐洲市場強烈持續的擴大，全球中產財富人數膨脹，特別是亞洲區，規模持續擴增的廉價航空，更多市場自由化（libralization）的滲透。上述報告最後的統計預測是 20 年內航空市場需要投入 26,920 架新大飛機，如果以定值平均成長來看，在 2020 那年會落在 1,393 架數附近，由於市場雙巨頭交付合計幾乎代表總數，看看 2015 年的結果，兩家合計交付給民航及租賃業界是 1,397 架，已經超過 2010 年的預測。

以多數旅遊消費者都能朗朗上口的廉價航空來說，二十一世紀前兩旬還未結束，各地短程廉航就已經成倍數成長，長程廉航也是許多航空公司執行長試著要辦成的。短程廉航成長有多誇張呢？我們用座位數來看一看各大洲的增量就有概念，數字是空中巴士整理 OAG 統計自 2006 年至 2016 年期間，全球國內及區間定期航班資料庫，顯示此期間中東成長了 16.4 倍，雖然座位數僅有 4 百萬，第二名是非洲的 5.7 倍 60 萬座，再來才輪到 4.8 倍的亞洲太平洋區，不意外的是座位數居各州之冠，超出 3,900 萬，而已開發比重高的歐洲地區，也成長了 2.6 倍強，座位數更是驚人的 3,800 萬，規模氣勢一點也不弱於亞太，最後看北美市場的成長，雖然是二十世紀就已經由西南航空寫下廉航典範，十年內也是硬生生地增長了 1.2 倍，座位數來到 2,500 萬座次，市場一點也沒有成熟下滑的跡象；簡言之，三個想像中就是名列前茅的航空運輸市場，北美、歐洲及亞太，歷經十年市場滲透後，概算航班座位數相比北美分別成長了一倍、二倍、四倍，歐洲及亞太短程廉航表現由落後北美到超出 50% 以上，可謂青出於藍，更勝於藍。

此外，筆者留意到有一項特別的現象，也可以說是大飛機交付增加的助力，那是來自飛機租賃業的金融。飛機租賃業進入 21 世紀後，有名氣的家數如雨後春筍般成長，多到可以專書介紹，以 2016 年間，空中巴士的記者會資料顯示，其收款得自前 15 大業者的架數，分別是 2010 年的 33%，2011 年 39%，2012 年 40%，2013 年 44%，2014 年 50%，2015 年 47%；初次見到空中巴士如此坦承的數字，透露出航空運輸業相當倚重飛機租賃業的售後回租服務（sale & leaseback），但這項數據還有一個更大的訊息，除了 2015 年之外，其餘五年的售後回租也沒有超過 50%，也就是說，租賃業者們出錢取得的民航大飛機是直接買下，而且顯示的資料告訴我們至少已經連續六年是這樣大比重交易，隱約透露租賃業者不僅對未來航空旅遊充滿光明前景信心滿滿，甚至有可能進展到承攬下民航業者的購機業務。

《大飛機月產量》

在面對大量需求來臨時，空中巴士公司也面臨了增產的兩難，不時的考慮要不要提高月產量？數量是多少？對空巴而言，客戶的大單有可能在幾年後，因經濟問題減低或取消，特別是單走道 A320，而 A380 已經遭遇。許多由航空業人士及記者發表的言論都懷疑是否真有如此大的單走道大飛機需求，但他們可能都是以西方經濟發展當下走向的觀點來看這件事，極可能無感於未開發國家在成長中進入已開發國家，對航空運輸的巨大需求。

在西方業內外專業人士的觀察，推動航空運量的需求來自低價航空市場的成長，個人年度搭乘次數增長，而來自全球開發中國家的需求主要有，人口紅利，轉運中心移轉，交通基礎設施倚重航空等，特別是低價航空的成長並未擠壓傳統航空。

以競爭最激烈的中歐市場來看，布魯賽耳航空（Brussels Airline），提供了美國、加拿大及非洲的航班，2016 年又開航多倫多及歐洲區內九個都市，網絡服務總計 90 餘個城市。該公司在 2015 年以 47 架機隊，平均上座率 74.7%，促成營收達 13.3 億歐元，獲利四千一百萬歐元，是 2008 年後首次獲利，機隊擁 38 架空中巴士寬窄體飛機，波音客機僅有一架，員工約 2500 人。

空中巴士為因應這個變動頻繁的需求趨勢，多次明白

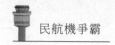

告知供應商準備好增加月生產數，可是為數眾多的供應商，各家反應步調是不可能一致的，財務狀況也好，工廠人力及管理，再再都是問題，挑戰空中巴士能否讓每一家供應商準時到位。

在 2015 年初春，空中巴士每月生產 42 架 A320 系列單走道飛機，市場又傳出消息，要在 2016 年第二季將原定 46 架目標增至每月 48 架，2017 年目標達每月 50 架。2 月 27 日，空中巴士集團舉行了更名後的首次年度營利發表會，會中除了印證市場對單走道量產數量的預估，也由執行長透露要對每月製造六十架以上作努力，以因應高數量在手訂單。這個 A320 一族的月產量，自 2005 年開始，進入每月出廠交付 20 架，五年後的 2010 年跨入 34 架，再過五年，於 2015 年達到 42 架，而依照空中巴士的資料顯示，月產量 60 架設定日期在 2019 年，若計畫順利，等於十五年內翻到三倍。空中巴士自評，假設 2016 年至 2020 年期間 A320 一族的年訂單架數與交付架數比值（Book to Bill）保持 1 的條件下，估計到時的未交付在手訂單數在 5,479 架，以 60 架月產量生產，還要八年才能全數出清。

《產量增率平實以對》

由於民航大飛機是一件資本財，因此儘管搭機旅客人次支出，在筆者認為是可以視作雷同購買手機的消費性行為，但製造飛機不是像手機一樣，灑下一筆大規模的投資在自動化生產線上，把在手訂單速速交清，相反的是，這是一個複雜算計的行業。首先，航空公司的機隊建置就是一門大學問，航空公司根據自己在商業模式經營策略上的定位，做出航路航班的調研規劃，選擇機型議價和製造廠排定接機時間表，波音和空中巴士都有自己數量有限的大飛機出廠時間表（slot），雄心大的航空公司機隊在二十一世紀可以一筆訂單高達百架以上，但是其交機時間可以長達十年至二十年都有可能，也可能發生一訂下後，既未交機也未取消的情形，壞的情況像是 A380 廠房投資建成月產四架的規模，但訂單數量不如預期，好的情況是 A350 推出後，銷售數量一波暴衝到 800 架後便停止了，Leahy 君給市場及新聞界的說法是「賣光了」，至於超級大熱賣的 A320neo，甚至要在其海外擴建新廠房，否則客戶等得不耐煩也是會轉單的。另外，還有一個變數是市場上租機公司（Lessor）力量也越來越大，估計有佔三成以上的民航大飛機訂單來自租賃公司，這點對飛機製造公司來講有好有壞，好處是租賃公司比民航公司出資方同樣專業，可以減少製造廠行銷成本，而且是真金訂單，何樂不為，壞處則是會造成市況不確定，萬一是航空公司在兩方都下單，會造成到手訂單（backlog）（待製架數）虛胖，真相如何只有在未來交機時才會見分曉。

截至 2016 年為止，空中巴士公司年交機架數已經連續 15 年成長，年交機架數來到 688 架。空中巴士公司自述，儘管有些航空公司對民航大飛機的需求是有好壞週期變化，但其應對方式仍舊採穩定逐步提高交機數量，並仔細作訂單的管理，密切注視客戶名單的波動，慎重研究來提昇產率。

《短中長程低價航空　商戰處處發》

繼廉價航空（LCC）在美國西南航空於 20 世紀成為典範之後，在二十一世紀開始便成為各地航空公司想要效法的對象，挑戰各國原有的全服務航空公司（full service airline）。以短程廉價航空來講，各地發展成功相當快速，

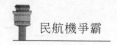

像是馬來西亞籍的亞洲航空（Airasia）、中國的春秋航空、歐洲的 RyanAir 及 easyJet、中南美洲的 Azul 等，機隊的規劃訂購都在各地區首屈一指，像是 Airasia 及 easyJet 訂購清一色的 A320 一族，個別訂單都多達二百架以上。

還有一家區域性的匈牙利籍廉價航空 Wizz Air，在 2015年已經是中歐及東歐最大廉航，也是出手闊綽的買飛機，向空中巴士簽下備忘錄（Memorandum of Undestanding）購買 110 架 A321neo，預計自 2019 年至 2024 年期間交付，但是他在 2017 年的一些運輸數據還是成長的，叫人攝目，八月同比 2016 年搭機人次成長 24.4％達到 288 萬多，累計一至八月也成長 20.4％達 2,632 萬多人次，運輸機隊為清一色空中巴士 A320 系列，一共 85 架，其中 21 架為 A321ceo，八月上座率高達 95.4％，較 2017 年增加 2.4％，2018 年還要接收 20 架加入營運，前述數據揭露同時，又經股東同意再向空中巴士公司買 10 架全新 A321ceo，計畫在 2018 至 2019 加入服勤。Wizz Air 自 2003 年成立到 2017 年 9 月止，有目的地機場 144 處，航道 500 條，服務 42 國，遠及阿拉伯聯合大公國、以色列。

2017 年 10 月發生英國第五大傳統全服務航空君王航空（Monarch Airlines）無預警不飛關門了，留下 34 架 A320ceo 一族機隊及 45 架 B737MAX8 訂單，立刻引來 Wizz 航空及 easyJet 兩家廉價航空想要接手其服務航路。

就在全球各地區長期接連成立短程的廉價航空期間，還沒發生全行業互相併購甚至破產關閉的現象時，被討論已久的中長程廉價航空也在 2016 年開始，自北歐及西歐飛航大西洋至美國東西岸的航線起航。

　　至於中程乃至長程的廉價航空誰會成為被認定首家成功的，雖然尚未明朗出現，但在近 2020 年時，會是哪幾家民航公司已經叫的出來，並且地區及機型也已突出。這個會是大量廉價航空出現的飛行地帶應當是大西洋航線，而機型就是 A321LR、A320 及 B737MAX8、B787。

　　其中成立較晚的挪威 WOW 航空打算用 B737MAX8 及 A321LR 兩種機型來涵蓋這跨大西洋的服務；航空業顧問 LeeHam 公司在 2016 年曾說 WOW 這家最小的長程廉價航空，因為把基地設在冰島的雷客雅未客（Reykjavik）可以一趟在六小時內，把歐洲美國的旅客在基地作交換，這點優勢符合更早 AirAsia X 執行長的行業心得，得把航程時間控制在低於七小時之內。WOW 的策略重在最低票價，因為考慮到連 Wifi 都會耗油，所以不提供。WOW 航空倫敦飛紐約票價美金 69.9 元，比 Norwegian Air Shuttle 一開始的 75 元還低，目標客戶是背包族，這個價格戰立刻受到回應，後者也降到 70 元以下。WOW 機隊在 2016 年 8 月時全數是空中巴士的 A320 及 A330，一共 17 架，飛航 33 個機場，在舊金山、洛杉磯及邁阿密三地超出六小時航程部份由三架 A330-300，後續計畫還有 10 架，包括四架 A330-900neo，這裡提到的都是租的。WOW 在 2015 年載運乘客 120 萬人次，目標要在 2020 年時達到 600 萬人次，機隊擴充到 50 架。

　　其實，民用航空運輸業的長程廉價航空很早在一些大型航空公司（Mainline Airline）集團內就有了，特別是行業中都認知了解這是所謂的亞洲現象（Asia Phenomenon），早早發生在東南亞，由於幅員大，但路網鐵網都不發達，區域內及對外都要依賴空運，但人均所得偏低，所以像是 Qantas 的 Jetstar，2003 年就開始以低的票價營運，新航的 Scoot 於 2012 年以 B787 載客，都屬相同模式，而號稱是亞

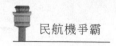

洲版西南航空的 Airasia，又另外成立 Airasia X 要以雙走道機型飛長程廉價。

至於歐洲大型主流航空公司中最大的漢莎航空，也沒忽略，只是忍到 2015 年才宣布其子公司歐翼（Eurowings GmbH）將提供長程廉價航班服務，包含原先合併 Germanwing 的短程廉價，而蛻去原來支線航空的角色，成為完全的廉價航空，自 2013 年以 32 架開始營運，2017 年五月機隊含 A319A320A330 已經達 100 架，目的地達 79 處，飛航模式是典型的點對點飛航，有 10 個基地，營運長 Oliver Wagner 接受新聞界訪問時，還表示目前機隊不夠，為了面對其他廉航挑戰，須要增加一倍到 200 架以上。

歐洲另一大 IAG 集團也在成員 Vuling 旗下有了完善的短程廉價服務，長程廉價在 2017 年六月交由新設立擁 2 架 A330-200 的 Level 公司，基地在巴塞容那， 但原有 Aer Lingus 位居大西洋航路及愛爾蘭國營全服務的基礎存在，勢必不會缺席；籍設西班牙的 Vuling 擁有 107 架全 A320 一族機隊，目的地機場多達 163 處，未交機訂單有 47 架 A320neo，而 Level 現飛洛杉磯、奧克蘭、Buenos Aires 及 Punta Cana，開業兩天賣出座位瞬間達五萬二千，一個半月內累積到 14 萬 7 千，轟動程度遠超出 IAG 預期。話說南美也有經營多年且頗受好評的低價航空 Azul，除了原有成熟的短程廉價航運，以目的地城市總數量 100 個多來算，也排上巴西第一大航空公司，在 2017 年 12 月時也大幅擴增長程直飛美國，由 Belo Horizonte 飛 Orlando 及 Belem 飛 Fort Lauderdale，執行飛航機隊包含 8 架 A320neo 及 6 架 A330-200，來自 2016 年一月的採購 35 架 A320neo 訂單及 28 架同型租機，A320neo 採全經濟艙佈置，並且對外表示，新 A320neo 加入會降低每一座位哩的成本（CASM，cost per seat mile）。

　　筆者觀察，目前航空界想要看到的最終版長程廉航，定義上是以廣體客機飛到越洋航線的境界，而且要向西南航空、RyanAir 及 easyJet 一樣，單一機種，清一色低票價，與大型主流航空公司附屬的支線航空飛一樣的區域，在支線及次要機場中發展出點對點航班，還要能長期賺到錢。所以許多新進入的航空公司，都設法找出自己的航道，搭配最經濟的機型，不受限在框架上，以長期營利為目標，在展業上，租機公司的飛機租賃方案也幫了很大的忙，有利於新進者降低現金準備，就有機隊可以開航。空中巴士公司的飛機設計理念雖然強調策略上是著重在對應幅軸式航網（hub and spoke）的大座位需求，但因其產品線最廣，從 100 人座到 600 人座都有，客戶當中竟然可觀的 40% 比重是租機公司，也在點對點的市場上獲得許多航空公司選用。

　　另外，位居全球空運樞紐的航空運輸業雄主阿聯酋，在 2016 年 11 月宣布半年報時，繳出獲利巨跌 64% 的警訊，董事長 Tim Clark 特別說明「阿聯酋必須研擬改變長途機票的價格，對日漸增強的競爭展開戰鬥……」，原因就是既有的傳統全服務公司大咖已經開始提供長程廉價服務，加上新進入市場的長程廉航公司，如 Norwegian Air Shuttle、AirAsia X 及 Wow Air 等，使得阿聯酋開始在部份航班座位上，訂出與廉航有拼的售價，來填滿其 A380 及 B777 機隊的座位，長程低價的市場拼搏在全球樞紐機場也開打了，這位我筆下的航空業武林高手周伯通，真是眼睛怖滿了血絲，對新聞界說出「…傳統全服務航空公司大咖們，因廉價長程而進行的慘烈且恐怖的戰鬥，將會持續一段期間…」，讀者們，我這段幾乎引用 Leehamnews 的一篇報導，

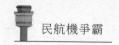

還沒完，但其他高論我寫不下去了，因為我彷彿看見神情亢奮的織田信長出現在我眼前，真想不到空中巴士就是有這等能劃地宣戰的戰友。

2017 年第三季，長程廉價航空局勢更加熱絡，特別是歐洲版圖，就在馬克宏當選法國總統之後不久，法國航空（Air France）成立子公司 Joon（俊），以巴黎作為基地，還有不久前以巴塞隆納（Barcelona）為基地的 IAG 附屬航空公司 Level，還有總部設在拉脫維雅（Latvia）的 Primera Air，飛航在倫敦及巴黎到波士頓及紐約的大西洋航線上，可以說是如雨後春筍嗎？會不會太多新加入者造成競爭劇烈？司堪第納為亞半島上的 Wow Air 就認為各飛各的航路，不會有競爭問題。

在全球都有長程廉價航空冒出之際，偏偏美國籍的航空公司不見動向，有些一旁觀察的專家都露出憂心，認為市場將被分光了。

第七章 雙巨頭市場滲透

《雙巨頭逐鹿第一》

　　空中巴士公司成為民航大飛機雙巨頭之一的過程是經歷了美國大飛機製造行業兩次重要的市場洗牌，一次是1986 年的美國 Lockheed 公司退出民航機市場，另外一次是1997 年波音公司併購 McDonald 公司。自此開始，100 人座以上的民航大飛機市場就由雙巨頭瓜分。

《出手區隔》

　　在飛機操控上，空中巴士對波音做了技術面挑戰性的區隔，挑戰機師的傳統習慣，自 A320 開始採用了線控飛操及側桿（side stick）控制，與波音機族的中央操縱桿，大相逕庭，也和自家 A300 脫鉤；並且在相異族系機型間做了共通化，特別是 A330 及 A350 兩長程寬體機族的相容性，最終取得監管單位 EASA 等認證，駕駛 A330 等同駕駛 A350，大大減少了轉換所需的成本，這是貼心地替客戶航空公司設想，達到跨越所有機族系列彼此有高度相似性，遍佈在操控性能、機載系統、機體及駕駛艙等。

《輻射式（hub and spoke）大戰點對點（point to point）》

　　兩大飛機製造商長久以來就對民航運輸市場展望有相同處及不同處看法，也導致其個別飛機設計有所不同，也由於民航機市場是一個長期發展的市場，因此短期甚至十年內也不能定論誰的看法正確，只好讓兩家及其支持者繼續辯論下去。附帶一提的是，1990 年代，波音公司就有念頭想把 B747 替換掉，讓它退役，並且找上空中巴士合作進行超大型（VLA）民航機的可行性研究，但波音很快的放棄這個想法，轉向選擇點對點飛行，開發適用的 B787。

　　其實，兩家對發展中的民航運輸市場看法，最大的差別在未來的航網航線長相會是如何？波音公司主張民航空運網絡趨勢是演變朝向成為點對點（point to point）的兩個機場直接對飛，也就是透過像 B787 這種省油 250 人座高長程的飛機，讓各個機場能直接對飛，脫離目前經過大轉運機場再搭第二班抵達目的地的轉飛輻軸（Hub and Spoke）模式，後者發展歷史悠久，又可翻譯作輻射式，則是空中巴士主張的，並因此在 2000 年開始設計研發 525 人座的 A380 超廣體雙層飛機，作者獨創首稱其為四走道飛機，這種輻射式的航網，就是旅客出發時搭某班飛機到大型中轉機場，再由該大型中轉機場轉搭至其旅程目的地機場，中轉機場通常都是大站，航空公司只要提供由大型機場飛往各地區的機場航班即可，例如廈門旅客要到西安就可以選擇上海轉機，而北京出發國際旅客到紐約可以選擇在法蘭克福或舊金山轉機，這個模式存在於多數的傳統全服務公司（full service airlines）；而採點對點（point to point）的飛航模式這類型的航空公司主要是短程廉價航空（non-frill airlines, low cost airlines），由於電腦化普及加上長程航空越發成長，

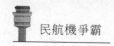

利用資訊或著是近兩年最夯的說法大數據，分析找出利豐城市對航道（busiest passenger air routes）開航，是二十世紀就存在美國國內市場，如今長途國際航程點對點航班也因為省油大飛機投入服役可以辦到了。

根據兩種民航空運網的不同，兩家公司分別發展各自的飛機族系。空中巴士公司因輻射式網路之故，著力開發對中轉機場輸運旅客的單走道 A320 機族及中轉機場間對飛所需高座位數高密集航線班次的長程廣體客機 A380 及 A350 兩機族；波音公司則開發出 B787 超長程機族加上原有的 B777 及 B737 短程機型對應，至於 B747-8，有點像是狗尾續貂之作，一場烏賊戰術，搔擾 A380 罷了。根據空中巴士公司的看法，輻射式較易於有效滿足短程及長程兩種機隊標準化，而點對點的對飛方式，常會面臨個別運量需求不一致的情形，很難標準化。對此，傳統航空公司（Legacy Airlines）實際上都會兼顧發展兩種航網系統，在需求大可對飛的機場間作直飛，而空中巴士自我評價其發展的機族也能同時適用在兩種航網。

由於筆者長期閱讀民航運輸市場新聞，對於兩巨頭的策略差別，並沒有非要像全世界圈內人士一樣為兩巨頭選邊站，但我要指出，兩家的市場展望預測若由架數改由分析其個別中長程飛機總訂單的座位數，可以說是接近的，數量沒有明顯差別。如果單看策略上展現的最大差異就是在四走道飛機的數量，在空中巴士公司而言，二十年內，許多超大機場因為要輸送每天高達一萬名以上跨洲國際旅客，因受限於起降時間縫（slot）及機場的增擴不易，全球需要一仟七百多架四走道飛機運送，波音則因為認定航空公司成長方向會是增加點對點的直飛，全球市場只需要七百九十架，在總需求兩家看法接近下，波音公司對長程雙走道飛機估計七千九百架,高於空中巴士的七千二百架,多了七百架。筆者估計兩家的戰果未來不會是零和遊戲,應是在航空運輸市場自由發展下取得中間值。過去在 2008 年,筆者上 Griffith 航空管理研究所課程時,曾交出作業分析過廉價航空在歐洲發展的成長階段,指出並未侵蝕傳統航空如漢莎的市場份額,反而因為兩種航空公司的發展策略不同,廉價航空因票價低,多飛行於都市的二線機場或地區機場,所以反而促進新的搭機需求,共同把市場作大。此外,空中巴士在 2011 年至 2030 年的展望裏推測長程運量的成長是 2.8 倍,比航空網絡基礎建設的成長 1.4 倍多一倍,背後意涵就是航路的運量必須變大,因此飛幅軸式的航空公司要在時間縫固定的條件下改編機隊朝向多座位機種。有一個非常明顯的例子是漢莎航空在 2018 年三月開始季度機隊調度,把原先駐在法蘭克福機場的 14 架 A380 機隊,移出 5 架改駐慕尼黑機場,至夏季期間飛航洛杉磯、香港及北京,冬季時飛航邁阿密、上海浦東及舊金山,另外,A350-900 也要入駐,飛波士頓、紐瓦克及加拿大溫哥華,慕尼黑機場是歐洲第一座被評為五星等級者,而漢莎航空合資完成的第二航廈有 27 個登機閘口,已成為該公司及夥伴的新樞紐機場,其幅軸式航空網絡逐漸強化,2017 年至 2018 年冬季期間入駐總計 120 架大飛機,其中 25 架是長程廣體機,A350-900 有六架,但夏季末的 10 月會增加至 11 架。無獨有偶,在 2016 年以年服務四千兩百萬人次略多於慕尼黑機場 35 萬人次的桃園機場,也在 2017 年迎來第二家韓國航空公司的 A380,第一家是阿聯酋航空,由於筆者多數收集的新聞資料是得自國際上英文網站的大飛機消息,當中鮮少有機場運量的統計報導,尤其是新盛亞洲區,當筆者發現桃園機場客流量是在 2014 年蹦現在全球前五十名之中,非常意外;前五十名的資料也顯示,慕尼黑機場 2011

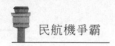

年時還以三千七百七十萬人次名列後段前茅在 27 名，但是增速不大，才會在 2016 年落居桃園機場之後，並且排名僅在第 37 名。

空中巴士依照其主要以大轉運機場（Hub and spoke）為民航空運成長概念的商戰基礎，加上因高油價的壓力，在二十一世紀伊始，陸續推出 A380，A350，A320neo 及 A330neo 四個機種，並且依照歷史統計數據顯示，每隔 15 年，全球年航空每一乘客公里程營收（RPK, revenue passenger kilometer）便會增加一倍，每一款機種又可以因座位數多寡推出三種兄弟機，A380 以單一機身可以容納 525 人至 800 人，A350 又分成搭載 280 人的 A350-800，搭載 315 人的 A350-900 以及 350 人座的 A350-1000；至於單走道的 A320neo 可搭載約 150 人，而兄弟型 A321neo 可以搭載達 240 人。這幾款機型都有鎖定波音的機型來競爭，例如 A380 是打算繼 A340 之後來競爭取代 B747 的市場地位，A330neo 及 A350 則是對上 B777，A320neo 則是為提高燃油使用效率，繼續對上 B737。在波音公司的對策上，由於 A330ceo 銷售良好，所以波音公司特別以大量碳纖維複合材料設計製造的 B787 應戰，並且在航程上大幅提昇，支持其空運成長落在點對點網路上的發展策略。

《碳纖維材料源頭選邊站》

除了在本書他處提到的 GE 發動機沒打算提供給 A350 機族之外，還有一樣大飛機重要材料碳纖維的供應商也非常明顯的走上選擇性供貨。全球航空等級碳纖維的供應主力來源集中在兩家供應商，分別是日本 Toray 及美國 Hexcel；其中 Toray 主要供應給波音公司，而空中巴士的 A350 複合材料結構所需要的碳纖維原材料幾乎全數由 Hexcel 供應，並且為此在法國 Péage-de-Roussillon 投資一億七千四百萬美元設立一座預浸碳纖維工廠，供應空中巴士及 Safran 兩公司結構用料，除 A350 的零件之外，供應製造機身結構外框百分之九十及全數桁條纖維用料；給 Safran 的量足供每月 63 架 A320 發動機外罩所需。Hexcel 也意在技術上突破 A350 用複材佔 53％的坎，配合下代機 2030 年投入運營之目標，推進碳纖維征服機翼框架，使佔比提昇至 70％或 75％。此外，Hexcel 也提案給 A380neo，目前的 A380 僅有百分之二十三結構是複合材料。

　　美國加州 Hexcel 公司是在 2008 年獲選為 A350 碳纖維材料獨家供應商，並且是該公司成立 65 年以來最大金額的交易，換算金額下來，每架 A350 消耗碳纖維金額達四百萬美元，公司也預估終 A350 一族將為公司產出 40 至 50 億美元營收；工廠原規劃是在 2015 年中啟動建廠，預計到 2018 年中產能滿載時有員工 120 人。而波音 B787 的碳纖維供應商日本 Toray 公司也是業界翹楚，尤其是日本的品質佳價格更誘人，一向給世人如此的印像，Toray 公司另有一家大服飾業客戶也是由其供應纖維，是消費者耳熟能詳的優衣褲（Uniqlo）。

《省油大比拼》

　　由於 2007 年的油價高漲，重擊民航業的利潤，2010 年底，空中巴士想出新發動機省油策略，推出以 NEO（new engine option）接續 CEO（current engine option）的 A320neo，由於這個策略並沒有使單走道飛機市場有新機型問世的感覺，看在剛推出 B787 新機型且得到創紀錄訂單的波音公司眼裡，反映出這是哪招啊的心裡層面想法，徘徊在立刻跟進還是要提出全新的設計接招，畢竟曾想過推出全新機種接替 B737，立刻跟進實在有損飛機製造業頭把大哥的身分地位，如是混雜在 B787 的成功量眩及交機量產混亂中，相隔 8 個月後才在 2011 年 7 月推出 B737MAX 回應；波音遲了，想不到省油一點正投解藥入民航業的痛處，只靠投資少數研發費在新發動機，後來竟翻轉空中巴士及波音公司在單走道民航機的市場份額；這個單走道民航機大戰有一件附帶一提的重點，就是要角發動機的共同處是來自同一家公司 CFM，A320neo 用的是 LEAP-A，B737MAX 則是 LEAP-B，而巧合的是還有一型 LEAP-C 得到中國商飛 C919 採用。

在這裡要強調的是，部份也關心民航大飛機的中外人士特別是某些新聞界記者，以為 A350 是因應 B787 大量採用碳纖維能夠省油而推出競爭的，其實不然，筆者多年的關注，還見識到 John Leahy 特別更正記者認知的新聞報導；另外一件常被新聞界誤導的議題是，由年訂單數量起伏來看民航機市場景氣循環，也被 Leahy 公開糾正過，進入 21 世紀後，空中巴士年交機數量跨過 300 架後，只有逐年增加，沒有減少過。

既然提到 Leahy，筆者也必須提及他對市場的敏銳，因為 A320neo 的推生，不單單是原油高漲，還要回到當時的龐巴迪公司 C 系列，原本 C 系列開賣時，於 2009 年得到漢莎航空 30 架訂單，外加選擇權 30 架，空中巴士公司於是在 2010 年的媒體日對他宣戰，只是宣戰而已，但是緊接著，Republic Airways Holding（RAH）也訂了 40 架 C300 外加 40 架選擇權，這下子，空中巴士醒了，因為 RAH 旗下的 Frontier Airlines 飛的全是 A319 及 A320，會被全部取代啊！根據市調單位 Leeham 的說法，就是 RAH 的訂單導致空中巴士決意起動 A320neo。

　　前述機型的對決，空中巴士的策略都奏效。首先談的是 2008 年的每隔 17 年航空運量 RPK 會倍增的統計數字，在 2015 年的新數據已經縮小為 15 年，航空公司也是很有感覺的，具體表現出對市場回應的方式就是選購機種數量向大座位數靠攏，原訂購 A350-800 的紛紛改成 A350-900，而 A320neo 的兩款兄弟機又以 A321neo 賣的特好，A321 在 2016 年公司單走道的淨訂單佔 65%、出貨佔 41%，好到空中巴士有可能把美國 Mobile 廠組裝出貨為清一色 A321，好到累積訂單達 1,000 架時威脅到雙走道 B767 的市場，逼使波音傳出要在 2017 年推出 MOM（NMA）機型。這個威脅只是第二擊，第一擊的力道更大，在省油發動機推出後，至 2016 年四月底，市場對單走道 NEO 及 MAX 的合計訂單累積到七千六百架，空中巴士自 82 家客戶拿到 4,515 架訂單佔 59% 市場份額，波音公司只有客戶 62 家下訂 3,090 架，拿到 41% 份額，看到這個 18% 的差距，業界人士不禁要說出雙巨頭可能要不適用了，在前一年 2015 年，空中巴士的份額甚至高到 68%。而前述 MOM 議題，之所以會引發外界關切，是因為等級相同的 A321neo 與 B737MAX 9 的對戰下，差距更大，市場份額是 79% 和 21% 的比值，再加上空中巴士推出 A321LR，航程可達 4,000 海哩，直接打入 B757 和 B767 市場，在波音公司沒有合適的接替機型情況下，完全沒有防守，除了這是個歷來美東跨越大西洋至歐洲的利基市場之外，另外全球還有五個航區，合計會有 1,000 架的需求，也不容忽視。

　　造成這個差距的原因，可能不僅僅以波音公司遲了一年推出 MAX 來解釋理解，還得由空中巴士透過技術面讓客戶認識到 A320neo 才是真正省油有道理說起；這個關鍵點就在 A320 及 B737 的身高有明顯差距，A320 的機翼及起落架離地面高過 B737，A320 給新的省油發動機 LEAP-A 留下的空間大，可以把進氣口直徑設計值設計達 198cm 大過 LEAP-B 的 176cm，這個直徑值的多寡直接影響到渦輪風扇發動機（Turbofan）效益指標旁通比（By-Pass Ratio），直徑越大，旁通比越高，燃油效率越好，越省油；因此一開始，波音公司遲了一年才推出 B737MAX，推出後，空中巴士抓緊此一差異，硬是在媒體上刊出兩架飛機的正面照片比較圖，直指波音公司對尚在紙上作業的 B737MAX 省油效益誇大不實，在工程上違背發動機科學定律；說起來讀者可能不敢置信，這個廣告戰的極致階段，竟溢出歐美式幽默感，筆者在知名的航空網站上，見到一禎空中巴士的廣告，背景有一架漆有海豚藍的民航機頭，長了一個超長的機鼻，暗喻波音公司說謊。

由於省油發動機在 A320neo 爭取訂單的成就顯著，空中巴士也把 A330 給 NEO 了，重點在新渦輪扇發動機，風扇直徑由 CEO 的 97.5 英吋加大到 112 英吋，號稱省油可達 11％，在空氣動力改進方面採用新的 A330 Sharklet，增長翼展，備用零件有 95％與 A330ceo 一樣，與 A330ceo 及 A350 XWB 同屬相同或一致類型級別，並且增加 10 個座位，每個座位的燃油效率增進 14％；推出後，在 2016 年四月止，得到了來自 10 家客戶的 186 架訂單。比較了波音推出 B787 要和 A330 的競爭一事，空中巴士的 A330-800 比 B787-8 多了 13 個座位，在同樣 7,400 海哩的航程，前者每一座位節省燃油 2.5％，而另一衍生型 A330-900 也比 B787-9 每座位耗油量省 2％。

在省油方面所推出的新式碳纖維材料飛機上，兩家公司的技術在飛機結構上就出現了差異，不管真正原因出在哪裡，是 B787 設計開發在先謹慎過頭也罷？或是其他原因，總之，A350-900 XWB 的空重（OEW, Operating Empty Weight）142 公噸雖是比 B787-8 的 120 公噸多了 22 公噸，經過標準機型的載客座位數一換算下來，竟變成可觀的差異，B787-8 的座位數以兩級計算是 242 座，然而 A350-900 XWB 標準座位數是 325 座，等於每飛一個座位的基本起始重量，A350-900 XWB 只用了 B787-8 的九成不到。

2016 年是波音公司成立第 100 年，跨入百歲級企業，他對人類航空運輸的貢獻至大，實在無須筆者再多做介紹。但是今年卻是波音開始出現保守言論的一年，首先是對新聞界發出停產 B747-8 的可能，之後又對 B787 每月產出數量在 2020 年以前，由 12 架增加至 14 架的看法轉向沒必要，必須花費一段時間觀察客戶給的訊息，根據執行長 Dennis Muilenburg 的說法就是把握供需平衡的原則；在 7 月底的二季財報說明中，也透露了 2019 年仍有 29 架的產量是尚未賣出清，主要是 2016 年的需求疲弱，加上 A330 CEO 及 NEO 的低價競爭。根據 LEEHAM 公司的說法，波音公司的確要留意 B787，特別是訂單交貨比，2013 年仍高於 1，之後，就每況愈下，2015 年是 0.73，2016 年七月是 0.25。另一款銷售紅牌的廣體客機 B777，也面臨衰退，2017 年月產量 7 架只售出 80%，2018 年月產量 5.5 架更僅售出 60%。

《波音使出掣肘》

兩家公司在民航大飛機的推陳出新方面，可說是寸土不讓，不讓對手有喘息的空間及時間。從最早在二十世紀末，雙方分別由波音認定未來航網是點對點的模式推出 B787 對上空中巴士輻射式的 A380，2005 年時，波音公司從二十世紀就不看好超大型廣體（Very Large Aircraft, VLA）飛機市場，竟一改初衷，推出 B747-8，來擾亂 A380 的銷售，這一招真可謂損人不利己，但也的確達到效果，由於許多大型航空公司都有 B747，所以在汰舊換新上會選擇 B747-8I 民航機接替，波音公司只付出些許修改的成本，吸引了漢莎、韓國（Korea Air）、Business Jet/VIP 及國航四家購買 45 架民航型投入運行，反倒是最先推出的貨機 B747-8F 拿到 11 家 88 架訂單，2011 年 12 月取得 FAA 核可，2017 年 6 月時客機型已經全部交貨完畢，訂單出清，2017 年 8 月有報導說美國空軍買下 2 架原屬已破產俄國籍 Transaero 封存在 Mojave 沙漠的 B747-8I，用在新標下的空軍一號。

另外，空中巴士在 2006 年推出 A350 XWB 一族後，獲得市場好評，取得訂單相當亮眼，三年內就超出 500 架，嚴重威脅到 B777 的市場，波音 B777 性能好又穩定，維修上簡易又省支出，很受航空公司喜愛好評，並曾被航空界讚喻為「馱馬（Workhorse）」，全球長程空運多靠它貢獻出力，波音公司想出把 B777 機翼材料改為碳纖維配上新發動機，加大到可以搭載 400 人，一次同時迎戰 A380 及 A350，在 2013 年杜拜航空展推出 -8 及 -9 兩型 B777X，兩年內取得 300 架訂單，但是隔兩年到 2017 年 6 月才又取得新航 20 架訂單，銷售數量未達業界看好門檻，即使如此，波音還計畫另一更大 450 人座的 -10 向阿聯酋等幾家推銷，只是非常矛盾的是，7 月在波音自己發佈的未來 20 年預測裡超大型的飛機只有 80 架，可能不認為 B777X 算在內，只是已有航空分析專家爆料，漢莎公司已經在考慮減少 B777-9 的訂單，阿聯酋也延後交機日一年至 2021 年，已經危及整個計畫，波灣三大航空佔訂單的三分之二，2016 年開始又處在美國三大航空公司指控的國家補貼攻擊風暴，運量成長及獲利勢頭岌岌不保，怎麼有條件繼續買新飛機？只怕又變成 B747-8I 一樣，損人不利己。航空分析專家也注意到，波音在 B777X 上犯了和空中巴士 A380 一樣的錯，陷入大半訂單集中在單一客戶手上，只是這一家同樣都是阿聯酋，他在 B777X 上佔比超出一半有 150 架，但筆者認為，這是處境的問題，杜拜是全球空運轉運中心，阿聯酋機隊若以座位數來看，A380 及 B777 近乎各佔一半，所以當初空中巴士推出 600 人座位數 A380 的策略是完全正確的，鞏固了杜拜機場阿聯酋的地位，並且，很早以前，空中巴士 20 年市場預測就指出超大型四走道飛機架數 1,400 架的全球份額是 4%，雙走道 8,690 架是 25%，A380 和 B777 不會彼此競爭，董事長 Clark 選訂 B777X 是為了延續阿聯酋航空龐大的 B777 機隊，而且著眼在運量增長的情勢下，所以才會發生取消 A350 大單，因為空中巴士對 Clark 批評 A350 座位數低於 B777 一事選擇不處理，認為那是其產品線機隊最佳的座位數，現在問題就來了，如果哪年迎來運量增長勢頭到頂會發生怎樣的轉變呢？萬一 B777X 研發認證遇到瓶頸延誤服勤呢？

在兩巨頭新機競爭一事上，儘管時間長達 20 年以上，比起這期間的六個機型來講，似乎很長，但也就是這麼長的 20 年期間恰恰是一架民航大飛機的正常使用壽命，這當中的製造維修成本都是會考慮其攤提年限，雖然，單走道像 B737-MAX 的機種繼續延用是個利多，但換到了雙走道的 B747-8 就不是那麼一回事了，她有了更多的選擇，特別是已經有了更省油的碳纖維機型機隊，明證就是擁有 B777 機隊如歐洲的 IAG 及法荷航空（Air France-KLM）集團還沒有加入訂購 B777X，北美三大航和中國的航空公司也沒訂。

《訴諸座椅寬度》

在 2012 年左右，當空中巴士在省油效率上廣告數年，訂單顯示頗有收效後，又接著開始打出和波音在乘客座椅的寬度有差別，來博取旅客的注意認同，讓旅客在買機票時，朝向選擇搭乘的班機是座椅寬敞的空中巴士民航機，間接讓民航公司有感覺，空中巴士的寬大座椅會吸引旅客選擇搭乘，寬座椅做起來舒服。

至於寬窄座椅，有所謂的 18 英吋標準，空中巴士看準波音的單走道機種用的是 17 英吋座椅，把這個差異，大喇喇地在許多公開場合以簡報呈現出來，標榜自家所有經濟艙的座椅寬度都至少是 18 英吋，其他艙等更高過 18 英吋。

這個座椅寬度的差別主要關係到一架飛機在一個航班下可以載多少乘客，越多就可以給航空公司多增加收入，因為民航公司就是在賣座位，所以座椅小，在雙走道飛機上，一排可以多擠出一個座椅，原先做起來的 2-4-2，可能因此變成 2-5-2 或 3-3-3，雙走道飛長程，時間很久，座椅小，一趟飛下來，乘客會非常疲勞，有經驗的常飛客就很清楚；民航公司看在每班可以多收費的狀況下，往往犧牲乘客的舒適，選擇窄座椅當配備，波音公司順水推舟將它當作標準配備，單走道 B737 用的最多的歐洲最大低價航空 RyanAir，就是 17 英吋窄椅大宗用戶，飽受乘客批評，創辦人某某被罵到很慘，網路上還有人消遣他，若飛機上賣印有其肖像的如廁用衛生紙，一定會大賣，談到在飛機上賣「站票」的點子，某某就是始祖，這樣以壓縮乘客空間，謀取最大利益，既然有民航公司經營者願買單有市場在，又有波音公司願意配合，彌補 B737 地板面積小等先天缺點，看在空中巴士眼裡，怎能不在廣告戰裏加以韃伐，順便暗助其歐洲廉航大客戶 easyJet Plc 等。

《跨國設廠》

空中巴士的民航大飛機事業轄下部門遍佈國際，除了在法國、德國、西班牙及英國設有公司部門，在美國中國日本印度及中東地區設有全資分公司，在漢堡、法蘭克福、華盛頓、北京、杜拜、新加坡等市也設有備料中心，而設有訓練中心的地點有土魯斯、邁阿密、墨西哥、Wichita、漢堡、Bangalore、北京及新加坡，還有一個位在俄羅斯的工程中心，另外還有 150 個現場服務辦公室（field service office）。還有最重要的是，支撐空中巴士作為系統整合商（OEM，Original Equipment Manufacturer）角色，是一個包含各階（Tiers）供應商遍及全球，當中的直接供應商（direct suppliers）為數高達一萬二千家。

最具關鍵性角色的是兩座 A320 組裝廠（Final Assembly Plant）的設置，第一座位在天津市，第二座位在美國阿拉巴馬州的莫比爾（Mobile, Alabama）。這兩座廠的設置，最主要的作用包括在重點客戶所在地提供就業機會，可以視為銷售助力，以及因應長期以來以美元收入歐元支出的匯兌劣勢取得改善。這裡先提到的是 2015 年啓用，耗資高達 6 億美元，佔地 53 英畝的莫比爾廠，此廠的起源更早，源自於 2007 年當時的小布希執政時期，因為美國國防部招標四百億美元的空中加油機，波音及空中巴士各自提出自己的機型，空中巴士（當時是 EADS）聯合美國軍火製造商 Northrop-Grumman 競標，解決資格問題，也已經做出承諾要在美國製造，地點也和阿拉巴馬州政府談妥，2008 年 3 月得標，不料波音公司抗議，加上美國政府內部也偏好由波音得標，要國防部取消，另外重新競標，直到 2010 年 3 月底定，EADS 出局，但終究沒有能阻止空中巴士設廠，2012 年 7 月由 Fabrice Brégier 宣布設立 A320 Mobile 廠，

一座廠有員工千人，加上估計美國各階合約商工作群約 12
萬人，2015 年完工啓用，2017 年達到規劃的年產出 50 架
A320。

2017 年 10 月又發生飛機經濟史上大事，和這個廠有關，
是空中巴士取得龐巴迪 C 系列項目 50.1％的組裝銷售權
利，這項取得合約還是免費的，雙方交易一美元，起因是
達美航空訂購了 75 架 C 系列，而美國政府在波音抗議龐巴
迪涉嫌傾銷的舉發下，提出三倍的關稅懲罰，震驚航空業
界，隨即在同一月份，兩家飛機製造商就宣布合作，在莫
比爾廠組裝 C 系列，自稱可以避開進口關稅，只差沒抬出
Trump 總統的美國製造護身，但是，最終能否如願以償，還
要看美國政府及法律如何看待，不過可以確定的是，在莫
比爾場區增建廠房開闢生產線估計也要 18 個月才能開工，
達美航空宣布可以等兩年，這裡略帶一提的是，整件事是
空中巴士幫了龐巴迪，有些業內的報導都提出類似的看法，
我在書中某些篇幅也已經提到了，龐巴迪已經不在空中巴
士及波音的市場區塊內。

然而，要廣泛看透這項合約的影響，還是有三大意涵
可以審視，首先是以工程技術觀點來看，龐巴迪的 C 系列
民航大飛機是第一架大幅度以碳纖維作主要結構的單走道
機種，之前會用到碳纖維複材的 B787 及 A350 都是越洋的
廣體雙走道大飛機，最熱賣的 A320 及 B737 都還是主要以
鋁鈦鋼作材料，這也是為什麼英國總理梅伊（May）也為 C
系列天價關稅跳出來說話關切的原因，製造 C 系列碳纖維
機翼的工廠就在北愛爾蘭貝爾法思特（Belfast），而且這座
龐巴迪廠還是當地最大的製造業支柱，為政治穩定的基石，
也因此 Enders 發表說這個合約符合 Trump 總統「美國製
造」政策時，連帶的使多國主政者保住一項投資，具未來

榮景的投資，比起購併關廠要好多了，而空中巴士公司共同承接下 C 系列的未來，是認為日後會有數以千計架數的訂單產量，而這個第三項意涵就是 150 人座以下的民航機區塊，空中巴士也繼其 ATR 系列加大涉入了，而且是和龐巴迪組成雙打隊伍，而波音公司會不會也和 Embraer 合作？或衍生其他合作？日後，整體飛機製造業競爭格局，會不會由 ABC（空中巴士、波音、中國商飛）擴大到三組（空中巴士與龐巴迪、波音與 Embraer 或三菱、中國商飛與俄羅斯）？其實，戰略上的明說很難見到，倒是戰術等級的競爭確會適時呈現，因為沒兩週，波音和三菱重工便發表共同聲明，雙方要逐步進行 B787 機翼價格減降，等於是說，你空中巴士要用 C 系列擴大你在單走道機種的市佔率，我波音就繼續在我熱賣的 B787 廣體機深溝壁壘。

然而枱面下的看法又是如何？像是 Reuter 社的報導又是另一番景況，說集團在土魯斯的辦公室氣氛依舊很嚴峻，與公司關係密切者說「龐巴迪需要的是救護車，空中巴士送去一輛柩車。」③，這個發言角度讓筆者想起 20 世紀末麥道被波音併購後，MD 系列飛機的結局。同一則新聞報導裏，記者說 Enders 遭英國政府指涉其透過中間公司在一些交易案有貪腐的嫌疑，記者為追蹤這件新聞，還查到八月份謠言盛傳 Enders 和同事好幾天在巴黎會見調查人員，原來事實是他們當時辦了第一場和龐巴迪的秘密晚餐，非常戲劇化。到了 12 月真的出現了反制大動作，起先是華爾街報導波音討論接手 Embraer，馬上又有他家報導說雙方證實有在討論「潛能結合（Potential combination）」，接著巴西總統及官員立刻跳出來反對波音全面接手 Embraer，只歡迎注資。

③ 引述來源：參考資料第 6 條。

《南美飛機霸主》

　　這裡要為讀者說一段二十世紀初航空發展簡史，把飛機製造工業灌入國族精神的不只是美國獨有，巴西也是將航空工業當成國寶的，如果您有觀賞 2016 年巴西奧運開幕式表演，就會注意到節目有一段是仿效動力飛機翱翔進場，那是在告訴全世界，巴西人 Dumont 是開創動力飛行先驅，是最早設計發明飛機的冒險家先驅。話說二十世紀動力航空發展伊始，真可謂全球處處有高人，筆者認為當一併提到的應有航空家三傑，他們是 Gustave、Wright Brothers 和巴西人 Alberto Santos-Dumont。航空家 Santos-Dumont 於 1906 年 10 月 23 日在巴黎市首度在正式場合眾目睽睽之下，駕駛外界暱名為「獵食鳥」（Oiseau de proie, Bird of Prey，原名 14 bis）號的飛機順利升空，飛行高度四公尺上下，飛行距離 50 公尺。「獵食鳥」的雙翼翅膀有上反角，裝上了輪子，起飛用的動作是滾行增速，發動機及螺旋槳都是後置，靠推力飛行。這次飛行是 1905 年 Santos-Dumont 受 Gabriel Voisin 之邀，為贏得法國航空俱樂部舉辦的 25 公尺飛行距離獎金，此前，Santos-Dumont 就以多年在巴黎飛熱氣球而廣為人知，而「獵食鳥」是以 Gabriel 先前以船拖行的載人風箏加裝發動機成型。因為文件證明它是以自身動力推進機載輪胎滾行起飛，因此其支持者認為比起萊特飛人靠地面輪車助跑，更符合飛機的條件，而有往後常時期的第一之爭；然而，Santos-Dumont 在「獵食鳥」主翼上首創設計一對副翼（Aileron），有效的在轉彎時使飛機繞著縱軸作側滾動作維持升力，可謂是畫龍點睛之舉，真正使飛機操控成熟可行，是他實至名歸的貢獻。據說，今天的手錶發明始祖，就是 Santos-Dumont，因為當時的懷錶佩帶方式，不利於飛行中使用，所以改戴在手腕，看錶計時才便利。

　　原來真實的航空發展歷史中，首先締造動力飛行紀錄的航空家並不是人人攘攘上口的美國人萊特兄弟，而是一位德國人 Gustave Whitehead 先生，時間發生在二十世紀的第一個八月十四日，地點在美國康乃狄克州 Fairfield，比萊特兄弟在 1903 年早了兩年，不但早，而且根據當年的報載，飛行距離長達半英哩，高度達 15 公尺，時間長達二十分鐘相當平順安全降落，飛機取名禿鷹 Condor。航空界飛機權威書籍詹氏年鑑（Jane's all the world's aircraft）在 2013 年 3 月 8 日正式承認這項紀錄，Science American 也做了報導；不過，業界相關知情的權威人士認為，即使還原史實後，也無損於萊特兄弟兩人對航空業發展的貢獻。Gustav 服務的公司重心在發展航空用發動機，因此後來只專注在發動機開發銷售。

《制高點爭奪戰－對決地理轉運中心》

　　波灣三航阿聯酋、卡達及 Etihad 基地位居全球航空運輸轉運中心，自 21 世紀開始逐年坐實其地位，自然成為波音及空中巴士兩強商戰關鍵戰場，兩強的壯年長程旗艦機種在此海灣做了醒目集結，分別是波音公司雙走道廣體民航機 B777-300ER，空中巴士的雙層四走道超廣體民航機 A380-800。先說 B777-300ER，他是 B777 一族衍生機種，較原來 B777 加了座位及延長航程，2004 年才認證上市，趕上波灣空運成長浪潮，由於 B777 系列耐用、低維護成本、高出勤率，一向獲得好評，搶先在波灣三航獲得大筆訂單，從修改設計到首度服勤（EIS, enter into service）都很順利，一舉鞏固並延續了波音在廣體客機市場一哥的霸主地位，整個過程算是波音最成功的一場商戰。至於空中巴士推出

A380 進入這個市場，早在 20 世紀就提出中心商戰策略，並且依照空運成長趨勢重心在轉運中心模式（hub and spoke）設計出 A380，由當代主流的 350 人座，蛙跳至 500 人座且最高可達 800 人座，歷經電線線路長度不符的波折，比原訂計畫遲了兩年服勤，但也趕在 2008 年以四架加入波灣阿聯酋開始服勤，當年，B777-300ER 已經有累計達 47 架，兩個機隊數量比約是 12 比 1；就是這樣，在舉世航空業目光焦點上，空中巴士正式登上廣體客機京畿戰擂台，挑戰熟悉主場盤據多年的霸主波音。於今，歷經對戰九年，領先在 2005 年投入波灣的 B777-300ER 10 架機隊，歷經 12 年累計達到 213 架，而歷經九年的 A380，機隊架數為 107 架，比數約是 2 比 1，成長幅度不言可寓，A380 以 27 倍強過 B777-300ER 的 20 倍，如果以換算成座位數來看，可以概算說是 5 萬座對 6 萬座，很接近。

2017 年後會如何發展呢？筆者認為由於 A350 已經加入全球服勤，卡達作為主要購買者，今後還是會逐年陸續引進，而阿聯酋也有透露要在 2017 年底重新考慮，所以 A350 會給空中巴士在波灣的市佔份額加分，而 A380 機隊在阿聯酋考慮接受空中巴士推出的 A380plus 內裝更新增座修改方案，加上沒有一般機隊有的可觀二手市場存在，只好繼續服勤，最多損失滿足主流機隊喜維持機隊 10 年歲的形象所作的去化，在第二個 10 年裏，多作幾次停飛大檢查，也能繼續守住空中巴士已有成果；反倒是 B777-300ER 已經有10% 超過 10 年，加上波灣以外有七成市場份額，在二手市場也是熱門機種，要賣出去不是問題，另外，其後續放大機型 B777-X 距上市服勤仍在未定之天，加上 B747-8I 殷鑑不遠，很難樂觀，左傳曹劌論戰有云「一鼓作氣，再而衰，三而竭」，B777-X 算是第三代衍生機，有沒有可能再創佳績，就讓時間來證明了。

　　阿聯酋航空所在地杜拜城，2017 年已經進行新杜拜世界中心機場（Dubai World Central Airport，DWC）工程，新建航廈預計要在 2023 年後啓用，會有高達 100 個登機口，全數可供 A380 靠泊，阿聯酋董事長 Tim Clark 在 2017 年 11 月接收第 100 架 A380 的慶祝儀式上對記者表示，新航廈啓用後，將可供阿聯酋航空 200 架 A380 進駐運行，且讓我們拭目以待；在 2017 年底，阿聯酋航空的全廣體機隊總數已經累計到 269 架，以杜拜機場為基地，飛航目的地達 81 國 157 個機場，A380 機隊總數是全球第一，而且是少數幾家全廣體機隊航空公司之一。

《富饒黑土平原爭奪戰》

　　西歐的德法兩國、伊比力亞半島、義大利及英倫三島，向來是歐洲空運最繁忙之地，二十世紀出了許多家知名的國家航空公司（Flag carrier），有英國航空、漢莎航空、法國航空、荷蘭航空、西班牙航空、瑞士航空、義大利航空等，進入二十一世紀前，除了從業人員薪資及退休金縮減改制過程，並有廉價航空如 RyanAir 及 easyJet 等陸續設立，加入區域競爭，並沒有完全解決航空業獲利問題，為了往後的競爭和發展，紛紛走上集團合作，像是英國航空及西班牙航空就歸於 ICAG 集團（International Consolidated Airlines Group, IAG），法國航空及荷蘭航空也組成 KLM-AirFrance 集團，而漢莎航空這家大型主流航空公司很早就是現今獲選富比士四大民航公司之一，加上先天位居歐洲中心的地利，似乎沒有合併考慮其他公司的必要；另外，在東歐部份，擁有高達 85 架 A320 系列機隊的匈牙利 Wizz Air 也是一大突出的廉價航空，運量（Traffic）超出匈牙利國家航空。整個歐洲，因為航空網路相當廣泛成熟，好比一個富庶的平原，一級機場熱鬧飛繁，二級機場也沒在養蚊子，總之，絕對是民航大飛機製造商逐鹿平原富饒之地。在此區最大且重要的空中巴士廉航客戶是 easyJet，儘管已經成為此區數一數二的知名廉航，服務歐洲航線也多達 124個目的地，但是當中只有三成是屬於英國之外的歐盟地區，發展空間依舊很大，所以在 2017 年下半的 Airberlin 破產分售招標案中，嘗試取得 30 架位在柏林機場的 A320 機隊，以柏林機場作基地飛德國境內的航班，開始進入德國境內航線市場，最終付出四千萬歐元簽下協議取得 25 架 A320租機，連同柏林 Tegel 機場時間縫，搭配提供 1,000 名空中組員職務，此外，與飛 B737 機型的 Ryanair 雖同屬廉價航空的商業模式，但兩者依舊存在明顯的市場區隔，以巴黎為例，easyJet 目的地機場是兩個主要機場 Charles de Gaulle 及 Orly，Ryanair 則飛 Beauvais － Tille，這機場距離巴黎市中心 85 公里，歐洲兩大廉航在這片沃土上空發展成長各自航線，看似重疊覆蓋短兵相交競爭激烈，實則尚未真正較勁，因為乘客的需求一直成長，各自積極擴張航點航班。

此區有一項觀察重點是英國航空的長程機隊購機動向，繼美國三大航空陸續淘汰 B747 後，英國航空在 2018 年仍舊有多達 36 架 B747 要陸續在 2024 年前汰除，就在 2018 年初阿聯酋下了 A380 的續命金單之後，Bloomberg 傳出 John Leahy 透露年內又將有一家公司會下單，如果真是如此，空中巴士可望在盡是波音機隊的英國航空擴大佔比，此時英國航空長程機隊只有 12 架 A380 服勤，另外就是採購單內的 18 架 A350-1000，比起波音公司的 143 架，可以說是不成比例，倒是單走道機隊 120 架全是 A320 一族，因此一旦最富的長程機隊再有 A380 加入，對大飛機製造商才算是真正的戰果。倒是全歐洲載客數第一的漢莎航空正好是英航的對照例，漢莎航空 2017 年載客高達一億三千萬人，比 2016 年蛙跳成長兩成，它的機隊單走道 170 架都是 A320 一族，101 架長程機隊中只有 32 架 B747 一族，剩下的 69 架是空中巴士，當中有 A340 機族 31 架。

《民航大飛機兩大洋上空車馬戰》

除了前面提到波灣三航世界地理轉運中心是兩強廣體客機對決之地，歷史最久，機種競爭更廣泛規模最大的就非兩大洋之商戰莫屬，激烈之程度，想要飛越跨洲的民航公司必得關心之外，熱衷飛機經濟的航空製造業人士也請看一看吧！

以下數據是以客座量（Passenger Capacity）投入佔比作比較，看兩家大飛機製造公司的消長，先以越太平洋航路的 2005 年表現為基準，當年依舊是 B747 壟斷的態勢，佔比高達 49%，第二名是 B777 佔 29%，第三名終於看見空中巴士的 A340 佔比 11%，第四名 7% 又回到波音 B767 手上，第五名才又輪到 A330 佔 3%，剩下 3% 是 A310/DC10/MD11，這是波音機隊的天下無誤，高達驚人的 85%，空中巴士機隊僅僅佔了 14%，十年後 2015 年，情勢又變得如何呢？空中巴士的 A330 上升到佔比 10%，投入市場 9 年的 A380 佔比只有 4%，A340 只剩下 1%，總計只有 15%，沒有起色，依舊是波音的獨佔市場，只是最大佔比換成 B777 的 55%，新機 B787 佔 13%，B747 依舊有 10%，B767 也依舊有 7%。這種一面倒的情勢其實在航空界早就知道，而且也知道很難在可見到的未來獲得改觀，主要是在日本和美國的航空製造業，二戰後長期合作密切，造成日本的航空公司大量買美國民航機，所以當 B787 被下令停飛風波發生後沒多久，日本航空（JAL）向空中巴士買了 A350，才會震驚業界，我看這僅是轟壞城牆磚一枚，再提示一件真相，直到 2017 年 10 月止，日本航空的機隊高達 162 架，當中有 112 架是雙走道廣體機種，而且整個日本航空機隊全數是波音公司的民航大飛機，而同時另一家日本民航運輸業台柱全日空（All Nippon Airways）機隊不含貨機有 209 架，雙走道機種佔 150 架，也全數是波音機種，只有 16 架單走道是空中巴士 A320 一族，不僅如此，日本國內線及廉價航空公司也很少見到空中巴士家飛機。

　　至於在大西洋方面呢？我們以開通久遠的北大西洋航路來觀察，在 2006 年的上半年時，佔比第一的是波音的 B767，份額是 28％，第二是佔比 21％的 B777，第三名則是空中巴士 A330 佔比 16％，第四名又回到波音是 B747 的 15％，第五名是 A340 有 10％，B757 佔 6％，剩下的 3％是 A310/DC10/MD11，A320 及 B737 也佔了 1％，波音機隊佔比合計 70％，空中巴士佔 26％多，也顯著算是波音公司獨大局面，過了 10 年到 2016 年上半年，客座量第一的機隊由空中巴士 A330 奪得，意外吧！佔比是 26％，波音 B777 以佔比 20％保住第二名，第三到第五名也還是波音公司包辦，依序分別是 B767 的 19％，B747 的 9％，B757 的 9％，第六名由 A340 及 B787 並列，都是佔比 6％，第七名是 A380 佔 3％，A310/DC10/MD11/A320 及 B737 加起來還有 2％，波音依舊以 63％贏過空中巴士的 35％，差距雖然有縮小，但依舊也是波音獨大的局面。

　　地理上兩大洋中間是美國，所以越洋市佔率看的重點之一是美國籍的國際線航空公司，特別要提其多年併購下的今日三大航空公司使用狀況，首先看達美航空（Delta Air lines）使用狀況，公司機隊裏，最早飛的是 A310，但那已經是 20 世紀末的事情，只短暫的在 92 至 96 年飛過，要過了 12 年後才引進 A330 服勤，同年也引進 A320，而 2017 年引進 A350-900，可以說是交易多年取得信用，漸入佳境，修成正果，理由是 A330 在 2008 年加入達美機隊已經是它自 1993 年首度服勤之後的 15 年，而 A350 只用了不滿三年就辦到了。還有空中巴士可以竊喜的是，達美航空沒飛 B787，也將一度簽下之訂單經推延以機易機後，不買 B787 了，還取消了合併的西北航空在 2005 年下的 18 架訂單，2017 年底汰除掉的最後 6 架 B747 全數以 A350 取代。達美航空除了是全球數一數二大型民航公司，同時也在航空公司裏以飛舊飛機及二手飛機而著名的，空中巴士有機會在其 852 架機隊佔 20% 的現況下繼續擴大佔比。另外一家也是全球數一數二的大型民航公司是美國航空（American Airlines），在雙走道機種採購上也是挺會折騰空中巴士，2018 年元月時還在考慮把 A350 的訂單轉成 A330-900 或是波音的 B787，說是導入 A350 會加重其機隊複雜度，的確，此時其越洋廣體機隊包含有 A330-200、A330-300、B767-300ER、B777-200ER、B777-300ER、B787-8、B787-9，合計 148 架；其實空中巴士風險還蠻高的，因為這筆 22 架 A350 訂單是美國航空合併 US Airways 時，一併帶來的，還在 2013 年 12 月當時，由 A350-800 轉換成 A350-900 一回加上多次延後交付，結果在 2018 年上半未結束前，真的被取消了。

在大西洋航道上為數可觀的 B757 及 B767 機隊，特別是美國三大航空幾乎都有，擔負運量不可忽視，但其平均機齡都高達 20 年，早就該汰換，卻也遲至 2018 年還在談論，提出的 NMA 機型只有簡單的 220 至 280 人座加 7,000 海哩航程，眼睛揪著波音公司幾年了，連個型也見不著，

聯合航空老董在 2017 年還對新聞界透露說要對 B767 機隊
作些投資好延長服勤，說這飛機太優了，沒想到要汰換，
FlightGlobal 說他家的 B767-300ER 平均機齡 22.7 年。這
三家航空公司對於空中巴士建議的 A321LR 都持相同的看
法，認為載重上沒 B757 高，不能接替。這架 NMA（New
Midium-haul Airplane, New Mid-market Airplane）新中程
（座）飛機在 2015 年開始談論時，主要是聯合航空及達美
航空要面對 B757 停產後龐大機隊的接替未雨綢繆，多年未
見波音有明確動作，觀察或許是合併考慮 B767 接替，一次
衡量單雙走道機型的融合，使難度更形困難所致。

　　雙走道及四走道廣體客機是飛機製造業的旗艦機種，
二十世紀問世的 B747 就曾有航空母艦級稱譽，所以在世紀
末時，空中巴士基於全球運量需求也罷，或是基於有朝一
日成為飛機製造業龍頭也罷，推出 A380 四走道民航大飛
機，都是可以被理解的，只是進入二十一世紀已經就要 20
年了，空中巴士公司仍舊沒有在雙走道民航大飛機市場上
撼動波音公司霸主的地位，這是市場公認的看法，而筆者
以座位數來評價的做法，目前也沒印象哪個報導和我觀察
的角度一樣，空中巴士公司自己出的書面資料或報導也依
舊是以市場上用架數來比較兩家公司的市佔率，究其根源，
像 A380 這樣大座位數的民航大飛機推出時，除了本書其他
篇章有解釋買氣不如原先預期之外，還有一個筆者認為的
因素是，傳統大型主流航空公司，已經分成兩個陣營，一
個陣營是還能夠維持二十世紀高檔次名牌形象，像是新加
坡航空、法國航空、英國航空、澳洲航空、泰國航空及馬
來西亞航空等，另一個陣營是放棄組建旗艦奢華廣體機隊
的像是合併前的美國六大航空公司，而維京航空原有訂購
A380，但最後沒有真正落實引進。這個以載具發展的情勢

演變，有趣的是在人類歷史上可以發現一些著名的案例，可以探討，例如春秋戰國時期，以車駕為主力代表戰力的戰爭形態，因為戰術彈性不佳，被馬隊騎兵所取代，二次大戰時，日軍依舊選擇大砲戰艦海上對決的思維，而美軍大比重擴充航空機載艦數目，以空戰打海戰贏得太平洋戰爭，重塑今日海軍艦隊構成形態，關鍵在要有高比例的遠距投射戰力，決勝千里之外。在民航大飛機上，距離也會是影響每一座位運行成本的關鍵，至於大型主流航空公司的機隊旗艦形象日後會不會是取決持續持有超大型飛機的關鍵，筆者還是較傾向於幹道運量需要大座位數疏運來滿足，認為超大型飛機仍有市場，只是投入架數不會是可觀的量。

《銷售秘技》

如果想要探討空中巴士民航大飛機銷售佳績的原因，除了本書多處述及的大環境及飛機本身優秀的性能之外，也要從銷售人員瞭解起才能一窺全貌。這裡當然要從 John Leahy 談起，圈內人大概都知道歐洲公司空中巴士的銷售大將是一位道地的美國紐約客，隊伍中在位最久，有他成交的辦法，據說他的絕招秘技包括「walkaway」條款或者是「喜歡他就買他（buy-it-if-you-like-it）」，都不是這一行裏有過的東西，這些秘技給空中巴士拿到成交 50 架或 100 架的頭條新聞，事實上卻只是小多了的開頭承諾。結果，自 2002 年開始，Leahy 和他的銷售團隊看準廉價航空作成交易，對波音進一步重創，easyJet、Air Berlin 及亞洲航空（AirAsia）都轉向空中巴士，交付數量就此超越波音。當然公司內部的執行長對於給航空公司這樣的售價頗有微詞，準備對 Leahy 翻轉，但是 Leahy 以低成本旅遊會改變航空運輸業成功說服。然而，Leahy 反駁波音指他有系統地削價贏單，他認為他的銷售哲理很簡單，「先賣產品，再找出什麼是對顧客最有價值的。」，「沒有人會單單因為賣方開出大折扣，而去買一輛他不想要的車。而是，你會為你想買的車子設法要到折扣。如果你下定決心要一輛保時捷，就不會去買凱迪拉克，航空公司也是同樣的心思。」④ 還有，每年的航空展，特別是兩年一度的巴黎航空展，也是自 2010 年以降，航空公司大採購的日子，甚至杜拜發跡後，也成立了自己的航空展，波灣三雄就此把訂單敲定改在自家主場，Leahy 在 2017 年的巴黎航展已經表示要退休，也對外大方分享他是怎樣在航展上讓客戶簽約，原則上他對客戶表示他已經做出的報價就是最好的價格，在這種盛會上也不會給出新價格，結果是許多客戶就選擇在航空展期間簽約了。

還有一件曾被新聞界提起，但是並未長期出現在報導中，卻是影響深遠。話說空中巴士作成的世紀大單，於 2011 年七月簽下 260 架兩代 A320 得自美國航空（American Airlines）機隊採購，打破該公司機隊由波音獨佔的局面，只是這個單餘波盪漾很久；這筆訂單有個條款，叫做「最惠客戶條款（Most-Favoured-Customer Clause，MFC）」，如果空中巴士賣給別家的價格更低，就得退給美國航空價差；這個條款的影響是日後聯合航空（United Airlines）變成自空中巴士得不到好價格，導致機隊倒向波音機種；這個最惠客戶條款其實也就是最低售價。這件事是由時任聯合航空的董事長 Kirby 在 2017 年 10 月向新聞界透露，因為空中巴士提不出比波音更有利的窄體機報價，而他又恰好是美國航空在 2013 年至 2016 年期間的董事長，空中巴士公司對該新聞不予置評，也不談論其和客戶的合約。

④ 引述來源：參考資料第 111 條。

《單一機隊》

2016 年八月 5 日，基地位於美國內華達州拉斯維加司市的廉價航空公司 Allegiant Travel 航空公司發佈簽訂 12 架 A320ceo 採購合約，並且表示其當下的機隊規劃是朝向轉換成全空中巴士機種，公司董事執行長 Maury Gallagher 表示，這個訂單可以使該公司加速轉成全空巴機隊，降低複雜度。全單一供應源也是保持商業競爭勝果的重要亮點防線，既是很難辦到卻也是極難打破，最讓航空運輸界傳為典範的代表就是美國的西南航空，機隊全數採用 B737 機型，加上歐洲的 Ryanair，而 easyJet 則飛 A319，繼而全數採購 A320 機族，亞洲部份則是亞洲航空及印度靛藍都飛空中巴士機型，印尼 Lion Air 則是在 2011 年 11 月與波音簽下 230 架 B737 機族訂單，寫下當時的單筆大訂單紀錄，但又在 2013 年 3 月向空中巴士訂購 A320 大飛機 234 架，改寫自家寫下的紀錄，兩年內便蛻去單一機隊的面貌；2018 年三月，鐵板一塊的 Ryanair 在取得 Laudamotion 的 75% 股權後，營運長 Peter Bellew 告訴 FlightGlobal 說「空中巴士製造極棒的大飛機，沒理由在未來 Ryanair 不飛它。多年前就有意操作⋯⋯」，雖然沒繼續給任何確訊，但預期接下來 Laudamotion 還會增加空中巴士飛機架數。

第八章 雙巨頭機種兩兩對決

　　民航機雙巨頭所製造生產的大飛機構成各家的產品線，很自然地，對手有某一型飛機適合飛哪種航線，航程多遠，可以載客人數多少，自家也得生出對應的機型來搶客，這就是雙巨頭商戰格局，以下就由此一角度來看其性能對決，看看目前最全面的競爭態勢。

《勝負已定的單走道機種市場》

　　以單走道最大型的機種來比較，空中巴士公司是以 A321neo 對上波音公司的 B737MAX 10，在性能上 A321neo 多了 10 個座位，航程也多一千海哩，每個座位耗油少 10％，A321neo 幾乎完勝；相較於波音另一型對手 B757-200 也在省油一點上少了三成。這個燃油效率提昇的根據是旁通比，以空中巴士宣稱的資料顯示，A320 由 CEO 的 CFM 發動機旁通比 6，增加為 NEO LEAP-1A 的 12，而 B737 由 NG 的 5 僅增加至 MAX 的 9；附帶一提的是，龐巴迪 C 系列也有 12。這個省油對決的激烈程度，根本上到了短兵相接拳頭直擊臉頰的境況，除了本書他處提到的在媒體刊物大打廣告戰之外，John Leahy 於 2012 年全球投資者論壇（Global Investor Forum）上毫不留情面的指出對頭錯值，把波音公司 B737MAX 宣傳型錄作成簡報資料，當眾將不實的油耗效率增進 19％改成科技上合理的數值 10％，同一頁的成本降低 8％也被糾正成增加 3.3％，第三點被改的是 B737NG 的派遣可靠率（dispatch reliability）不是型錄的99.7％，而是 99.57％，明白說波音公司連已知的數值都能搞錯，整個跨頁全被改了。

多年下來，航空業界向來以訂單判出勝負，只要某一方再強一點，勝負就更篤定。2018 年元月就有報導指出，空中巴士 A320neo 一族累積訂單達 5,245 架穩穩領先波音公司的 4,065 架 B737MAX，而且其中 A321neo 的 220 至 240大座位數，是 MAX9 及 MAX10 都無法匹敵的，佔比數字也印證空中巴士的設計策略朝向大座位數是符合客戶的需求，除了 A321neo 佔 NEO 機族訂單比重達 28％高過 A321ceo 佔CEO 機族的 21％之外，MAX9 及 10 的相對 14％也是高過900 及 900ER 佔 NG 家族的 8％；同一則報導也指出，這個對窄體客機偏好由 B737 轉至 A320 是一個潛變的過程，是自 CEO 與 NG 兩族對決就開始累積。在設計上，傾向多座位數，早先在波音公司是不在意的，直到拖了許多年才推出 MAX10 開賣，明顯是補強其產品線弱點。

此外，B737 也不是完全沒優勢，他一族中的 MAX7 及MAX8 分別比起 A319neo 及 A320neo 在每一個座位成本上便宜 2 萬美金，售價低，是有它的市場魅力，加上航空市場仍有 1,125 架 MAX7 及 1,440 架 A319ceo 在運營之中，分析者認為這個兩千架的市場，既使未來只作新舊替換，依舊可以成為翻轉單走道市場霸主頭銜的支點，所以兩巨頭會看上近窄體飛機供應商龐巴迪及 Embraer 來合作，不是毫無因由。

《雙走道機種對決》

在雙走道機族方面，新推出的 A330neo 比 B787 要舒適省油，資本支出也少兩千萬至兩千五百萬美元；A350 XWB 則較上一代機族在營運成本及耗油 CO_2 排放都少了 25%。

之前有提到，當初 A350 發展提出時，其主要競爭機種是 B777，但是因 B787 拖延太久才進場服勤，許多航空公司以為兩架都是長程寬體碳纖維材料機種，因此多被拿來比較，看是該選擇哪一型成立機隊，Leahy 勉強向外界解釋，最簡單的方式是，飛太平洋的選 A350，B787 最合適飛大西洋，當然這也有一點道理，座位多的飛遠距離，收入多點，可以多抵一些油錢。

A350-1000 設定競爭對手是 B777-300ER，以同樣載客 350 人航程 6,500 海哩的飛航條件下，B777-300ER 的最大起飛重量多了 40 噸，除了機體結構重 20 噸之外，也要多備 20 噸油料；至於和新設計中的 B777-9X 空重多 35 噸卻僅增加 35 個座位，也就是座位數增加 10%，體重卻增加近 22.5%，A350-1000 空重 155 噸，顯得極為輕穎，飛一趟支出成本少 15%，換算每一個座位少 7%，航程多 400 海哩，這是以 366 座位對上 398 座位（B777-9X）作比較。A350 XWB 一族發動機旁通比為 11，而 B777-300ER 值約為 7.2，B787 約為 9 出頭，也是低耗油的緣由。

而 A350-900 的競爭對手是 B787-10，以 2 艙等一趟飛四千海哩條件比較，前者為 315 座後者為 331 座，相比 B787-10 每一座位營運現金成本（COC, cash operating cost）是低 2%，但換算每趟高 3%，再考慮到直接營運成本（DOC, direct operating cost），就會高到 4.5%，原因是 A350-900

每飛月租金是美金 135 萬元，B787-10 則偏高為美金 145 萬元。同樣前述載重條件下，延長航程至六千海哩時，A350-900 得以發揮省油優勢，還可以多載 16 公噸貨物增加收入。B787-10 是波音公司在 2013 年六月的巴黎航空展才開始推出開賣，足見他一向要看見大座位數機型銷售落後才要加入，與空中巴士依照預測成長，先期規劃機型相比，已然落後。在乘客的舒適度方面，A350 比 B787 的座艙噪音低了 6db，新鮮空氣也多 20%，加上標準經濟艙座椅採 18 英吋寬，優點也多。

至於四走道的 A380-800，在非常大飛機（Very Large Aircraft）這個市場類別區塊中已經沒有對手，原先波音推出的 B747-8I 已經停產，至於 B777-10X，號稱是 A380 真正殺手，目前還在紙上，不是架開賣的大飛機，是殺手的理由在每一座位耗油量和 A380 一樣，而這一項效率，A380 比對手都要強，連自家的 A350 都比不上；以三艙配置飛六千海哩來看，A380 的 525 人座每一座位耗油量比 B747-400 的 370 人座低 21%，比 B747-8I 的 405 座少 12%，比航空公司很愛的 B777-300ER 的 305 人座也要低 12%，新加坡航空執行長在 2007 年 12 月公開承認 A380 每一座位飛一海哩耗油量是比其機隊內 B747-400 低 20%；如果再換算成每一座位營運現金成本（relative cash operating cost per seat），還要更低。相對下來，A380 碳排放量低，還加上它的噪音低很多，比 B777 及 A350 還要低，因為他機翼面積大，落地速度比 B747 還要低 35 公里，現在起降 A380 班次最多的倫敦希斯洛機場，從前還是居民抗議民航機噪音最激烈的，若不是有 A380 科技結晶的貢獻，她世界金融中心交通需求不會順利滿足；2011 年時，Tim Clark 董事長就曾對新聞界表示，他在航空業四十年下來，沒見過像 A380

如此受乘客熱愛搶搭的情景。

《整體銷售戰況》

綜觀兩家公司在全球服勤機隊的總體表現，我們可以清楚的看見空中巴士的機隊架數自 2006 年脫離 2.09 比 1 的局面後就一路向 1:1 挺進，沒有回頭過，到 2016 年時來到 1.25：1，11 年下來，波音公司由 2006 年 8,593 架大幅領先空中巴士 4,092 架的 4,501 架差距，縮小到 2016 年 10,422 對 8,339 的 2,083 架，主要差別在 A320 一族比 B737 由原先 2,761 對上 4,328 落後 1,567 架的局面，追成 6,510 對 6,512，僅少 2 架，A320 成長架數高達 3,749 架，如果是依照空中巴士的統計，則是 A320 在 2013 年的 5,400 架等量後開始超越 B737。另外，波音的 B757 及 B767 自 2007 年的高峰開始就一路下降，分別是 B757 的 1,000 架逐年一路減少到 2016 年的 688 架，B767 的 880 架也是逐年一路減少到 2016 年的 742 架。波音的 B747 一族，儘管在期間內出廠交付 110 架 747-8，但也由 2006 年的 989 架下滑到 2016 年的 515 架，747-8 總訂單 120 架，貨機佔 69 架，而空中巴士的 A340（196 架）、A300（210 架）及 A310（47 架）等三型雙走道廣體客機合計仍有 453 架在 2016 年服勤。

接著再看看兩族 20 世紀設計的雙走道客機，民航運輸業的主力，分別是最受航空公司好評的 B777 及 A330，B777 由 2006 年的 575 架逐年增加到 2016 年的 1,324 架，而 A330 則由 418 架一路增加到 1,154 架，雖然，A330 架數比 B777 少了 170 架，但值得注意的是，他受民航公司歡迎的程度不減，自 2006 年出廠交付 62 架起，到 2015 年止，逐年遞增，2012 到 2015 四年，年運交架數都破百，直到 2016 年後，因等待 A330neo 的接續才劇降至 66 架，反觀同期間

B777 交機雖是亮眼，但有起伏且未曾破百，因此 11 年內有 7 年交機數低於 A330。至於兩家三型 21 世紀新面市的民航大飛機表現又是如何呢？ A380 於 2008 年開始服勤，2016 年時共有 193 架在飛，而 A350 有 29 架在飛，波音公司的 B787 在 2011 年服役，到 2016 年有 423 架在飛，此時，單看架數，空中巴士兩型架數合計 222 架，遠落後於 B787 的 423 架，但是換算成座位數來看，空中巴士合計投入座位數以標準型計算是 114,417 座，而波音投入 129,448 座，波音多出 13％。交機數以座位數衡量比較雖然極少見於媒體，但也有被採用，如業內知名的 SPEEDNEWS 便做了長期統計，以 2012 年全年為例，空中巴士便以年 11 萬超越波音公司的 10 萬座。

《廣體機銷售好年冬》

　　廣體機含雙走道及四走道機種的銷售量及市佔比才是民航大飛機製造廠家的最重要競爭區塊，如果要看一家民航運輸公司在業界的定位，就要先看機隊中有多少比重的廣體機，因為無論飛長途短途，他一趟飛下來收入金額大，不是單走道能比的，所以空中巴士及波音最在乎的就是這一區塊，在飛機銷售金額上，以 John Leahy2014 年發佈的數字顯示，廣體機估計是佔比第一名，達 20 年銷售展望的 55％，單走道雖佔全球機隊需求架數的七成，但金額僅有 45％，只比雙走道 44％多一點，可惜寫作這時，John Leahy 已經確定退休，他在任內把空中巴士單走道贏面拉開，但廣體機區塊依舊不能說勝過波音，不過依照他的統計資料，確實在 2007 年到 2014 年八月期間，結算銷售成績是些微超越波音公司，這個期間的起點正好是 A350 面世銷售，恰恰可以觀察出 A350 上市後對兩巨頭既有廣體機族的影響和衝擊。A350 上市後確實迎來廣體機的好年冬，雙巨頭合計於近八年期間含承諾在內，售出廣體機 3,509 架，奇蹟有兩點，首先是 A350 一族以 750 架奪冠，奇蹟二是並沒有因此排擠到自家的 A330，A330 竟也賣出 738 架，還是第二高數，甚至於晚上市的 A330neo 也賣出 127 架，第三、四名才輪到波音公司的 B777 及 B787，分別是 630 架及 615 架，雖然在兩兩對決上各自輸掉 100 架，但筆者覺得還算好，真正要在意的是有無捨 B777 就 A350 的航空公司及架數多寡，再看看 B777X 也獲得 286 架，B767 拿到 137 架，至於三走道的 B747-8 訂單數是 67 架，四走道的 A380 拿到 159 架，此一期間確實是好年，除了 Breiger 主持的 A350 項目墊定近乎百分之一百的待製訂單之外，其他已服勤的機族也攢下將近超出一半的待製架數，以上是包含貨機在內的數字。如果再細看純客機及考慮退訂後的架數，差異便加劇明顯，除了 A330 掉到 700 架，B777 減少成 545 架，影響最大，A350 與 B787 架數維持不變。

《航展銷售大戰》

自從民航大飛機進入雙巨頭大戰以來，空中巴士與波音公司都會把重要訂單「安排」在航空展上敲定簽約，每每在媒體界乃至買賣兩造挖消息放煙幕交錯之下，四五天下來，精彩曲折的程度簡直像一場足球比賽，讓雙方的支持者，不斷的產生驚訝，叫好惋惜的聲音此起彼落，非要到最後一天的黃昏時刻才能見分曉，請讀者先看一下 2017 年的銷售競賽熱況。首先，這年單數年，是兩年一度的巴黎航空展（Paris Air Show），空中巴士公司的主場無誤，但銷售上卻乏善可陳，對比兩家都手握至少六年以上的待製訂單而言，銷售金額來到零頭低點是業內人士可以理解的；

到年底 11 月份的杜拜航空展，事前有消息說 Clark 會簽下重要的 A380 續命金單，不意展前一夜對新聞界發言表示，空中巴士如果不作出承諾未來十年仍會繼續製造 A380，就不會有金單，是要哪一種承諾？新聞業界抓住熱度出了一個標題「空中巴士得躬迎客戶引出 A380 金單」，展出首日，Clark 和波音簽下 40 架 B787-10，第二日新聞界挖出 Clark 對 A380plus 點子沒味口，Enders 當天離開會場飛回土魯斯，網路又搬出新航第一架退飛 A380 消息，第四天美國航空界投資集團 Indigo Partner 公司和 John Leahy 簽下史上最大架數訂單，430 架 A320neo 一族，牌價金額高達 500 億美金，業界譁然，掩蓋了稍晚壓軸的 Flydubai 175 架 B737MAX 訂單加 50 架選項。空中巴士經常在航空展出波音不意奇襲造勢，例如在 2015 年的巴黎航空展上，也是以 Wizz Air 一筆 100 架 A321neo 的訂單，完全成為佔領會展的大亮點。

杜拜航空展是不定期舉辦的，是順著阿拉伯酋長國發展杜拜而生的，因為要軋大錢發展航空運輸業，繁榮航空經濟，何不在自家門內舉辦，新加坡航展及中國的航展也是 21 世紀開始定期定點舉辦，歐洲的巴黎航展、英國范堡羅及柏林航空展歷史就很悠久，空中巴士的主場巴黎航空展歷史就跨越百年，舉辦了 52 屆，反倒是老大哥波音所在的美國沒有專門為民航大飛機展示買賣的定期航空展。

《春風拂向》

兩強之爭在 2018 年頭看來似乎是有利空中巴士的趨勢已成定局，前面已在多處提到兩家策略差異，促成產出機型在空中巴士是朝向全面的大座位數，而波音的 B787 及 B737 兩族均偏向少座位數，進入 21 世紀第二旬，波音才在三大區塊提出抗衡產品，在雙走道的長程及次長程市場，首先為補強 B777-300ER/200ER 性能不如 A350-1000/900 的局面，分別在 2013 年下半年推出 B777-9X/8X 接替競爭，而在針對幹道航線（trunk route）的 A380，在 B747-8I 敗陣後，又放出 450 座 B777-10X 消息，業內號稱真終結者，但無明確規格，並未真正開賣；另外在 B787 和 A330/A350-900 這個同屬雙走道區塊方面的競爭上，波音也是遲至 2013 年 5 月才得到首筆訂單 B787-10，這型衍生機種是其一族中最大座位數 310 座，晚到 2017 年 3 月首飛；至於在單走道機種區塊，波音公司原先在 2011 年 8 月只推出三兄弟 B737 MAX 7/8/9，但到了 2017 年六月才推出最大座位數衍生型 B737 MAX 10；整體而言，波音公司最終在所有市場都朝向推出大座位數民航機，順應空中巴士原先選擇的方向。但是，其原先走低座位數的堅持，也還是從空中巴士手上取回一些客群，例如僅存的 6 架 A330-800 訂戶夏威夷航空，就在被忽略的情況下，於 2018 年 2 月取消改為購買 10 架 B787-9，據了解，航空公司看重的是直飛歐洲城市的市場需求，最早其下單的是 A350-800，也是因為只剩下夏威夷航空一家訂戶，中間才轉成 A330-800。

《空中巴士的收獲》

目前依照空中巴士公司自己的統計數字認定，是把銷售紀錄自 1989 年的累計訂單 1,331 架開始計算。

《破紀錄訂單》

空中巴士公司接獲的民航大飛機訂單一再的演出破紀錄的情節，實在令人意想不到，特別是已經是業界都認定的訂單谷底年 2017 年，之前都已經被分析師說成訂單會有泡沫會被顯著取消，但是卻猛然蹦出一筆 430 架單走道飛機牌價 500 億美元大訂單備忘錄（MoU），這是怎麼一回事？原來這筆訂單是出自一家美國名為 Indigo Partner 民航業投資公司，董事長 Bill Franke 已經 80 歲，擔任許許多多航空公司的董事，公司最早還是成立在阿根廷，這 430 架單走道 A320neo 一族訂單分成 273 架 A320neo 及 157 架 A321neo，是要分配給其投資的四家廉價航空機隊運用，包含美國 Frontier Airlines、智利 jetSMART、墨西哥 Volaris、歐洲 Wizz Air Holdings Plc。

不過訂單的大，還有其他比法。業界也會由航空公司購買的機種下去比較，對阿聯酋航空而言就下過公認最大筆金額訂單，同時在 2013 年杜拜航空展上，分別向波音訂購 150 架 B777X 及空中巴士訂購 50 架 4 走道超廣體 A380，總值牌價高達約八百億美元，這種一次購機集中在機位數最高及次高的兩種機種，極可能在航空史上，今後見不到了。

《年交機數競賽》

自從空中巴士公司於 2001 年整合成 EADS 公司後，於 2003 年開始至 2011 年止，在全年交機數上，連續八年超越波音公司，交機架數一路由一年 305 架上升到 534 架，2012 年因為 B787 開始交貨，才又落後，最大民航機製造商頭銜又回到老大哥波音公司，但是空中巴士公司年交貨量依舊繼續逐年增加，沒有一年降低，2013 年一舉衝破 600 架數達 626 架，2017 年公司指引訂在 700 架，也如期達成目標。

關於空中巴士公司連續多年在 12 月份趕出廠目標，已經成為新聞業界不意外的特性，早在 2016 年落後交貨數量的座椅事件之前就曾發生，2016 年在難以想像的情形之下，

12 月竟能趕工出廠 111 架，2017 年換成 A320neo 發動機 GTF 狀況連連，連續兩年延遲交貨瓶頸未獲改善，過了 11 月依舊重演趕工戲碼，要在 12 月完工 111 架，將近是 1 個月當 2 個月使，這項屢創月產量新高紀錄是空中巴士公司獨有。到了 2018 年，統計數據出爐，空中巴士公司一共在 2017 年完成 718 架民航大飛機，供應了 85 家客戶，12 月破紀錄完工 127 架，交付產量組成為單走道 A320 機族 558 架，雙走道 A330 機族 67 架，A350 XWB 機 78 架及 A380 機 15 架，不意外的是，因著航空運量持續增長，這是空中巴士年交機數連續第十五年成長；相比之下，雖然波音公司連續六年在交機數上超越空中巴士，但是就沒有辦法持續成長，二十一世紀迄今就遇見至少兩次谷底，2016 年的交機架數低於 2015 及 2017 兩年，充分顯示空中巴士以運量統計數據趨勢為依據，而波音以市場感覺兩種策略的差異，依照 Brégier 的說法，2020 年以前，空中巴士的年交機架數又會再度超越波音，要二度問鼎最大民航機製造商榮銜。

在產量上，空中巴士要在 2019 年中把單走道機種月產量達到每月 60 架目標，同時 2018 年底 A350 XWB 產量要達到每月 10 架，這是手上營收及營利的兩大主力機種。

空中巴士公司在 2017 年創下月收訂單最高紀錄，在 12 月單月簽訂 841 架民航大飛機，其中 A320 一族佔了 828 架，主要貢獻來自美國 Indigo 四百餘架單走道 A320，這依舊是 John Leahy 臨去秋波之舉。總計 2017 年收到淨訂單 1,109 架，是空中巴士以架數計的第五大好年。

《待製架數（Backlog）》

空中巴士公司在 2016 年公佈的年報（Annual Report）

資料顯示，其儲備待製架數有 75％及年營收的 70％得自歐洲以外的客戶，而截至 2016 年的統計，自成立以來累計自 394 家客戶獲得 17,080 架訂單。

　　與波音公司相比，兩家公司在 2016 年底的到手訂單待製架數，分別是空中巴士公司有 6,874 架，高於波音公司的 5,715 架，依此作市場份額來看，在兩強分食下，民航大飛機市場待製總額是 12,589 架，空中巴士份額是 55％，比起波音 45％多了 10％，差距相當可觀。再往前一年看這項數據的比較，兩家合計待製架數 12,582 架，幾乎沒變，空中巴士佔比 54％，波音佔 46％。

　　空中巴士公司的年待製架數結算，在 1997 年來到具有象徵意義的 1,000 架，而當年的年產量是 200 架，待製架數比年產量（Backlog to Bill ratio）來到 5：1，相當於要連續生產 5 年才能完全消化，對公司經營者及外界觀察公司未來榮景相當具有參考價值；而這兩項數據歷經二十年下來，已經增加到不可思議的境地，首先是待製架數一項，在歷經 A380、A350 及 A320neo 陸續推出上市逐年獲得訂單加持下，在 2005 年一舉衝高至 2,000 架，兩年後像摧枯拉朽般在 2007 年衝破 3,000 架，稍微喘口氣，2011 年站上 4,000 架，後面就簡直是瘋狂般，僅兩年衝上 5,000 架，再一年噴越 6,000，2015 及 2016 年分別寫下公司史上紀錄的 6,831 及 6,874 架；這些訂單的搶先排隊，背後意義是航空公司真的需要大飛機，所以年交付架數也逐年增加，自 2000 年開始，空中巴士年交付架數來到 300 多架，2006 年以相當高的 56 架架差，一舉由 2005 年的年交付 378 架衝上 434 架，過了 4 年，於 2010 年達到 510 架，再 3 年，於 2013 年站上 600，來到 626 架，之後，由於 A350 及 A320neo 分別先後放量延遲，直到 2017 年才昇抵 718 架年交付數；但是，也因為一快一慢，讓 Backlog / Bill 值於 2015 及 2016 年來到 10：1 的歷史性紀錄，原以為今後只怕永遠看不到大飛機製造業超越改寫它，到手訂單要花 10 年方能消化完畢，想不到 2017 年待製架數又衝到歷史紀錄 7,265 架；面對這項比值，空中巴士自然要加大產能滿足民航公司的需求，所以自評要在 2020 年時將它降至 7：1。

《競爭評價》

航空器製造業的競爭，客觀來看，至少要由三方面來看，即公司經營財務、乘客的安全、航空公司能不能靠飛機營利？以波音公司的 B787 來說，根據 Seeking Alpha 的長期調查研究分析顯示，至少要交貨達 1,300 架，才能達到其財務平衡，但透過計畫會計的選擇方式，波音公司讓 B787 項目提前進入獲利。關注這件事不由得令筆者回憶起有哪些事件讓筆者一步步傾向看好空中巴士，最早是美國空軍加油機標案捨棄原先機體佔優勢的 A330，引發新聞界檢討波音高管不久前才渡過賄賂風波，同時緊接著 B787 項目在臨放量時發生嚴重延遲，許多來自義大利一級供應商的大型結構件，不能安裝，還有更嚴重的是機翼和機身搭接樑數量不足影響強度等根本上設計問題，沒解決時又爆發工會罷工，認證試飛時還傳出機上電腦伺服器發生火警，一直到要放量生產時，許多設計變更及零組件延誤等因素累積下，造成廠區堆積至少五十架以上的驚人半成品排隊等候進場完工，而且是進進出出，與規劃的流程真實走調，既使走過紛亂期，熬過鋰電池停飛事件，有記者仍舊到廠區可以發現有近 20 架白尾 B787 停駐，這些多數是過重未達宣稱性能的白尾機，可能沒有航空公司會接受，變成永遠的庫存，但帳面上還是要打消的；還有 B787 因電池發熱停飛的三個月給項目額外帶來賠償效應有多嚴重？單看新聞界挖出的 LOT 獲賠償美金三千萬，便可知很難輕鬆善了。白尾（White Tail）是指航空公司因某些因素不能接機後，飛機製造商只好將其暫放在停機坪，通常此時全機外表尚未噴漆塗裝，看不見屬於哪家航空公司，因故業界會稱其為白尾機。筆者從小長大，長期關切航空界，四十歲以前都是聽波音公司事蹟長大的，自己也是航空工程出身，前面的負面印像都是原汁原味得自國外英文網站，難免會心生感觸。反觀空中巴士公司，既使 A380 銷路不佳，Breigier 在 2018 年初對新聞界也表示決不會生產白尾機，而 A350 的延遲量產因素也非本業的機體造成，而且還在鋰電池備用電源疑慮上無瑕通過。

話說早在 1972 時，空中巴士還沒整合成一家公司，也還沒有作為一家上市公司，就首先推出 220 至 345 座的 A300 雙走道雙發動機客機，但是到了 1974 年時也只收到 15 架訂單交付給航空公司，1976 年全年沒有半架訂單，拖到 1977 年只交付約 40 架，為了避免因沒訂單而關廠導致龐大損失，又持續製造了 26 架白尾機，最後在 1977 年結束前候到生機，終於破蛋打進北美厚利市場，得到來自 Eastern Airlines 四架租機單，並因效益佳博得客戶喜愛，最終購買了 23 架，同時還吸引到當時復盛名的汎美航空（Pan American World Airways），也賣進去，此後一路順遂，一共賣出 561 架。七十年代，A300 的市場競爭對手有 DC10 及 L1011，相比之下算是成功的民航機，以至於，在 2007 年間，有一派的說法是雙走道廣體客機市場是空中巴士的傳統強項，還主張波音公司推出 B787 便是要競食空中巴士在中型長程客機區塊的份額；然而，如果統計當時的雙走道飛機數，由於 B777 相當成功，波音公司在雙走道區塊服役總架數已經超過空中巴士，在 2018 年初的現下，波音還是超前的，真正有沒有機會讓空中巴士在雙走道區塊超前，可能要看到 2025 年兩家公司的交付及待製架數數字時才有望知曉。

《獲利落後待加強》

雖然空中巴士的產品線非常齊全也獲得好評，近五年的 A320neo 及 A350 XWB 銷售架數也非常亮眼，但是財報獲利落後波音公司乃至於一階供應商有很大的距離。以 2014 年以前的數據顯示，當時的瞭解，波音公司的年運營獲利有 10.6%，系統零部件的供應商更高達 16%，然而空中巴士僅有 4%，相當低。原因雖然很多，卻不能一直作為藉口，所以在此後的財報指引（Guidance）都列出要提高利潤率至業界水準。長久以來，有波音公司老手作為雙巨頭對手，價格很難拉高之外，由於飛機買賣市場對客戶都是以美元作報價，歐洲部份的支出又要以較貴匯率的歐元及英鎊支付，造成空中巴士財務的不利面，財報都要交代匯率避險（hedge）。賣民航大飛機成品的飛機製造商，利潤率還低於賣部件的供應商，某種程度上，相對於航空運輸公司，飛機製造商反成了讓利給其客戶的受害者，民航公司受到高油價低機票的雙重壓力，使勁壓低飛機價格，轉嫁給大飛機製造商，大飛機雖然多數訂單集中到雙巨頭手中，但利潤早就沒有二十世紀期間來的豐厚。而空中巴士在 A380 及 A350 接連兩項大型新機研發的投入，因前項投入運營之後一直都是處於僅能自我打平的狀況，而後項要到 2018 年才能達到終極月產 10 架的經濟設計規模，再加上低研發投入且大賣的 A320neo 也要到 2018 年才有望能全年放量，可以說 05 年之後的 12 年期間只能說訂單漂亮且交機量有成

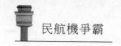

長，但偏偏獲利比例低於業界平均值。

《迎接單走道第一》

一家名為 Buckingham Reasearch Group 的投資市場分析公司在 2017 年 2 月出了份報告要投資人賣出波音股票，內容也預測波音公司 B737MAX 的月產 57 架維持不了兩年，因為其市場份額在考慮到其他三家後，只會有 39%，而空中巴士公司有高達 54% 的市佔率，中國商飛加龐巴迪佔 7%，未來將會如何，讓我們拭目以待。

當 A320neo 要推出時，公司內部有反對的聲音，理由不外呼是認為應當推出全新設計（clean-sheet design），但力主換新省油渦扇發動機的 Leahy，因貼近客戶端，瞭解航空公司最在意的是侵蝕獲利的高油價，審度波音公司即使跟進，B737 也會因它原始設計上的限制，輸在燃油效率上；果然，由於波音公司一開始還猶疑在是否要推出全新設計，因為沒幾年前才推出 B737NG，所以反映上遲了一年宣布，其實波音一直想要把已上市多年的單走道 B737 淘汰換成全新設計的機型，可惜是 B787 拖延太久，無暇顧及，迫不得已只好選擇跟隨空中巴士的做法，來止住市場訂單一面倒向 A320neo。這件事倒使筆者不解，像波音執民航大飛機牛耳的公司，日常的研發設計是在作啥？以筆者多年工作經驗，許多私人製造企業根本沒有研發設計，幾乎都是來圖加工，但這是因為地區上的產業文化及定位造成的，如果經營者習慣賺加工的錢，又或者本身對高科技的研發設計沒概念，不知是啥，那是真的會看不到研發設計的活動，但筆者真的質疑波音，作為業界中領頭羊，到底把研發設計放哪兒了？肌肉可是要時時鍛鍊才能隨時要使力時才有力啊！

A320 系列一族在 2016 年五月期間累計交付架數突破 7,000 架，根據空中巴士公司的說法，每兩秒鐘就有一架 A320 起降。一族中的 A321 在此時的銷售數達到 2,800 架，客戶數超出 100 家，交付數佔一族份額比例突破四成。

《雞肋或甜點》

筆者多年來深入瞭解空中巴士公司經營思維，可以明確理解其心中真正對手是波音公司，要在大座位數的單走道、雙走道廣體及四走道雙層民航大飛機三個市場區塊一較高下，本書中多處提到，所以在整個二十一世紀的最初 15 年期間，空中巴士在商戰中，一向表現如此，對於 A319 市場萎縮並不在乎，還想要勸最後幾架 A350-800 的客戶轉單升級，因為整體趨勢是客戶集中在大座位數機種下單。以空中巴士公司的觀點來看，筆者將這個民航大飛機市場比作西餐的四道菜，四走道 A380 代表的是總金額佔 10% 的開胃菜，單走道 A320 代表的是佔 40% 的副餐，而雙走道廣體客機則是佔金額比重最高 50% 的主餐，空中巴士觀念裏的市場是沒有要經營甜點這一所謂的次窄體單走道區塊。話說期間內的龐巴迪 C 系列 100 及 300 型推出時，恰恰好雙腳分踩在副餐和甜點的分界線兩邊，空中巴士一方面不想吃甜點，但在副餐上重重地以開賣 neo 回擊，對外也表示決不會像波音當時對空中巴士入市的遲疑反應，說到做到，還把 A320 售價拉到 C300 一般，成功阻止 C 系列的訂單繼續成長，而波音對龐巴迪 C 系列的因應是非常慢，直到 2016 年初，眼見美國聯合航空就要下大單給龐巴迪時，瞬間以 B737-700 一架美金兩千四百萬元的低價劫單，真不愧是市場大老，到四月份換成達美航空買下 75 架 C 系列，一年後波音乾脆一狀告進美國政府。

空中巴士的 Leahy 就快要退休了，接受了 Leeham 公司的提問，如何看 C 系列合作一事，「我多年來一直都認為這是一架可愛的小飛機，它是衝著波音跟我們來的，他們也沒有一個支援網絡，也沒有一個說得上的銷售組織，要進入到市場是困難重重的。多年來我們和他競爭可以說相當成功，波音也是，所以當聽到波音要踢一條已經躺在地上的狗，我實在驚嚇到不敢相信，如果波音早早忽視他們，他們可能早就肚底朝天死掉了，不清楚為什麼波音施壓 Trump 政府搞出 300％的關稅，我覺得很多報導指他們被迫塞到我們手裡，是不假。」⑤ 當被問到，趨勢顯示 170 人座起跳的全新單走道機種必須在 2025 年啟動項目開發，會不會因為空中巴士屆時 100％擁有 C 系列而開啟 C500 ？Leahy 不肯回答，只說「眼前這個交易要到 2018 年才會真正成交底定，沒過那階段，兩家公司不可能一起討論新機開發策略。」

⑤ 引述來源：參考資料第 125 條。

《民航大飛機價格》

民航大飛機的價格有兩個，一個是常見在公開資料的牌價，一個是實際列在合約內的成交價，這兩個價格大約在五折上下，差異非常大。Reuter（路透社）的網站，在 Aerospace ＆ Defense 頁面有一個波音及空中巴士機型選單，讀者可以查出大飛機的牌價，又或者可以注意兩家公司網站的新聞，有可能在年度調整價格時列出新牌價，這個是免費可以得到的，Reuter 的這個服務，筆者大概首度在 2010 年發現，它一直存在著；至於成交價的折扣數，透過搜尋引擎多可以發掘到。

　　2013 年，筆者調研整理的空中巴士飛機的牌價如後，A350-900 要價（list price）287.7 百萬美元，市場成交價（market price）152 百萬美元，折扣（discount）47％，A320neo 要價 100.2 百萬美元，市場成交價 49.2 百萬美元，折扣 51％，A330-200 要價 239.4 百萬美元，市價 99.5 百萬美元，折扣 58％，A380 要價 403.9 百萬美元，市價 193 百萬美元。經過連年漲價，A350-900 曾經要價達 304.8 百萬美元，而那對發動機要價 55 百萬美元。筆者要特別在此強調，這篇價格的內容主要是把新聞界乃至航空分析師所提到的價格資訊，提供給投資人瞭解為何民航大飛機製造公司交機數與營收的落差那麼大，至於要買飛機的航空公司或首次購機者，不要拿我的內容去談價錢，更不要來找我，說你拿不到便宜的價格。

　　民航大飛機雙巨頭波音及空中巴士大約兩年調漲一次牌價，例如 2010 年時，空中巴士就把 A350 價格調高 5.8％。以下出自一位 Javier 部落格的研究文章，在 2010 年時，J 君調查各型飛機每公斤售價幾何？得到一個概數，每公斤在美金 1,200 元到 2,200 元之間，最高的 2,200 元就是最新的 A350-900，因為全機超過一半採用成本高的碳纖維複合材料製成，加上空重偏低，所以每公斤價格第一。每公斤價格最低的是 A380，讀者您有沒有很意外？他一公斤是美金 1,287 元，除了最重之外，其實 A380 價格並沒有特別高，2 架 A380 的價格等於 9 架 A320 的價格，而 A380 單價 356.3 百萬美元比起 A350-900XWB 一架 254.5 百萬美元貴一億美元，三架 A350-900XWB 可以買二架 A380 還有剩五千萬美元，波音的 B777-300ER 一架售價 271.75 萬美元，比 A350-900XWB 要貴些。A380 價格沒有特別高的原因有可能是因為他為了減重所採用的複合材料是玻璃纖維加上鋁箔，主

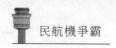

要是用在機身蒙皮上，這種玻璃纖維的形態原料像光纖，每匹纖維布上玻璃纖維是有一致方向性的，每塊蒙皮由好幾片玻纖及鋁箔交錯積層而得。

材料以鋁合金為主的民航大飛機價格更集中，每公斤在 1,469 至 1,969 美元，單走道機種每公斤最貴，分布在 1,702 至 1,969 美元，B737-700 一架空重 37.6 公噸，牌價 64 百萬美元，A320 一族價格偏高，分別是 A319 空重 40.8 公噸要價 74.4 百萬美元，A320 空重 42.6 公噸要價 81.4 百萬美元，A321 空重 48.5 公噸要價 95.5 百萬美元。雙走道飛機大致上要價 2 億美元起跳，A330-300 空重 124.5 公噸要價 212.4 百萬美元，B777-3000ER 空重 167.8 公噸要價 271.75 百萬美元。

J 君的研究原本是要和黃金作比較，但是終究民航大飛機還沒像黃金是貴金屬，倒是筆者認為價格有可能是以每一航班的飛行成本及運量（RPK）作定價基礎。

2017 年，A320neo 要逐步放量，年中的行情是 A319neo 要價 94.5 百萬歐元（99.5 百萬美元），A320neo 要價 103 百萬歐元（108.4 百萬美元），A321neo 要價 120.6 百萬歐元（127 百萬美元），市場消息說 NEO 比 CEO 貴六百萬美金，包含飛機結構修改的 3.5 百萬及小翅一對 90 萬。

再看中年又會保持體力的 A330neo 與年輕小伙仔 B787 的比價，空中巴士自行透露的數據是 A330neo 的資本投資低了有 2 千萬至 2 千五百萬美元，2016 年五月市場調查，B787-9 牌價 264.6 百萬美元，市場成交價降 46 折為 142.8 百萬美元。如果改以每一座位的市場成交價格來看，B787-9 是雙走道以上長程機種最貴的，以標準 290 座計算，每座高達 49.2 萬美元，基本上，非常集中，不計入 A330ceo 來看，全部都在 40 萬美元以上，第二名是 B787-8 的 48.4 萬，依序是 A350-900 的 46.1 萬，A380 的 43.5 萬，B777-300ER 的 42.1 萬。單走道機種也很集中，沒有超出 30 萬美元，依序分別是，A319 的 30 萬，A320 的 29.6 萬，A320neo 的 29.4 萬，B737-800 的 29 萬，A321ceo 的 28.4 萬，B737-900ER 的 27.6 萬，B737-700 的 27.6 萬。

睦迪投資者服務公司估計美國達美航空買下的最後 37 架 A321ceo，成交單價只要 3.5 折，這種超低折扣只發生在售完停產型（end-of-the-line model pricing）。

《企業亮點》

2014 年度財報顯示，淨訂單對出貨比（Net Book-to-Bill ratio）再度達到 2。飛機製造業的產業透明度不同於一般製造業，因為市場上有雙巨頭供給，上仟家航空公司的需求，再加上航空公司及飛機租賃業通常是五年以前就下訂單，所以空中巴士及波音手上都滿握七八年以上的訂單，特別是空中巴士在 2014 年的成果宣稱訂單量達到十年產量，也幾乎飛機運交日都排的滿滿的，透明度超長，比起其他行業一季半年或一年可調差異極大。也難怪每年飛機價格都微幅調漲。

根據權威的財富雜誌（Fortune）的財富全球 500 大公司（Fortune Global 500）歷年來所作的統計顯示，空中巴士集團已由 1995 年首度入選的 450 名，一路上升到 2016 年的第 100 名，尤其是在 2000 年 EADS 正式成立開始，連續三年的三級跳，分別簒升至三百多、二百多乃至一百五十名，2017 年正式擠入百名內，位列至 94 名；另外在富比士（Forbes）的調查中以營收金額作排名下，也擠進更高的全

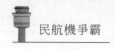
球第 87 名。

《空中巴士集團的未來展望》

筆者自 2006 年開始關注空中巴士集團的發展，個人的觀察心得總結為兩大發展主軸，一是在以民用航空飛行的載具設計製造上成為全球領導廠家，另一是為新一世代的飛行載具所需要的全新技術開發。頭一項在波音公司成立百年之後的後續發展上，相信連航空界的專家都會同意空中巴士在百人座民航機上可以說是取得些微超越的市場地位，要說是龍頭也可以。而在第二項全新技術開發上，2016 年可以說是很重要的一年，因為共有三件事已經浮現，其一是 E-FAN 在導入商用市場的進程下，空中巴士與西門子公司簽訂合作要研發可供百人座民航機使用的電力發動機，其二是空中巴士成立了量子電腦部門，要用量子電腦的運算能力來設計飛行載具，其三是發表了自駕式空中計程車研究計畫，要發展單人及研究多人市區空中巴士（CityAirbus）概念。以上第三件事最為重要，在經濟效益上影響深遠，是筆者口中的航空第二章（Aviation Chapter Two，ACT，後敘）。

《Flightpath 2050 技術發展》

空中巴士於 2014 年四月公開試飛一款全電力雙座小飛機，作為其宣示以研發行動支持環境保護，以電力能源作為飛機未來的新動力，此機名為 E-FAN。全機結構採用複合材料，作為全新技術示範驗證，空中巴士計畫將進一步打造兩種型式，以期銷售至初級飛行訓練市場。第一款稱為 E-FAN 2.0，機身全長 6.7 公尺，寬 9.5 公尺，外型為縱列雙座單翼機，推進為全電池轉動馬達動力式，共可出力60KW 給機身兩具側掛導風管螺旋槳產生 1.3 千牛頓淨推力，計畫中的第二款為 E-FAN 4.0，是可搭載四人的訓練及通用航空機種，額外加裝一具內燃機以延長其飛行範圍或滯空時間。

E-FAN 2.0 巡航速度為每小時 160 公里，最高速度每小時 220 公里。起飛另有一輸出為 6 千瓦電動馬達帶動兩後主輪助跑達 60Km/ 小時，起飛速度為每小時 100 公里，在地面移動及加速起步階段時，可以完全不需螺旋槳協助，達到完全靜音，此機也加裝了能源管理系統 E-FADEC，以確保簡化發動機及系統的電能管理操作。處女航所用的電池將會在之後更新為客製化規格，性能作為飛行訓練可達到一小時滯空再加十五分鐘額外備援，電池充電到滿需一小時。空中巴士自己估計每小時飛行成本可以為通用航空行業帶來可觀獲利。

2016 年四月七日，空中巴士公司與德國西門子公司一同在慕尼黑市，宣布合組 200 人研發團隊發展創新混合電力推進，目標要在 2020 年以前進行推進系統技術可行性實證，使航太推進電動化《e-mobility》，並且開發靠電力推進的飛機。Tom Enders 致詞表示，空中巴士公司相信在2030 年以前，100 人座以下的民航機會以混合動力推進，因此決心與世界級的西門子公司合力促成該項技術。西門子董事長 Joe Kaeser 表示「藉由踏入創新推進器系統領域，我司也開啓了電力移動新章節」，西門子集團旗下 Innovation AG 將會擔當此一重任。歐洲的二氧化碳排放量目標是要在2050 年較 2000 年縮減百分之七十五，傳統科技是達不到的。兩家集團合組計畫嘗試開發各式混合動力推進系統原型，等級由幾百千瓦到數十百萬千瓦，供地區短程百人座以下飛機及直升機用。早在 2011 年兩公司與 Diamond 公司就開始合作電動馬達，迄新的合作時，同馬力馬達重量降到原有五分之一。西門子公司已下定決心成為混合電力推進系統供應商；除了各自繼續與其原有合作方在 20 人座以下機種開發，兩家也選定了其合作範圍。西門子公司在 2015 年營收達到 756 億歐元，在 2015 年 9 月有全球員工 34 萬 8 仟人，是一家 165 年歷史悠久的公司。

《創新未來》

空中巴士在其內部刊物 FORUM84 提出一創新想法，預想在 2050 年時，在巴黎的旅客可以透過直接設在 Gare Du Nord 火車站的市內機場跑道建築，在四小時內以點對點的飛行方式，抵達布達佩斯，免除了讓人沮喪浪費時間的市外機場搭機。繼而在 2016 年八月在公司網站發表，將追求自駕式航空計程車研究計畫，作為在最大城市發展點矩陣平面運輸的解決方案。單人座式的 A3 已經在空中巴士位在矽谷的外站進行，計畫名稱 Vahana，表定時間在 2017 年底完成原型機飛行；多人座是一款以電力推動的垂直起降載具，推力由多具管道螺旋槳提供，負責發展的是空中巴士集團的直升機公司，這架名為 CityAirbus 的飛機，初期將由機師駕駛，日後法規許可時，也要改成無人駕駛自動飛行。包含這些載具的發展計畫統稱 Skyway Project，支持的單位除空中巴士直升機公司還包括新加坡政府，瞭解到這點，筆者不得不佩服新加坡政府的眼光，無論其原先出發點是否是解決新加坡這個城市國家的交通問題，單是在 Aviation Chapter Two 的範疇，這個交通商業模式所帶來的經濟效益會是空前的藍海般巨大。

繼續談 A3，早在 2015 年空中巴士 Vahana 計畫就想到 Uber 服務模式，在空中的規模會有百萬架載具的胃納，而 A3 計畫想引入 Uber 服務結合直升機；A3 也找來幾家矽谷從事垂直起降載具設計的新創公司，有 Job Aviation, Kitty Hawk, Zee.Bee，NASA 也參加。空中巴士也想到了 Infrastructure，稱作 zenAirCity，與大都市交通系統作整合。這點在筆者 2013 年的想法就是停機塔，讓 VTOL 起降的塔，可以直接設在捷運站，他像立體無跑道的機場，可以設在任何地點，由這種塔架構出的航空網絡可以破除一仟公里內的交通是陸運優勢的魔咒；並且就像現今以機場作為民航網絡所形成的航空經濟一樣，航空第二篇（Aviation Chapter Two）也會形成另一個航空新紀元。

第九章 一階供應鏈波折

　　製造民航大飛機的公司是歸類一般廣義的稱為原始設備製造商（Original Equipment Manufacturer, OEM），生產的產品是直接可以使用，用途作為消費或服務；而交設備或構件給 OEM 廠組裝產品的則歸類為一階供應商（Tier 1），交出部件或組件給一階供應商的廠商就成為二階供應商，以此類推，因此勞斯萊司交發動機給空中巴士裝到飛機上就是屬於一階供應商，製造發動機機匣的工廠，是交給發動機工廠，成了二階供應商，這就是大飛機的供應鏈。

《供應端樂極跟蹌》

　　隨著空中巴士 A320neo 及 A350 XWB 大熱賣，在手訂單滿滿，2015 年的待製架數數據就幾乎看見填滿 10 年生產量，但在一片樂翻了的情緒下，生產管理上似乎又犯了當年 A380 因傳輸線太短的大烏龍，導致放量（Ramp-Up）達標慢了 1 年的疏失，在兩型營收大支柱的飛機放量時程上，又各自遭受一件供應商延遲放量影響，引來客戶改單撤單。

《椅廁廚事遲供難關》

在民航大飛機上看來似重要，卻技術上也看似沒有特別高難度的座椅及廚廁隔艙，竟也能因為量產管理不當，搞到延遲一型飛機交付航空公司，值得深思。話說 A350 XWB 開發認證階段控管得宜，沒有發生 B787 主結構組裝問題或 A380 控制線路過短的問題，但卻發生在完整內裝階段（Completion）所需要的座椅、廁所、廚房等附屬大型配件供應不及令人不解的事。客艙座椅延遲整件事要從 Zodiac Aerospace 公司談起，長年來，他就是航空業第一大客艙座椅專業供應商，市佔率也非常高，空中巴士公司 A350 XWB 及 A320 一族的座椅，還有波音 B787 的座椅都是由 Zodiac 生產供應，也是 C919 乘客座椅、機師座椅乃至供氧系統等多達八項系統及結構件的供應商，總之，Zodiac 在表面上幾近獨佔客艙座椅市場的印象下，還供應許多種機艙內部系統。

2015 年，已經因座椅供應接濟不上，給航空業帶來問題的狀況下，Zodiac 位在美國華盛頓州的複合材料工廠，七月中旬發生爆炸事故，三十幾名員工有五人受到輕重傷，當地新聞直接挑明重點，是哪家民航機出廠會受影響仍需評估，兩家公司對外也說在瞭解，在這個已經合併再合併的民航機座椅供應鏈，Zodiac 的產出狀況嚴重地左右影響航空工業新民航機出廠及舊機翻新進度，也勢必波及航空公司運輸。受波及的座椅除型錄上的經濟型（Economy）及精英型（Premium Economy）之外，還有號稱國際金牌標準（Gold Standard）Cirrus 平躺式接走道商務級座椅等多種。儘管 Zodiac 對外表示 OEM 給波音及空中巴士公司的座椅是在出事的華盛頓州，但他家座椅廠還有德州、法國及英國三處。以下的情況就足以令人知道有多嚴重，到 12 月，空中巴士還有五架 A350 等著要出廠才能達到年度目標，前面 11 個月也才交付 10 架，再看看各機族合計全年目標，還差 74 架，是平均月產量 50 架的 1.5 倍，還要考慮聖誕假期，全員緊盯目標達成，十月間，Fabrice 還透露法國廠還比預定計畫短出 6,000 個座椅，Zodiac 奮力要追上目標。

　　Zodiac 座椅產能恢復跟上訂單一直延宕，到了 2016 年二月，對外發佈要依原計畫的時間延到 18 個月以上，產能才能恢復到滿足需求，保持運營獲利率 10%的目標是辦不到了，但是不會再惡化；交不了貨，進不了帳，為數眾多的分析批評，搞到股價下跌 25%，市值蒸發了 10 個億歐元。幾天前，空中巴士公司才責難其座椅製造延遲，並透露在一新計畫項目中刷掉 Zodiac，美國波音公司也因這些分析批評說了關切的話。

　　2016 年四月，波音公司對外宣布買下新設於加州的 LIFT 公司，專門來供應熱賣的 B737 座椅，由於航空公司可以自己購買座椅，波音在市場上這類型的經濟艙座椅供應商也有 11 家，也是造成座椅供應不上大客機組裝之因素。 座椅廠家多年來作的是穩定生意，一旦迎來百年一遇的民航大飛機交付大爆發，缺乏即時趕上交貨的反應，答案便是延遲，看樣子兩大廠也不知道從何處著手管理，急到 2015 年就罕見破天荒地公開責難 Zodiac。據市調公司 AlixPartener 對新聞界表示，波音的換軌，勢必會影響到 Zodiac 及 B/E Aerospace 兩家佔年值 46 億美元座椅市場三分之二的大廠地位，警告意味濃厚，果然消息一曝光，兩家公司的股價立刻下跌 5%，另有專家說，波音公司日後轉單一定會很可觀，否則他們不會一開始就買下 LIFT。LIFT 計畫和波音合作開發旅客級（Tourist Class）17.9 英吋寬座椅，預計 2017 年中開始交貨，波音的本意是希望 B737MAX 能近乎完美地配上最寬敞的座椅，至於會不會變成賣方配備，要看航空公司的想法能不能改變，也許他們認為自個兒同製造商議價更有利。作為波音座椅最大供應商的 B/E Aerosystem 反倒不覺有啥威脅，說波音要的量不是 LIFT 可以辦到的，「我們有一個合約供應超過 700 船次 Meridian 座椅配給 B737MAX，今天出第一船給啟用客戶西南航空。」⑥ 是記者在漢堡的飛機內裝展問到的。Zodiac 沒有發表意見，倒是記者發表追蹤一年的疑點，認為 Safran 起心動念要買下 Zodiac 這一家族擁有的法國公司接手其產品市場，但公司方面否認，Safran 執行長也表示不對外界猜測回應，回顧已往，2010 年時兩公司確有進行，但遭家族持股方否決。

2016 年終前，由於 A350-900 的艙內設備延遲，導致空中巴士公司用盡底氣使出洪荒之力，要在年底前趕上年度交付 50 架的目標，據飛機項目高管 Didier Evrard 五月底說，公司面對的空前難度挑戰，是他十年前進入公司以來首次見到，高達 40 架 A350 堵在總裝線上，所幸，造成延遲問題瓶頸的座椅及廚房內裝供應，已經在 Zodiac 及其他供應商趕上進度，獲得舒緩，空中巴士也另行安排額外的工作站組裝艙內設備（Cabin Completeion），這年第十架 A350 是要交付給國泰航空公司，便是終於收到 Zodiac 出的座椅才在三月下旬完成艙內設備組裝，再經過地面檢查（Ground Inspection）飛行試驗（Test Flight）兩階段，真正才於五月中辦到的，其原定交付日是在二月份，延遲超過一季。至於 A350 的廁所，也是問題多多，原本位在加州的廠很難辦到，改在加拿大 Montrel 建新的產線，又遇到品質狀況，有肉眼不能查知的問題，學習曲線坡度可陡的很呢，九月中的報導說影響所及要到 2017 年。而這年 A320neo 的交付落後，做好的對應方式是改以出 A320ceo 交代過去。過了年度，A350-900 總計出廠 49 架，製造總裝階段上算是達標了。

那麼，這座椅到底出了怎樣的工程問題，就有記者去挖了，2016 年九月做了報導，事情還挺複雜的，據說這 A350-900 的商務艙級座椅的複材外殼花了許多時間要過這 G 力試驗好得到認證，承擔的加州 Santa Maria 廠先是搞定了 B787 的，但成功經驗就是沒順利的延到 A350 上，許多廠，包括法國英國及數個外包商都就定位等認證一過跟著投產，至於經濟艙座椅產量不足，則是 2014 年德州廠罷工遠因導致，此時則又產量恢復正常。綜合 Zodiac 給外界的印像及品質，導致收到一項適航指令（Airworthness Directive），指出其座椅設計有瑕疵，會在撞擊狀況下致使乘客往前衝，有為數一萬個座椅要就機上修改，免去更換或拆下，這件事反映了 Zodiac 缺乏設計能力及品質不佳。

2017 年 2 月的第四季（2016 年）經營發表會，空中巴士公司 Brégier 公開說了，「Safran 及 Zodiac 兩集團合併過程，絕對不能影響到艙內設備的交付。」由於在 2016 年，就有消息說 Safran 要買 Zodiac，而座椅嚴重緊缺，搞到最後一刻才接上交貨，2017 年 A350-900 又要增加出廠架次，在管理上豈能讓完工出廠接二連三再出包，2016 年財務損失也非常嚴重，A350 的放量延遲加上 A400M 問題及組織重整，三點合計讓一次性支出吃掉利潤高達 37 億歐元，空中巴士吐出 Dassualt 股權加上其他合資取得一次性 20 億歐元進帳，只能補貼一半，讓帳面稍微不要太難看。Brégier 這樣說不是毫無事實根據的，Zodiac 到七月對報界說，要到九月底時，把產品問題及延遲交貨都解決後才會讓 Safran 入主，而且六月時已經把英國廠內 A350 商務級座椅的問題妥善處理，使能夠與產出計畫一致，提前就位的執行長

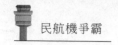

Yann Delabrière 說「Zodiac 有問題非常嚴重會失效的運作體系，需要儘快解決。」⑦ 兩家一旦合併，將是世界第三大航太系統供應商。

2017 年四月空中巴士公司 Stelia Aerospace 開始供應自家商務艙等級座椅 Celeste 配上 A320 一族使用，這椅是一種包裹式，可機械滑動 40 度後傾好躺，後方硬殼保護有隱私，選項有含簾幕的，是空中巴士為短中程 6 小時以上航程所設計的，第三季就要裝上 2 家航空公司，Stelia 還打算把 Celeste 推進 B737。

⑥ 引述來源：參考資料第 76 條。

⑦ 引述來源：參考資料第 34 條。

《發動機樂極召憂》

A320neo 的訂單太火熱，根據 FlightGlobal 2016 年 2 月的統計資料顯示，兩家發動機供應商之一的 P&W（Pratt & Whitney）已經取得 1,249 架的認用訂單，另一家 CFM 獲得 1,361 架，還有多達 1,892 架花落誰家未決。P&W 真可以說是高興到樂昏頭了，他家的 PurePower Geared Turbofan（GTF）是新的專利，能省油，所以能雀屏中選，全新未經市場驗證的渦輪扇發動機成功擠進 A320neo 浩大訂單的唯二供應商，還不僅如此，龐巴迪（Bombardier）已運營的單走道民航機，Embraer、 Mitsubishi、 加上 Irkut 三家開發中的區間民航機都要用他的 GTF，Aerospace Manufacturing and Design 同月份的報導，說加起來就是 7,000 具的訂單，真是太瘋狂了。

不說您可能不知道，P&W 在二十世紀期間，絕大多數研發製造的是軍用噴射發動機，並且相信在航空界製造端從業過的，大概有印象這家是延遲出名的，這個印象不是那種凡科技研發多少會延遲的一類，而是放量都會有的技術類延遲；像這回就是 A320neo 放量了，CFM 沒事，但 P&W 的新 GTF 技術 PW1100G 發動機就是性能上不能達標，啓動時間超出限定值，搞到 Qatar 航空在 2016 年六月取消了首架 A320neo 交付，而作為成立僅四年，香港成長最快的廉價航空香港快速（HK Express），也因為 PW1100G 而延後一些 A320neo 交付，執行長表示未釐清發動機問題細節之前，決不會讓員工及乘客面對不可靠的飛機。PW1100G 問題有多大呢？歷經一年多，陸陸續續從燃燒室穿透、油封不防漏到複合金屬材質壓縮風扇葉片要擴增 2 條組裝線才能應付訂單，讓聽聞者不斷收到新訊息，母公司 United Technology，又聚焦在此時的大型併購案上，牽動空中巴士數度發表已關注解決進度，直到 10 月份時，才又有好消息指出空中巴士很有信心 P&W 在延遲交付發動機一事上提速，不會再更嚴重了，已經看見技術難關克服跡象，也該是時候了，停機坪上有 24 架 A320neo，苦等 GTF 發動機，其實遇到這種狀況，客戶可以換 CFM 發動機，但要提前四個月告知，以便重新搭配。有記者爆料說，P&W 公司如果不考慮 V2500 發動機的話，就只剩下 PW1100G 這個發動機產品了。

這階段平穩渡過擔起中流砥柱的 CFM 渦輪扇發動機 Leap 是由法國 Safran 及美國 GE 合作開發，Safran Aircraft Engines（SAE）當下也在進行一項名為 UHBR 的渦輪扇發動機示範機（demonstrator）研究計畫，這是歐盟研究計畫 Clear Sky 2 項目之一，預計在 2021 年進行地面測試，目標是要把旁通比（by pass ratio）拉升到 15：1，甚至更高。到了 2017 年結束時，空中巴士公司雖然總交機架數達成官方公開訂定的年度目標超越七百架，並以總架數 718 架創造公司新紀錄，即將離任的 Brégier 透露，發動機還是落後，但 PW1100G 的三號軸承油封及燃燒室的問題已經解決，2017 年 A320neo 佔單走道總交付數三分之一的局面會在 2018 年變成三分之二；有報導指出 2017 年結束時，有近 30 架 A320 是組裝完成但沒有發動機的情況，Brégier 透露，最高峰時，德法兩廠共停了 60 架在等發動機。這年是空中巴士連續第二年因為發動機交貨延誤，導致必須又一次在 12 月使出洪荒之力衝產量來達到年度目標，雖然多年來業界都已經知之甚詳，已經好幾年空中巴士都是這麼幹的，2017 年不例外而且又創下新紀錄，12 月單月產出 127 架大飛機。P&W 及母公司 UTC 在這一波難關渡過後也向外界表示，其實他們在 2017 年的交貨數量 374 具，正好達到設定區間的中間數，P&W 營收 161.6 億美元，獲利 14.6 億美元。但是表現良好的 CFM-LEAP，卻也傳出並非零瑕疵，其渦輪模組的陶瓷基複合塗層出現早期斑化（deterioration）；此外，在交貨期方面也在 2018 年元月表示已發生四至五週拖延的情事，涵蓋雙巨頭所需要的發動機，但仍是充滿信心在放量增產上會達成年度目標，由 2017 年的 459 具，躍增至 1,100 至 1,200 具 LEAP 發動機，CFM 供應的 CEO 發動機需求也增加；業界也傳出空中巴士刻在評估一個月出 70 架 A320，CFM 高管 Bastin 也證實客戶在瞭解是否產能跟的上；CFM 此時此刻攢到的 LEAP 訂單含承諾數高達 14,270 具。

另外，2018 年初，航空週刊也選出 2017 年的發動機里程碑，其中勞斯萊司也有一項目 UltraFan，動力採用齒輪箱技術，是和德國 Lirbherr 在德國 Dahlewitz 一地合作，目標要達到十萬馬力。

可是空中巴士或 P&W 再如何有信心已經渡過難關，但是這個 PW1100G 發動機的問題還是依舊沒能根本解決，還更嚴重到迫使飛行中停機及放棄起飛的次數超出正常可接受的，因此在二月有近 11 架 A320neo 停飛，其中全數為最新交付的，並且空中巴士公司停止接受該型發動機及出廠 A320neo 不搭配；EASA 更先於 2 月初發佈緊急適航指令（Emergency Airworthness Directive），警告配 GTF 發動機的 A320neo 有可能發生「雙發動機」飛行中熄火情事，受影響的發動機有 43 具，Indigo 因此撤下三架值勤飛機，印度航空管理當局也採取停飛措施，影響 8 架 Indigo 及 3 架 GoAir，Indigo 已經做好選擇接收 A320ceo 的準備。三月時，P&W 執行長 Bob Leduc 出面說明，指出一月時有多達 100 具 PW1100G 發生新設計瑕疵，解決方式是回復採用先前設計高壓壓縮段的刀緣式油封，如此一來一往花費五千萬美金，已經運回有問題的 22 具，剩下 33 具還在空中巴士的，安排在四月底前運回，而已經交給航空公司的 45 具也擬好計畫修妥；這次新設計的油封有個用一陣子才會發現的瑕疵，而 100 具的修理，將一併造成 P&W 公司 2018 年損失高達近 12 億美金。

《滑翔機製造數奪冠》

2018 年六月，A320neo 缺發動機的事情發展越演越烈，成了「工業級災難」，估計停機坪在六月底前，將駐停近 100 架，等候 P&W 及 CFM 發動機，有記者戲稱空中巴士成了世界上最大家滑翔機製造商，的確，這些飛機的彩妝都漆上了；空中巴士公司對破百這件事好像上癮了，今年這個關卡恐怕不是用洪荒之力就可以解決了，可能要動用到盤古開天闢地之力才有希望，工業級災難一詞出自新任空中巴士民航機單位董事長 Guillaume Faury，在 IATA 年會上說的，航空週刊還調出空中巴士第一季財報，自由現金流量（Free Cash Flow）是負 38 億歐元。筆者順帶聽了一回航太週刊的網路廣播，兩位記者的深入對話透露了，原來有一段更驚人的內幕，Pratt & Whitney 把 PW1100G 該作的測試減少了，現在必須補作，真研發工程師聽到後，就會明白原來 GTF 發動機不牢靠的根由在此，沒有把原型機的研發設計打造測試該有的完整循環回授流程，將它作實。

七月份公布的 2018 年二季度財報顯示，沒因滑翔機數太高之故，減損獲利，反而優於市場分析師預期，新聞界引述 Faury 說是一度超出 100 架的滑翔機，在六月結束時，降到 86 架，證明交機數已獲得增速，空中巴士公司執行長 Tom Enders 則表明 2018 年交付 800 架的目標依舊嚴峻。我們還是看一下 P&W 公司的延遲紀錄，以呼應筆者在書內提及的「有名」是怎樣的一回事；原來在上個世紀，1966 年的 12 月，P&W 公司專門為廣體機推出採用鈦合金及鎳合金的高旁通比（5.0）渦輪扇發動機 JT9D，於康乃迪克州初試啼聲，首開先例，於 1970 年獲得 B747 採用，然而，一度也是測試不順，導致有多達 30 架掛著四顆水泥塊的 B747 在工廠外停機坪上排隊等候。JT9D 一開始是為了美軍 C-5 銀河式而開發的，P&W 取得美國國防部的設計合約，於 1965 年九月開工，但是，量產合約改由 GE 公司 TF39 獲得。JT9D 在熬過初期的修修改改後，最終還是取得耀眼的商業成績，採用它的大飛機還有 B767、A300、A310、MD-10 等，後期還精簡零件，提高可靠度加上降低售價，改型號為 PW4000。

P&W 公司在發動機的研發及突破上是有貢獻的，像這種經減速機驅動風扇打破傳統的構想，肯定是需要在研發、設計、模擬、打造、測試驗證各階段作很大規模的投入，團隊要具備有大條神經般的勇氣，善用各種已有及未有的經驗技術，解決接踵而至與理論相異的不受控科技異常及理解彆扭的材料特性表現加以回應，反覆檢視習以為常當中，看有無忽略或幻象，最終才會開啟量產大門。PW-1000系列引入 GTF 構造以全新設計面貌問世，誠如 P&W 自我標榜，的確是獨一無二，舉世無雙，而在 2018 年五月邁阿密的 38 屆 Airfinance Journal Conference 上 Spirit 航空公司財務長 Christie 透露，它的省油效率比廣告的 15％要好，就讓我們為其當初選擇踏入未知領域冒險犯難的勇氣喝采吧！

第十章　航空公司籌謀演變

　　空中巴士公司在其 2016 年公司年報提及引用一家位在英國的航空顧問公司數據顯示，2017 年元月全球航空運輸業民航大飛機機隊提供的座位數，有三分之一強的百分比是集中由 14 家航空公司所提供，而這項數據所代表的意義是來自大型主流航空公司結盟後，各自可以專注在基地（hub）的建置，透過聯盟成員的基地及航路，擴展本身的市場滲透和新服務，本書也想瞭解一下這群飛機經濟的消費客戶們，在歷經數十年的環境變化下，其購機行為乃至於思想各自是如何調整。

《難以取悅的美國四大航空公司》

　　對於空中巴士來說，美國市場是兩個最難打入市場的之一，另一個是日本。早在 2012 年左右，美國還沒有強烈的「買美國貨（Buy America）」氛圍之時，空中巴士已被美國航空公司冷落十幾年，在空中巴士的客戶訂購紀錄中，著名的美國廉航西南航空沒有一架 A319 或 A320，喔！是全然拒絕空中巴士的；截至 2014 年底，美國航空「American Airline」手上有 A321neo 一百架訂單，另外訂了 A321ceo 七十架，但此型運行中的有三十架，其中只有七架是買的。達美航空「Delta Airline」機隊中有五十七架 A319ceo 加六十九架 A320ceo，全部是租來的，訂了四十五架 A321ceo，沒一架運交，雙走道的 A330 訂了十架，沒有交貨，運行中的 32 架是租的，終於在年底訂購 A330neo 二十五架及 A350 二十五架，如果參考前面的邏輯，將來真有投入運行時，是否也是改用租的。對空中巴士最捧場的是聯合航空「United Airline」，單走道一共買了五十五架 A319ceo，九十八架 A320ceo，除了一架尚未運交，全數參與運行，另外也訂了 A350-1000 共三十五架。經過細數前述四大航空公司與空中巴士的採購紀錄，攤開來看，有乾脆不買不用的，也有買了不交貨的，最大方的買了 A350，數量也不及北美總訂購架數的一半。在空中巴士全球市場滲透率分布來看，北美市場佔比是最低的，你猜有沒有零架的，有！A380 就沒一家訂購，碳纖維機身的 A350 呢？你說 B787 就在美國製造，好，很困難，總架數八十二，僅突破空中巴士全部訂單百分之十，勉強接受；但看看單走道的 A319、A320 及 A321，全北美合計一仟一百八十架的訂單量，充其量剛突破空中巴士 2012 年累計歷年銷量百分之十，最熱賣的 A320 更是只有個位數的佔比，難啊，班門弄斧。不過，空中巴士透過飛機租賃商，還是在實際運行的機隊突破了採購市場佔比數，如美國航空機隊有三百五十架是空中巴士製機種；達美有一百五十八架；聯合為一百五十二架。

又一個五年過去了，2017 年九月時，聯合航空在許多新聞及產業分析報導長期猜測其 A350 訂單有可能取消轉購波音機種的氛圍中，終於等到發佈轉變訂單的消息，要把原來三十五架 A350-1000 改成四十五架 A350-900，訂單及

金額是增大了，但空中巴士也不見得能開心笑出來，因為
聯合航空的算盤是在 2022 年至 2027 年逐步替換掉機隊內的
B777-200，原本的計畫是在 2019 年及 2020 年各接收 4 架
A350-1000，而引進 B777-300ER 及 B787-9-10 的時程就沒
變，世事唯一不變的就是變，五年後還會變嗎？可喜的是，
合約轉變有兩點是符合空中巴士的策略，首先是座位數，
雖然 A350-900 比 A350-1000 座位數少，但比起 B777 乃至
於 B787 仍舊是多，正中空中巴士在雙走道機種也走大型化
的產品開發策略，更何況，轉換後，這筆訂單的整體座位
投入數由標準型的 12,250 提高到 14,175，增加 16%，其次
是架數增多，代表的是需要 A350 的航路航班比 2012 年看
到的變多了；一旦日後轉換成真，美國市場被突破了，最
大的勝利將會是隨伴而來的機師證照及維修體系大幅更動，
當天 Bloomberg 新聞台就聯航修改合約一事的播報便說「波
音在廣體民航大飛機的市場被動搖了」。

　　如果我們只看美國擁有首屈一指的飛機製造商波音公
司在自家門內，就單純認為空中巴士在北美市場市佔低落
是合理的，那就容易錯失深一層瞭解美國籍航空公司經營
者的思維，是如何導致一個富有的資本主義經濟大國在經
營機隊方面表現如此。

　　首先仍從行業內對模範航空公司採購新飛機的行為看
起，以往像是新加坡航空公司一類的市場公認領導者，為
了競爭吸引留住常飛客，維持公司高端安全的形象，機隊
大約維持在七至九年的平均機齡，退下的飛機就安排進入
二手市場。然而，美國四大航空公司並沒有按照這個業內
評比指標來提昇其機隊更新，美國本地旅客對此頗有微詞，
並且，美國籍航空公司執行長對新聞界的關切，給的答案
猶有甚者，他們的觀念是寧願採用舊款飛機，而不是新型

飛機，理由是，舊型飛機在市場上多家長期使用後，容易發生的失效維修已經被檢驗過，晚一點納入機隊，可以降低停飛的時間次數，使機隊妥善率達到最高。

聯合航空於 2012 年九月開始接收 B787，成為美國第一家運行 B787 的航空公司，沒能躲過鋰電池火燒機事件，停飛四個月，其機隊總數於 2015 年初為七百架，手上未接收訂單除前述三十五架 A350，另有五十架雙走道 B787，一百二十三架單走道 B737，平均機隊歲數為 13.4 年。2015 年二月時，美國航空機隊總數九百七十三架，平均機隊歲數 12.2 年，達美航空七百八十三架，平均 16.9 年，最舊。西南航空為 11.6 年。從這些數字來看，真的是沒有很積極的要降低機齡。

讓我們透過新聞界的訪談來瞭解聯合航空的想法是否轉念。就在 2014 年底，好不容易石油價格驟降跌到四十至五十美元一桶，對航空運輸行業而言，應該是可喜可賀，路透社記者在 2015 年三月初訪問了公司執行長，特別是有關四十四億美元現金要如何運用？終於得到的答覆是年內會用來接收四十五架新飛機，支付每架的一半成本，降低舉債，另外聚焦在十億美元回購庫藏股，不考慮發放股利。執行長 Rainy 強調，這是他十八年來，第一次像這樣支付如此多的現金用在新飛機，此一動向也標示著這個行業的當下處境。前些年，許多加在旅客的費用，要由新機回饋。然而，這波石油回落價格至 50 美元一桶，對美國籍航空公司購機的普遍後續影響，多數不是繼續採購新省油飛機，而是為保留多年未見的現金，寧可接受較高花費來頻繁維修老飛機，也不去沾高成本數以百萬美元計的購新機乃至租機。

　　美國航空是空中巴士機隊數量最高的第一名，而北美市場內服勤的空中巴士飛機在 2017 年 9 月才達到 1,500 架，空中巴士公司還喜孜孜到發了一則新聞說是達成重要的里程碑，而同地區累計來自 25 家航空公司及租機公司的訂單也只有 2,000 架。2018 年七月，就在空中巴士單走道 NEO 一族開始要解脫交付壅塞之際，由於川普制裁伊朗，讓第二季油價又上漲，美國航空（American Airline）該季淨收入（net income）巨降 34.5%，說是 2013 年合併 United Airway 以來最糟的一季，處方就是一棒打到飛機製造商，推遲 2019 年以降的三年新機交付，一共是 22 架 A321neo；這簡直是撲克牌賽局，管你是不是黑桃 A，我一對 A 硬是吃定你了。

《大買飛機的廉價航空》

　　廉價航空大手筆買民航大飛機，在二十一世紀發生了蛙跳形式變化，開啟了不可思議的模式，由 AirAsia 的 Tony Fernandes 起了示範，一口氣訂購了 100 架 A320，之後又陸陸續續在美歐的航空公司蔓延，美國 American Airline 在 2012 年 AMR 持股公司破產整理之前，也一次訂購 130 架，外加 130 架購機選擇權（purchase option），類似這樣大筆的買法連續三五年屢次發生，筆者看到後來都不覺得稀奇了，要是在二十世紀，一次二十、三十架的訂單都已經是民航機製造公司的大喜事了。這種發瘋似的買法出現在兩個特色的航空公司，一種是廉價航空，一種是擁有大面積區間航域的主流航空公司，屬後者的美國航空，所飛的美國國內航空市場（interrigional）是全球分區下運量（traffic, RPK）第一大的航空市場，即使是人口眾多的中國國內市場也至少還要十年後才能超越，所以美國航空有條件這樣作，

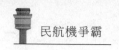

反觀其他各國的大型主流航空公司，也沒有這樣買法的。

話說經過廉航這種錢不是錢的買法，自 2006 年算起十年下來，根據空中巴士公司自己的統計顯示，已交機投入營運的座位次數（每一座位乘每年飛航次數之合計）量體，可謂全面大幅成長，發達國家地區成長倍率雖比較少，但數量依舊大而可觀，北美市場成長 1.2 倍，在 2016 年達到年 2,500 萬座次，歐洲加俄國（CIS）成長 2.8 倍，達到 3,800 萬座次，新盛區域如中東成長 16.4 倍，達到 400 萬座次，亞太地區成長 4.8 倍，達到 3,900 萬座次，南美洲成長 3.9 倍，達 900 萬座次，非洲在 2016 年僅有 60 萬座次，但成長也高達 5.7 倍。

另外，除了數量闊綽之外，廉航公司買起單走道民航大飛機也是偏好一族內大型的，以全球機隊包含波音作統計，平均每架設置座位數在 2006 年和廉航一樣是 143 座，十年後增長到 156 座，但廉航更可觀，高到 165 座。2016 年空中巴士推出一個計畫 Cabin Enablers，可以使 A320 座位數由 180 座增加到 189 座，A321 由 220 座增加到 240 座，其透露的資料顯示，2016 及 2017 兩年的交貨有 40％會是 180 座，2018 年甚至要超出一半。

這種偏好機族內大型的選擇，使 A321 在 A320 族系內的出機佔比，由 2010 年的 13％升高到 2016 年 41％，Mobile 廠成立開始出機就連續出廠 36 架 A321，反觀 A319 由佔比 13％降至僅剩下 1％。

《訂單過多的疑問》

有關於訂單過多，是否真是市場的需求？已經是航空市場相關人士長年不斷提出的問題乃至懷疑，業界只要有一陣子見不到航空公司買飛機的消息，就會有質疑聲浪出現。空中巴士的經營階層，每每在各種場合，都要面臨記者提問，通常都是由關切月產量是否要增加，以因應大量超出每月產能的訂單，特別是針對單走道 A32Xceo 及 A32Xneo，然後，就會有另一類的聲音發出，特別是，例如「美國航空週刊及太空技術」就會發一則新聞說，機位明顯過多，不太可能是真的，順帶在網站請讀者發表意見。

這種關心疑問，參雜著許多考量，畢竟，飛機製造商所引領的航空運輸業，反映了全球旅遊及商務指標，也是某種程度的世界經濟櫥窗，是許多新聞讀者，乃至股市投資者經濟學家所關切的。如果加上把空中巴士及波音視作商戰題材，經常發佈一些針對性的警醒新聞，也可以善盡角色責任。

空中巴士這家公司的訂單過多與否？個人倒是認為，除了一些數據可供參考外，也可以由客戶端的言論及空中巴士本身處理訂單方式來看。由於航空製造業畢竟屬於設備製造業，在航空公司眼中，是屬於資本財投資，所以在航空公司經營團隊而言，下訂單的時機及數量，有其最佳考量。就以最近十年來說，經濟新盛市場國家如東北歐，中東地區，中國大陸，東南亞，中南美，等大範圍地區，早在金融海嘯之前，就展開了長達十年以上的高經濟速率發展，因此，民航公司在這一段時間帶，展開了破紀錄的訂單採購，許多單走道機種的訂單都是衝到一、二百架以上，特別是，空中巴士的 A320ceo，已經累積了二十年的飛航服務優良紀錄，市場給予正面口碑，再加上油價一路飆高至 120 美元以上，空中巴士又推出省油百分之十以上的 A320neo，所以，以一般舊型設備會有較高折扣，新機種也有推出折扣加上可觀省油效益來看，航空公司陸陸續續在這十年期間下大筆訂單，因應長期看好成長的航空運輸市場，可信度是存在的。這些市場因素及空中巴士之對應演變，使其在 2014 年底，手上的單走道機種未交貨訂單仍有 CEO 1,463 架，NEO 有 3,572 架，以這時的月產量 42 架來看，要運交高達五千架飛機需要十年的時間；並且，飛機交貨是有所謂的時間縫「slot」行規，不是今日要，就可以由倉庫提出一架交貨即可，通常極可能是下定單時就預約安排好了。空中巴士 John Leahy 就多次表示，A350 的訂單停頓，是因為好的時間縫都被預訂售罄了，航空公司只好另行設法。另外，業界也有一種聲音，認為這種高數量的訂單，有可能發生白尾飛機（whitetail）出廠，所謂白尾就是客戶取消訂單，飛機沒有交貨對象，出廠時垂直尾舵上沒漆上任何航空公司的標誌，這種可能也是有可能，所以空中巴士可能在同一個時間縫安排幾家，以防白尾是有可能。

還有在民航機交易的慣例中，買方航空公司或租機公司，都是要繳一筆訂金的，如果違約，除了沒收，甚至會面臨賠償，所以這些訂單在下訂時，必定透過三思後才決定執行。以空中巴士 A380 為例，日本 Skymark 臨交機時取消五架訂單，就遭到空中巴士之控告，訂金自然不可能歸還。

另外，製造也不可能說趕就能趕出來。民航大客機的生產製造，仰賴的是一個龐大的製造組裝體系，空中巴士公司雖是一家飛機設計製造公司，但他和波音一樣，在製造過程中，他廠內只有進行組裝流程，把第一階系統商供應的組件或系統作組合，例如左右機翼機身前中後段，就是五個組合件，發動機也是，意外嗎？不意外，飛機就是如此生產的，說句你可能第一次聽說的事，空中巴士及波音可能只掌握機翼設計製造的技藝（knowhow），其他的零組件可能都不涉入，或無從涉入，特別是噴氣發動機。而這些交付大組件的一階系統商，背後又有為數眾多的二階乃至三四階零件供應商，零零總總合計近萬家不在話下。因此，一旦要在原先規劃的月產量基礎下增量，除了空中巴士自身要擴建最終組裝線，所有體系內的系統商也要跟著擴充產能，還有原物料商，所謂牽一髮動全身就是如此，還有空中巴士也在考慮白魯加（Belluga）的接替者，這種負責運送機翼給在像漢堡的 A320 組裝線，機隊數量能不能滿足每月五十架的產能，也是依照訂單量作規劃。在這種生態體系下作產能擴增，是牽涉到全球國際的範圍，空中巴士是沒有可能做做姿態來滿足外界對消化訂單的關切。

檢討完悲觀懷疑的考量後，我們也要由樂觀面來看，如果空中巴士有如此多，創飛機製造業史上高峰的訂單時，怎麼會就放著欣賞，而不去認真即時的將飛機交給客戶，兌現訂單？大概不會有哪個工廠在收到訂單及訂金後，在沒有任何不利客戶的市場傳言下，逕直問客戶「你這訂單是假的吧？」

還有一項變數實在是只有圈內人才可知道的，那就是航空公司購機是為了替換老舊機隊？還是要新增擴增航點？雖然空中巴士自己有公佈二十年的估計值，在 2013 年以降的民航空運市場，需要一萬零四百架作替換，需要一萬八千八百架用於新增加。但目前質疑飛機訂單數可能過於樂觀的市場業界，特別是許多顧問公司及新聞界，卻也只有極少數提出自己的數據，甚至筆者不曾見像我一樣，以座位數作為總量及市佔率之比較數據。而這種以座位數供給作為因應需求的經營對策，是航空公司的秘密，外界乃至空中巴士所能取得作為討論的指標只能是整理過後的

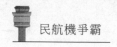
機隊機型數量。

也就在 2014 年底至 2015 年三月期間，歐洲的量化寬鬆政策由決策制定到開展實施，歐元也由對美元匯率 1.3 跌到 1.05，對於此後全球旅客乃至商務人士赴歐洲消費是一大利多，空中巴士在三月內，包含 ISTAT 會議期間，釋出增產單走道機種已在規劃中，可以說是伴隨增量大趨勢做出的決定，正如順風加帆，有先見之明。

《後百元油價的歐亞一級客戶》

油價一桶由一百多美元跌至 35 元階段的 2015 年期間，對航空公司的經營可說是一大利多，只是每個時期依舊有多重變動因素，各家航空公司有其必需因應而生的策略。

INTERNATIONAL AIRLINE GROUP 是在 2011 年元月由英國航空（British Airways）及西班牙 Iberia 航空合併後成立的集團控股公司，Vuling 航空後來加入，在 2016 年又併購了 Aer Lingus。在英國脫歐公投後的上半年財報顯示稅後淨利大幅增長 67％達 5.95 億美元。2018 年三月，IAG 執行長 Willie Walsh 對外透露希望空中巴士考慮降低 A380 售價，IAG 會考慮再多買；此時，執行長正在評估 IAG 新成員 Level 航空的機隊擴增，選擇適合廉航飛行歐洲到美國航線的機型，在 2022 年以前把機隊數做到 30 架；他說「以前報來的價格，我們沒法接受。我們已經表明他們必須要把價格弄漂亮點，搞清楚如何賣 A380 這架飛機，再來敲門時，我們會和他們談的。」⑧ Willie Walsh 同時也透露有意介入希斯羅機場第五航站（Terminal 5）運營，對第三跑道有期望，IAG 在 JFK 有經驗經營航站，在慕尼黑也和漢莎航空合資搞二航站。

法國航空及荷蘭 KLM 是歐洲另一個合併後的大型民航集團，在 2016 年極端惡劣的經營環境下，飛往法國的航班顯著下滑，雖然如此，第二季在營收下滑達 5.2 個百分點，收入只有 62.2 億歐元的情況下，集團卻達成優於預期的 3.17 億歐元營運利益（Operating Profit），同比 2015 年同期增進了百分之七十七。同樣的期間，機隊全無空中巴士機種的低價航空 Ryanair 獲利是 2.56 億歐元，Michael Oleary 對外宣稱如果沒發生恐攻及航管停擺的成本損失，獲利還會更高。

Qatar Airways 是中東卡達的國際航空公司，算是國營 Flag Carriear，在 2016 年八月提高了他在 IAG 集團的持股，由原本的 15.67％增持至 20.01％，儘管歐盟規定非歐盟公司佔比歐盟公司最高是五成，Akbar Al Baker 表示除非有實質狀況變化，還沒打算衝高。兩家都是 One World 成員，卡達航空是看好 IAG 運作中的策略及其財務而購買股份。為了在營收上和波灣對手相稱，也擁有義大利 Meridiana 百分之四十九股份，以及南美 LATAM 集團百分之十股份。該公司在 2016 年 8 月時已經有 10 架 A350 運行，按計畫年底前還會取得八架，這 18 架中有七架是透過向 GECAS 售後回租方式擁有。

漢莎航空在 2016 年的上半年經營績效繳出淨獲利 4.29 億歐元的成績，較 2015 年上半的 9.54 億歐元差蠻大，要注意的是這還是載客人數增加及運量營收下降的結果，一方面漢莎在成本結構上控管績效可觀，另一方面依舊要面對價格高的挑戰，反應下半年的低預約座位數已事先預見。執行長 Carsten Spohr 持續強調其三支柱（Three-Pillar-Strategy）策略，成效有所顯現，特別是集團內的 Eurowings。

　　阿聯酋航空（Emirates）在 2016 年八月時，擁有飛航機隊 251 架，其中有 81 架是 A380，這年還開始引進了座位數最高的 615 座型 A380。此時，阿聯酋仍持續規劃以 A380 為主力的航班，可能是看好英鎊因脫歐貶值所產生的旅遊效應，要在 2017 年首日把每天三班的飛曼策司特（Manchester）換成全 A380 機種，增加載客容量一成；另外也要把 A380 無縫接軌導入 Birmigham。作為全球空運地理中心杜拜機場的駐地航空公司，是所有轉運中心的轉運中心，阿聯酋的機隊幾乎清一色是長程大型及超大型機種，他清楚他自己的位階，讓他沒有加入任何航空聯盟，也沒有必要，因為他提供最新最舒服的飛機，旅客自己都知道要選他來飛。2017 年七月，隨著轉運區鏈明顯成型，阿聯酋開始購併 FlyDubai。

　　亞洲航空（AirAsia）除了本身在馬來西亞及印尼的歷久經營，隨著印度航空市場在 2015 年的開放外國航空公司與該國業者經營下，也成立了亞洲航空印度分公司，與印度著名 Tata Sons 合資成立，持股 49％。在 2016 年加大機隊及航點的擴充方面，計畫朝向每日飛行 Hyderabad 至 Bengaluru 及 Goa 兩城市，以及開始 Bengaluru 飛航 Guwahati 的每日航班，總計飛航印度國內線七條；原定 2015 年底機隊數規模就要達 10 架，後因主管當局提出 5/20 規定，航空公司要累積五年飛行及二十架機隊的資歷後才可飛航國際線，致使原飛航計畫受阻；到 2016 年六月，五年的限制取消，但保留 20 架機隊的條件；對此，亞洲航空對擴充仍舊審慎，印度分公司執行長 Amar Abrol 表示，「當投入幸運的第七架飛機後，是開啟在未來數月儘速邁向 20 架的進程」。⑨

　　國泰航空在 2016 年上半年，營運並不是非常出色，營運利益下跌 71.9% 只有八千五百六十萬美金，除了競爭因素，燃油避險的損失也吸收掉獲利。在 2016 年上半年淘汰了兩架 A340，計畫在 2017 年底前繼續汰除剩餘五架後，由 A350-900 在兩年內取代，自五月份取得三架後，年底前還要有九架交付，2017 年會有 10 架加入機隊；國泰航空一向是空中巴士中意的 A380 客戶，但是這家歷史悠久的航空公司卻直到今日毫不動容，所幸，國泰航空還是在 2010 年8 月訂購了 30 架 A350-900，之後在 2012 年七月范堡羅航空展加購 10 架 A350-900，並將首約的 16 架轉換成 A350-1000。

　　印度 Indigo 航空公司成立於 2006 年，身兼執行長也是共同創辦人 Rakesh Gangwal 是一位印裔美國人，此前世紀交替期間曾擔任 US Airways Group 董事長及執行長四年，更早時擔任過法國航空執行副董事長，2005 年 6 月就簽下100 架 A320-200 訂單，2006 年七月開始飛六架，2010 年10 月就超越國營的 Air India 成為印度第三大航空公司，載運旅客人次佔市場份額為 17.3%，排名在 Kingfisher 及 JetAirways 之後。2011 年又簽下 180 架 A320 購買備忘錄，並在一月取得開啟國際航線許可，隔年機隊來到 50 架，晉身運送人次第二大航空公司，也獲得印度最賺錢的航空公司頭銜，到 2012 年 8 月市佔更超越 Jet Airways 變成印度第一，此時機隊 58 架，而 Jet 及 Air India 都各有 100 架。2013 年Indigo 又獲評比在亞洲成長最快的廉價航空中排名第二，僅次於印尼 Lion Air，該年經爭取得到 civil aviation ministry同意共增加九架飛機，如此在 2014 年 Indigo 得以擠進亞洲第二大座位投入量（seat flows）廉價航空，守住原定每六週增加一架飛機的機隊成長目標，一直到 2014 年 11 月，接收第一百架飛機。2015 年八月，Indigo 向空中巴士公司

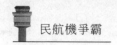

下了其第三筆大單，買下 250 架 A320neo，訂單價值 270 億美元，當時創下有史以來空中巴士簽下的最多架數訂單。如今，2017 年 10 月止，Indigo 每日飛航 918 班，目的地有 48 個，包括 7 個國外機場，服勤機隊 141 架，大飛機服勤條件是要達到 20 分鐘內掉頭，一天飛 12 小時。

⑧ 引述來源：參考資料第 124 條。

⑨ 引述來源：參考資料第 59 條。

第十一章 航空市場競爭動盪

《核心事業遭受破壞式技術衝擊》

Tom Enders 在 2017 年七月自 Brégier 控管範圍,把空中巴士的銷售職權攬入總公司手上,並且,在巴黎航空展之前一周的公司媒體日(Airbus Media Day)發表重要看法,指出破壞性技術如 Space X 者,已然對公司部份最好的商業領域造成勢同翻桌的威脅,絕對不能讓它發生在核心事業的民航大飛機,又強調在民航大飛機市場的帶動技術(drive technology)重要性已經超越軍用飛機之際,大飛機從設計到量產再到客戶端的運營,耗用了公司 5,000 套電腦系統,每個階段的銜接都幾乎是重新將一臺電腦的輸出報告數據,再以人工鍵入另一套電腦的程序,稍有錯誤便要連同上游一起更改,導致一架飛機的開發認證運營時程,耗費 8 至 10 年,這種浪費時間的循環,勢必要有變革,必須要把數位化技術(digital technology)作實,把現行串聯的流程變更成平行。這個變更為平行的真意就在設計團隊、供應商群及製造裝配部門都同時共用固定的數據,不再像過往反覆問說「是否得到參考的數據是最新的?」,也在把設計的系統在電腦內建立數位化模型。而為了達成善用數位化模型，現有串聯式的組織也要跟著改變，讓所有民航大飛機都在電腦內確認後，才開始作原型；現有的組織必須變成自我調適（Self-adapting），否則數位化讓開發時程減半的效果也會達不到。

　　執行長 Enders 所說的話是有根據的。在空中巴士業務的主要營收來自四大類產品，其中民航大飛機雖被稱作核心事業，但是公司的純利（Profit），多年來，前兩名都是由太空發射及歐洲直昇機兩個部門包辦，現在聽起來很難想像吧！從每年空中巴士的財報來看，2009 年至 2011 年期間，民航機部份的 EBIT 貢獻值很低，佔比不過三成，2009年還是負值近 14 億歐元，直到 2012 年開始佔比才突破超越五成，太空發射加國防（CASSIDIAM）再加上歐洲直升機部份收入，非常穩定，每年 EBIT 金額加起來都有 10 億歐元，民航機部份在 2012 年之後 EBIT 才開始穩定上升，佔比營收比重卻也維持在不超過 5%，反觀歐直及太空國防平均有 7%，利潤更好；所以當亞馬遜的貝佐司及特司拉的馬斯客（Elon Musk），兩造的可回收火箭在 2016 年雙雙發射重返成功後，空中巴士的危機感必然迫在眉睫；一方面長年穩定利潤豐厚的太空投送受到威脅，一方面民航大飛機的利潤率還在提昇階段，稍有錯失，就會步入危境。

　　只是行業內的經營者大都比業界早早掌握，而有因應，話說 2016 年第一季，空中巴士公司啓動設立了量子電腦應用研究單位，可以說是開創業內乃至工業界的先河，Enders的數位化宣示，應該是早有部局。關於引入量子電腦這項舉措，在相同期間並未聞波音公司有類似的投入；但是波音公司在生產線採用機器人，可以說有一段時間，而空中巴士某些製程也參雜了自動化機械，只是這些最高是採用了關節式機械手臂，而空中巴士公司另外在 2016 年上半陸

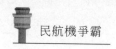

續和日本簽約合作把人形機器人導入飛機組裝線，要解決部份組裝工程師難以進入工作的狹小空間，由人形機器人來施作，也在同時期，空中巴士舉辦比賽，邀請外界工程團隊帶機械手臂打鉚釘，看誰的方法速度快。

《急起直追的 COMAC》

中國商用飛機公司的單走道 C919，雖然幾經推遲，但自 2015 年 11 月首架原型機出廠後，在 2016 年二月接近核心的人員對新聞業界也較明確可以透露估計出大約首次試飛時間落在 2016 年底至 2017 年初。據此，Comac 計畫 2018 年開始對客戶交機，但是業界評估最可能的時間是 2020 年；如果要談到對空中巴士及波音的市場份額發生影響，以筆者的了解業界推測會是訂單部份在 2020 年超越龐巴迪及 Embraer，2025 年的交機數才有可能達到全球單走道交機數份額佔 10% 約 150 架，在 2016 年 2 月的數字顯示，C919 累計的銷售數量達到 517 架，約是同期間空中巴士訂單庫存的 13%，確實已經不容小覷。

《民航公司購機思維》

全世界各地區的航空公司的飛機採購策略思維大有不同，以下就幾家大型公司作說明。

新加坡航空公司是傳統航空公司中的模範生，新航的購機策略，模式除了早年在民航界熟稔的維持平均服勤 8 年的年輕機隊，汰除後仍可以較好價格賣給二手飛機市場，原因就是本身的風評好，二手機價格也比其他來源的高，而公司營運上可以避開老飛機頻繁的 C check；之外，在 20 世紀後十年，便成為飛機製造業者設計新民航機所要諮詢的對象，首訂客戶；飛機要設計成滿足新航營運所需，自然會下定單。A380 就是活生生的例子，從設計開始，新航便成為空中巴士認定的重要客戶，新民航機的各項諸元，自然要在飛行性能條件下，通過新航的營運營收及成本目標。所以比起其他民航公司，新航幾乎可以說是極少數擁有客製化待遇的，這種情況，近年也發生在阿聯酋航空公司上。前述新航的購機策略，主要體現在其扮演長程洲際航線樞紐上，以往只要著重在購置長程雙走道機型；2010年後，東南亞及印度的民航市場新盛勃發，新航也因應投入發展區域樞紐運量，組建單走道機隊。新航在民用航空界的地位及對空中巴士公司的重要性有多重要，單看下列兩件事就可看出，第一件是 A380 最先開航的就是新航，頭班航班機票是用網路競標方式，新聞作很大，筆者記得新聞還訪問到一位年長乘客，因為搭過 B747 首航，這趟特別專門來搭 A380 新機首航；另一件是空中巴士把公司出廠的第一萬架大飛機，交機給新航，這是一架 A350-900，標誌意義自不在話下。

日本的航空公司購機理念是和製造飛機綁在一起，特別是來自美國的波音公司訂單；由於自二次大戰結束後，美國的飛機製造業就一直將日本列為一階系統構件供應商，所以日本民航界自然會傾向配合互利，購買美製民航機；遠的不說，就舉 B787 為例，機翼結構件及碳纖維原料就是由日本製造商供應。很合理的，日本的民航業者用了大量的美製飛機，當中還曾以長程 B747 機型飛航日本國內線，好不容易在 2010 年之後，一家日本廉價航空 Skymark 訂購了 5 架 A380，卻在 2014 年六月因財務狀況不佳，已經進行內裝的 A380 被空中巴士扣下，後來申請破產重整，到了 2015 年 ANA 接手整頓，也只買下 3 架；另外一筆日本航空

Japan Airline 對空中巴士簽下 31 架 A 350 XWB 訂單，才真是驚動全球航空界，甚至打破長期給全球航空業印象中的美日兩國默契，這個時間點正好是緊接在 B787 因鋰備用電池接連失火，被 FAA 下令停飛後，等於是波音公司給了對手空中巴士天賜良機，打破其一向在日本市場長程機種寡佔的地位。日本民航機市場在二十一世紀初，全球普遍的大飛機雙巨頭氛圍下，是個特例，既使前項 A350 訂單交貨後，空中巴士在日本的機隊佔比也過不了 25%，相對五大洲服役民航大飛機多落在 50 比 50 的附近，這個數據實在太低了，甚至低於美國航空公司，而它竟能發生在全球已開發國家第二大經濟體，就足以想見日本和美國的軍工體系抱的極緊密。

美國四大航空的購機理念有兩大主流，一是要能達到航班要多而不是集中，另一主流是飛機要買飛行有一陣子的穩定機種，即使是採購新機型，也是選擇晚些出廠的，最早完整兼備採行這兩種主流於購機的就是廉價航空的始祖美國西南航空。美國的國內航班主要在滿足商務客及國內旅遊，早在民航發展初期，航空公司的競爭下，就明白班次要多，隨時要有座位，來滿足商務客的方便彈性的需求，也就是商務客到機場不能等太久就要飛，如果等太久，還可能改搭別家，所以不管是支線航班或區間航班，他的上座率不是要班班很高乃至客滿，且如果遇到尖峰時段，稍等一下就可以搭下一班；因此空中巴士配合旅客逐年增加的大機型多座位新飛機發展策略，美國的四大航空公司不容易接受，反而依舊親徠波音公司低座位數的 B737 及 B787。這個購機理念，到了國際航線上又是不一樣的市場狀況，卻是一樣的結果，那便是美國人並不是非常熱衷國際旅遊，筆者曾看過一個數字，大約七成的美國人竟然一生的活動範圍只限於出生地的百哩範圍內，再加上，許多國際線因為美國在開放天空的政策下，一路在 21 世紀促成他國的航空公司蓬勃發展，造成美國三大航空公司的國際線攬客成長率低營收增率不佳，惡性循環下，根本沒想要採購座位更多的新型雙走道長程機種，滿足旅客飛行舒適需求，最顯著的事件便是三大航空密集在 2016 至 2017 年間到處指控波灣航空公司們受政府補貼低價搶走其客源，導致美三大航走上減班停飛一途；美國在國際線讓利的情況嚴重到令筆者驚訝，在 2017 年八月，讀到一篇網站新聞的報導，提到達美航空首次申請開通北京航線，而該作者調查顯示，國航每天飛洛杉磯，甚至已有一天三班，回想筆者首次見到國航飛機是遠在 1990 年的舊金山機場，算起來距今已經 28 年了。因此，如果觀察 2015 年後的三大航空購機模式可以發現更趨保守的做法，包括先前採購的機種，轉向同機種座位少的機型，或是轉向較舊型的機種，同時也較訂單原定交機計畫延後時點達二至三年都有，例如美國航空將部份 A350 換成 A330。

但是，美國四大民航公司持續延長旗下民航機服役年限的做法，甚至連飛機內部的座椅老舊也不翻新，終究招來乘客廣泛長期的怨言，反映在網路上的屢見不鮮，無怪乎在美國至波灣的航線上根本居於競爭弱勢，因為乘客寧願選擇波灣航空公司舒適座位的新機種。還有，像是西南航空在 2015 年至 2016 年期間就發生多起機件機體在飛行中故障的意外，顯示依照表定期間的適航檢查規定，已經不能完全避免因老舊造成的失效；反倒是小規模機隊的夏威夷航空，在發生蒙皮空中脫落的意外事件後，催生了更新機隊的購機計畫。

阿聯酋航空公司的世界地位，在成立之初，想必自己已經預見其必然不凡，所以買飛機就是二話不說，大器便是。有鑒於中國必將崛起，亞洲隨之新盛，全球的空運大樞紐會移至中東地區，隨著杜拜由荒漠中升起之際，有望成為東西方雙向轉機點，阿聯酋航空便順勢大力發展，機隊一開始就和空中巴士長期合作，主力鎖定四走道的 A380，自 2000 年四月的第一筆單客機 5 架開始買起，2001 年底再買 15 架，又過兩年下第三筆訂單買 21 架，2006 年時，第一筆訂單的兩架貨機型轉換成客機，2007 年又訂了 15 架，累計來到 58 架；因為延遲上市，阿聯酋還獲賠一億一仟萬美金。2010 年，阿聯酋繼續在柏林航空展上下訂單買下 32 架，這筆單不是為取代高機齡用，而是為了擴展。一度將 80 架的 A350 訂單轉回成 50 架 A380，因而在 2013 年累計訂購了 140 架，2017 年六月還收下 2 架 Skymark 孤兒機，截至 2017 年 11 月總計運交 100 架 A380 且全數運行。但也不免的是另一半運量採用 B777，平衡維持飛機製造業兩巨頭共榮生態。由於第一等級的航空公司，為維持機隊平均年齡在八年左右，都會十年後很快淘汰至二手市場，阿聯酋如何處理十年以上之 A380，將是航空界從所未見的新課題。也由於阿聯酋航空運量世界首屈一指，民航大飛機製造業設計新民航機時也希望他能買單，因此讓阿聯酋贏得客製化機型參與討論的特殊待遇，像是 A350 及 A380 和 B777 的改款，都要諮詢阿聯酋；董事長 Tim Clark 連續多年都要把討論民航機設計持有的觀點透露給新聞界，重點帶到的是如若沒照他的意見就不會買單，而 John Leahy 就會隔山打牛，說 B777-9X 的新發動機要適應波灣機場的高溫就必須更增加大推力滿足起飛重量，如果其他民航公司也買，會多花冤枉錢在額外推力上。

前面提到，那場美國三大航控告波灣三航的風波，最後在 2018 年五月由白宮親自作出聲明後，結束了，美三航沒有達到扭轉劣勢的目的，甚至最後要打擊阿聯酋的第五航權，以為辦到了，卻在追問美國政府得到所謂「凍結」的答案，就是目前已經在飛的，繼續飛，而落空了，反而是阿拉伯政府說與美國自 2002 年簽訂的開放天空協議繼續有效。阿聯酋航空經由雅典及米蘭實施的飛航繼續，更早卡達航空已經透過持股義大利 AirItaly，塞給它民航機，採取另一種形式來獲利；當下美三航可以寬心的是，波灣三航沒有計畫開啟新的第五航權。

德國漢莎算是歐洲最大航空公司，歷史悠久，機隊龐大，因為屬於傳統全服務航空公司，德國又位在人口七億多的歐洲地理中央位置，所以漢莎航空建立樞紐輻射航網需要的機隊是涵蓋了大飛機製造業所能提供的各式運量航程機型，來滿足其旗下的短程區域航空公司和其本身長程洲際飛行所需運量；特別是旗艦型像 A380 不在話下，之外，也採用了 B747-8，只是這樣的安排明顯是討好的意味很濃，因為既然航線中有這樣大的運量存在，汰舊換新何不集中在單一機型上就好？或許是因為考慮到原有的運量是由 B747 擔大樑，既然波音公司推出 B747-8，公司這部份的機師及維修體系可以較低的投入成本繼續持續一段期間；但漢莎採購四走道 A380，必定是德國民族務實的本性，讓他選擇既能符合其運量發展所需的，也能因應全球樞紐機場民航機起降時間縫越發難以取得的窘境。像這樣長程超大機型維持納入空中巴士及波音兩大並存的航空公司，還有二級機隊的韓國航空。

筆者首度開始寫本書是在 2015 年 2 月，當中因為工作的緣故停了很久，直到 2016 年 8 月才又繼續開始密集寫作，但是當我發現新聞報導谷歌公司在他家專利的垂直起降飛機上加了機翼，通過了，瞬間讓我緊張起來，就在那一兩週裏，我把我常年設計的垂直起降飛機做了突變，趕緊申請專利，因為自己寫專利內容，只好把本書又暫停了，直到 2017 年四月，我終於全力全時持續寫本書，之前我除了為本書思索定位擬定大綱想定書名，大概僅寫了一萬五千字，也因為這個期間展延跨越了將近三年，所以反而沒錯過許多民用航空業重要的思維策略創舉。最令我有感的是 easyJet 在 2017 年九月 27 日宣布與 Wright Electric 合作要開發一款民航大飛機，採用燃油電力混合動力，設計航程雖然只有五百多公里，但足以涵蓋其今日兩成飛行兩小時內的航班使用，筆者不得不藉此讚賞 easyJet，一家廉價航空公司自己找一家公司設計飛機，雖然成不成還要十年後才見分曉，但的確也是創舉，可以和 Richard Branson 的維京航太同屬典範。這一件事，讓我預見的飛機經濟潮流變動極有可能開始發酵，那便是民航大飛機市場會不會開始分裂？一開始本書就定位在探討 100 人座以上民航大飛機的市場，這塊空中巴士公司主打的市場並非民航運輸的全部，還有一塊 100 人座以下由渦扇噴射引擎推動的區間飛機市場及渦輪螺旋槳引擎帶動的渦槳飛機市場，雖然金額比重沒空巴及波音那塊大，可全球也有超過一萬架在運行，換言之，100 人座以下市場既然能存在，百人座以上市場就有可能分裂，分裂成另一種量身定做客製化市場，這是有跡像可循的，所謂的 MOM（Middle of Market）便是可能的引發點，怎麼說呢？所謂的市場中位指的是民航大飛機的座位數及航程距離剛好處在中間數，這條件原本指的是 B767 兩款機型，三百人座飛在大西洋航線的主力機隊，算是波音公司壟斷的市場，數量約有 1,000 架，因為 B767 也將淘汰，業內人士也談了兩年，空中巴士公司沒在操心，因為 A321neo 價格條件都合適，波音公司到 2017 年尚未明確拿出盾牌捍衛。這裡我們要看到的是，極可能一仟架就是個坎，無論是切入也好，或是防守也好，都值得行動，而如今 easyJet 機隊約 268 架在運行，又把短程單走道民航大飛機立了一個坎，空中巴士公司以四種機型佈下的產品線網會不會因為萬一真發生的航空公司機隊客製化大浪潮而面臨調整？以往僅有新航和阿聯酋享有參與民航機設計的尊榮，未來會不會有更多家提出也來訂做？

第十二章 大飛機人物及航空經濟

《Tim Clark》

　　Tim Clark，阿聯酋航空公司董事長，可以說是空中巴士長程飛機發展策略的領頭支持者，善用者，聖誕老公公，一家公司合計就購買了一百四十架四走道 A380，佔了總數 317 架將近一半。但是他也曾經在 2007 年一次訂了七十架 A350，接著在他錦上添花訂了價值兩百三十億美元的 50 架 A380 後，不到半年時間，就在 A350 快要飛滿認證時數時的 2014 年，又將 A350 訂單全數取消，為航空運輸業留下極大的疑問，彷彿 A350 有不為人知的瑕疵。在買賣飛機方面，他的行徑宛如金庸筆下討喜的人物周伯通，有一套自己右手打左手的功夫，起先是在飛機的概念階段批評 A350 座位數太少，空中巴士不聽他的意見，若不改他肯定不買，一會而他又在 2007 年大手筆的下訂七十架，後來，在 2013 年的杜拜航空展，波音公司推出 B777X，他又是大筆一揮簽下訂單，總數高達一百五十架，還加碼購買意向五十架，連同 50 架 A380，總價值七百六十億美元，有夠霸氣。但是，他對這款四百零七人座的飛機，也是要再一次顯示他的飛機設計功力，不放過與通用動力公司討論，把發動機推力增加至十萬零兩千磅，以確保在杜拜機場年度最熱的八月份攝氏四十九度時，發動機燃燒室溫度不會受限，導致減少最大起飛重量，據說，還要搬出早期噴氣發動機加裝燃燒室注水的設備作為解決方案，又擔心增加重量，真是左手打右手。總之，除了精挑細選能夠為阿聯酋賺錢的機種外，Clark 董事長也扮演了航空工程師，參加飛機設計的工作，歡喜就好。這種用心學習又認真專研，在載具技術上和經營事業上執著的態度，讓筆者想起在台灣鶴起在全球發光發熱的故企業家張榮發先生，筆者曾拜讀過多部其書籍，包含「本心」，Tim Clark 雖然是位經濟學人，沒有跑過海運，但他的父親卻是位油輪船長，莫怪呼，A380 在他腦海中哪叫大！上個月阿聯酋才剛接收第一百架，機隊全數集合，放眼停機坪，差強足以。他也在 A380 上設淋浴室，上層搞成宴會廳，盡可能做到奢華，給旅客體驗難得的經驗。

Tim Clark 在 2016 年三月批評空中巴士犯了大飛機開發策略上的錯誤，不應該想把 A350 繼續衍生，而應當把資源集中在 A380 改進升級，甚至喊出 A380 升級後，他立刻下單買 200 架，這自然是一個空中巴士可以考慮的方向。繼 A350 投入原型機隊展開測試後，航空界就開始了各種聲音想法，在繼 A350 上市訂單潮之後，要推出哪種衍生機種，方向有 A380neo、A380-800 人座及 A350-2000 加長型等說法，John Leahy 便曾更正自己，拋出 A350 衍生加長型。

關於 Clark 的呼籲，是認為機身加長後的 A350 會給機場操作上帶來困擾，John Leahy 則回應說不可能為了槓上 B777X，跟從（swaying）買它的航空公司，情願為聯合航空及英國航空一類航空公司去優化衍生一架大飛機，省去開發適合沙漠地區的超額發動機。

　　杜拜城，是一個在荒漠中打造出來的城市，百分之七十的人口來自各地，其中英國人士有十萬人左近，大規模仰賴空中運輸是必須的，自從杜拜國際機場啓用以來，在 2014 年已達到年運量七千萬人次，並且首度以近六千九百萬之一年國際旅客運量超越英國希斯洛機場榮登世界第一，在 2004 年起新的 Al Maktoum 國際機場以一條可容 A380 起降的跑道加上 64 座閘口啓用後，甚至未來還有一座專供廉價航空使用的航空站，Clark 董事長如此努力和飛機製造商成為夥伴，也是必然的，畢竟阿聯酋航空所處的杜拜城，已不容質疑處在全球空中運輸的中心點，且開通了七十個國家一百四十二個航點，發展及競爭必定越發蓬勃。2015 年初，Clark 董事長一直出招要空中巴士啓動八百人座 A380neo，把每座耗油量再降百分之十，還向新聞界透露給空中巴士的糖果蘿菠會是一張兩百架的訂單。網路上就有某市井智者評論說要空中巴士小心未交機的 A380 會被取消，看吧！不是只有筆者說 Tim Clark 像頑童周伯通。

　　一言以蔽之，Tim Clark 大規模組建 A380 機隊，既成就杜拜成為全球航空運輸樞紐機場，也成就了空中巴士打造超大雙層四走道民航機 A380 的雄心。話說老頑童也真調皮，那阿聯酋航空選在 2018 年元月 18 日北京時間下午 6 點 8 分（GMT+8），由 Bloomberg 網站發佈萬眾支持者期待的 36 架 A380 訂單號外，這張續命金單也太有中國味了，溢助項目活到 2030 年。

《John Leahy》

　　John Leahy 是空中巴士業務部門巨星，而且是長期一顆星，自 1994 年起，在空中巴士公司擔任職務達二十多年，不僅時間長，而且在國際上飛機銷售領域時間最久，任內還撂倒好幾位波音公司的銷售長。Leahy 先生是美國人，最早是在一家美國本土的高爾夫俱樂部擔任公關一類的工作，在 1990 年代，因緣際會，受到有催生空中巴士整合及 A380 推手美喻的 Jean Pierson 欽點，因而踏入民航大飛機的銷售之列，一路做到退休；筆者在三次推遲企盼多年之後，終於在 2017 年如願參觀兩年一度的第 52 屆巴黎航空展，然而就在這次展會上，Leahy 君不是向新聞界宣布空中巴士又一次在主場優勢下，於訂單取得量上贏過波音公司，反而是輸了，並且宣佈年底就要退休。這對於許多美國人來講，真可說是額手稱慶；可能部份讀者會是第一次聽說吧，Leahy 君在美國人熱愛航空者當中，簡直可以說是等同於國賊叛徒，因為這位紐約人把空中巴士的民航機銷售到數量和波音公司平分秋色甚至些微超越的境界，他經手的銷售量不誇張，超過一萬架之譜，民航大客機由二十世紀末波音獨大的局面，變成二十一世紀初的雙巨頭格局，美國人認為航空業是他們睥睨全球的國業啊；那種憤怒不僅僅是反映在個人上，時常可以看見網路討論比較 B747 對 A380 的銷售數字時，Leahy 君都會被拉進來數落一番，甚至像 Aviation Week 這樣的權威刊物也一樣，在筆者近十年的新聞追蹤歷程中，至少有兩年發生同樣的事情，就是在 12 月中會先發一條新聞說 Leahy 君表示很快會發表 A380 接獲新訂單，接著就在不到兩週內，讀者在期盼真的有新訂單的新聞時，結果刊出的是今年 A380 訂單掛零，明顯的是在消遣 John Leahy。

2011 年 2 月時，路透社出了一篇 Leahy 人物特寫，標題是「賣天空的男人」，說他把空中巴士公司推上民航大飛機銷售冠軍的寶座，擠下了波音公司，攢下了價值半兆美元的在手訂單，這篇專訪不曉得算不算是寫的太早，因為事後該年，空中巴士接到的年淨訂單沖破 1,400 架，寫下民航大飛機銷售史上新高紀錄，是業界無法想像的，比起波音的 800 架高出七成多，也是業界的驚奇；會有專訪當然是有原因的，因為在 Leahy 帶領銷售之下，空中巴士在 21 世紀第一旬中，有八年賣機架數贏過波音，2010 年全球市佔達 52％，超出一半，專訪刊出前一個月，空中巴士公司正好賣出第一萬架飛機，而 Leahy 經手了 9,000 架。這篇文章引述了幾位民航老闆透露了 Leahy 的做事風格，包含 Clark 說他記憶力好，能記住交易的細節，成交時複雜的大筆金額也整合到各方面都齊全，受訪的國泰航空 Tony Tyler 說 Leahy 是個不倦怠的人，當發現有購機跡象時，他會飛到客戶那裡挖出來，到交易完成，而且很厲害的是，他能克服萬難瞭解國泰的生意，專業之外，Tyler 也會送上一碗蛇羹，看 Leahy 為簽下單能忍耐到何種境地，在東方可不像和 Clark 在倫敦吃米其林三星級，心裡那麼沒負擔。有關 Leahy 能夠去深入瞭解客戶家如何去做生意的說法，有一頁他發表的簡報顯示出飛 A330 比飛 B787 還要賺，客戶如果立刻買 A330 就可以馬上開始賺錢，去排隊等 B787 也補不回每等一年的損失，一般而言，歐美廠商在商場上客戶面前不會去和對手比較產品的優劣，那是第三方或客戶的事，但在 Leahy 來說，他就是要做到參透對手飛機無法滿足客戶需求那種境界。

總部設在法國，卻也沒影響 Leahy 感染成巴黎人，他依舊是個美國人，也沒機會，因為他多數時間在出差上，還連續四年要接受 A380 內線交易調查，儘管 Leahy 和同事都否認涉及違法；他長時間在旅途上是很早就養成的，學生時代晚上在紐約開計程車，唸 MBA 時搭貨機飛越美國大湖區，擔任銷售時，在飛機上睡覺，登機前離機後都在接公務電話，他拒絕打高爾夫球，因為太浪費時間了，當 A380 投入服勤時間由原定延誤半年惡化到 18 個月時，他依舊飛到每一位客戶面前示警，身體受不住了，在美國臨時上醫院手術裝了兩個支架，救回一命，之後依舊沒改。但是 Leahy 也是有師傅的，前任空中巴士（Airbus Industrie）執行長 Jean Pierson，老愛把銷售比做求愛，也曾在客戶面前稱 Leahy 是傭兵，但 Leahy 也不因此為意，不認為有不忠於他國家的利益，因為很多錢還是流回美國的航空製造業者，一年有一百億美金，Leahy 為自己說「身為一位在空中巴士公司工作的美國人，我感受不到一絲困擾，因為我在空中巴士工作之故，許多人在美國也有了工作。」⑩

在 1991 年時，Leahy 剛進空中巴士公司，接到的就是最燙手的工作，要去說服既富盛名又保守的美國民航公司放棄多年穩固的供應商，轉而購買新上市線控飛操新技術的 A320，這可是一架民航大飛機。2011 年開始，Leahy 要賭上一把，力勸不情願的老闆們起心動念翻新 A320，再把熱銷飛機配上省油 12% 至 15% 的渦扇發動機，目標是在客戶面對暴衝的油價時，燃起對波音 737 缺點的韃伐，以及擋住將來的競爭者如加拿大及中國，這場商戰將重新塑造未來二十年單走道機價值 1.7 兆美元市場，六年後，於今看起來終於要翻轉成局。

John Leahy 在 2011 年以前就已經名揚航空界，即便是波音公司也把他當作一名最熱門的仇恨對象，彼此都對對方極為熟稔，波音的高管從不掩飾其深信 Leahy 肯定是仗著歐洲方面的支持，指使其團隊在報價上大幅殺低以贏得訂單，波音肯定心裡受創很深，每週在西雅圖的銷售會議簡報，開始第一頁都是以卡通畫面打出「Leahy 氏現在何處？」，在銷售年會上，甚至會雇用一名演員扮演 Leahy，來韃伐他們的對手，波音公司一任銷售長對 Ruters 說到「我們以前在波音最愛恨的傢伙是 Leahy，多數的損失我們怪罪他，因他我們經歷了失敗。」，說真實點，911 後沒多久，波音消去四分之一產出，辭退 2 萬名工作人員，空中巴士卻墊高了份額，交機量只少了 7%。波音公司在 2002 年至 2004 年期間的民航機頭牌銷售員有感而發說「以前我們對此常用的說法是空中巴士公司向市場倒貨，再拉高產能率，他們在壞年頭時會受到報應，但我認為，Leahy 真正的用意是超越波音，成為最大的飛機製造商，而空中巴士做到了。」

1970 年代，歐洲人為了對抗美國公司，選擇成本分攤的 Consourtium 形式製造現代化民航機設立空中巴士公司，乃至於一開始就引發各國的官僚化，工作職位論國籍分配，其中首席銷售長一職保留給了英國人，怎知道，空中巴士公司（Airbus Industrie）一位任職於 1985 至 1998 年間狂熱的執行長 Pierson，認為在主要市場的美國必須有一位當地臉孔，遂在 1994 年拔擢 Leahy 領頭美國市場運作，Jean Pierson 已退休，憶起當時，直說英國人是有批評但也務實接受。

關於超越波音一點，的確早就存在 Leahy 心中有跡可循，早在 1995 年的一場董事會上，Leahy 就極力說服空中巴士要大膽挑戰波音，「有董事就問我說，銷售團隊有夢想目標很好，但是呢，我們是董事會，想知道你心中的真實數字是多少？，我說 50%，他們都說不出話。」，「佔 20%，在世界市場不算什麼，要作一個危險人物，從份額百分之二十至四十的「坑」裡跳出來走向百分之五十。」Pierson 認同說到。由於 John Leahy 出身美國航空界，他自己就牢記麥道創辦人的事蹟，因為道格拉斯的想法策略是

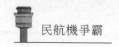

圈幾家客戶，穩穩做好 20% 的市佔，但事與願違，最後被波音吞噬，殷鑑不遠，目標拉高是上策。

在航空界赫赫有名的 Steven Udvar-Hazy 和 Leahy 也很熟，熟到 Leahy 都知道 Udvar-Hazy 求婚是在散步到一條跑道頭開口，但是也有非常戲劇化的時候，話說在 1990 年代，身為 International Lease Finance Corp, 創辦人，Steven 當時算是 Leahy 的最大客戶，某一年，空中巴士在夏威夷舉辦晚宴，當時，Udvar-Hazy 已經賣掉 ILFC 另外設立 Air Lease Corp., 晚宴當天的報紙刊出 ALC 買下 100 架 B737 的頭條新聞，一早 Udvar-Hazy 把報紙塞進 Leahy 的門縫，晚間就在賓客盛裝的宴會場上，Leahy 把 Udvar-Hazy 推下泳池。Udvar-Hazy 回憶說到「他很心酸，而我前一周才接收第一架 ALC 訂購的空中巴士飛機，我們當時可穿的是體面晚禮服……，我要應付的就是這樣的供應商。」，民航客戶因此知道 Leahy 輸掉時的反應。

前面說到 Reuters 的專訪，當時記者就在問何時要退休？Leahy 在此時已經服務了五位空中巴士的執行長，並且在「戰場」上摔倒了七位波音公司的銷售長，如此佳資，是其對手只能夢寐以求的。總之，Leahy 終於在 2017 年 67 歲時宣布要退休，本來是不參加杜拜航空展的，但後來公司要他做到年底，看能不能臨去秋波，拿下關鍵訂單，特別是補 A380 銷售上的空窗。杜拜展前一周，在第一百架 A380 交付阿聯酋儀式上，新聞界不免又問，新狀況是公司正開始新一輪尋找接替人選，而且是找著了，Leahy 才退休。

以上這位 John Leahy，1950 年出生的紐約會計師之子，自己婚後育有三位子女，大學讀的是於美國紐約耶穌會創辦的 Fordham 大學溝通及哲理（Communications and

Philosophy），進入空中巴士美國分部任銷售員之前待過 Piper 飛機公司，最終，業界估計他任內一共經手售出了 15,500 架牌價總值 1.7 兆美元的民航大飛機，無疑的是個紀錄，成為典範寫照。

2017 年 11 月，John 接替人選出列，由發動機商 Rolls-Royce 執行長 Eric Schulz 接任，12 月時，還沒交接歡送，空中巴士又接到年終大訂單，Leahy 任內最後一單，來自達美航空採購 100 架 A321neo，這單是一筆溫馨單，記者給讀者複習了一堂歷史課，原來 John 在空中巴士公司簽下的第一筆訂單就是達美，有始有終，沒說千言萬語，卻暖到心窩爆表，首握資君翔萬里，再握擁憶三旬業，千萬匠師造飛機，滿天飛灑君有功，民航大道罩全球，相逢謹記在航家！

⑩ 引述來源：參考資料第 111 條

《Richard Branson》

筆者在 2008 年重新認識了 Richard Branson 爵士，在當時台北某出版社出了一本中文譯本自傳，大大改變我對他的觀感。以前我只注意到他是賣唱片起家的一位商人，致富後經營維京航空 (Virgin Airway)，每次上新聞的照片都是有穿著暴露的貌美女子圍繞在他的身邊，在將維京航空推入美國市場其間，他的知名度竟曾被 Bloomberg 以商業經營績效作成新聞節目，拿來和川普作對比，讓他在說話方面的拙態被定像劣於川普。看過他的自傳後，才發現他本性是個誠實的人，他告白自己犯過法，年輕時剛踏入音樂銷售一途，為了自歐洲大陸攜帶一批音樂片進入英國，在渡輪上被海關抓到逃稅，自承為此告誡自己絕不再犯法。

並且，他是一位愛家的人，家庭美滿，每年都會全家一起度假，而 WhiteKnight 的首度出廠面市命名，他找的是母親來擲瓶；他許多像花花公子加冒險家的瘋狂廣告舉動，像廣告澳洲維京航空機票開賣，他被吊在直升機底下飛越雪梨市一節等等，都是他集團的廣宣同事策劃的，他則是不計形象極力配合賣命演出。最讓我印象大改的是他幾乎可以說是航空熱愛者，超過我以往認識的航空公司老闆，早在 2000 年時，他就投資生產生質柴油，加上他和 Scaled Composite 公司創辦人 Burt Rutan，長期討論制定適合太空旅行的載具規格，他的商業經濟想法及勵行科學家工程師的做法，讓我感觸到這不就是典範嗎？空中巴士的 A380 開發也得力於維京航空的訂單資助，只是維京集團投資太廣，2008 年的經濟海嘯，特別傷到在杜拜的投資吧？維京都沒進一步接收 A380，最終在 2018 年取消訂單。

《Thomas Enders》

Thomas Enders 是 Airbus 公司於 2007 年經董事會扶正後，成為 EADS 單一執行長，結束與 Louis Gallois 雙執行長共管的階段，2017 年底傳出 Enders 只作到 2019 年初兩任任期結束的消息後，知名且權威的航太週刊（Aviation Week）選出 Enders 作為 2017 年度人物，並且出了專文介紹他在空中巴士職涯期間的作為成就，其中之一是公司經營正當符合公司法，之前是不存在的，投資人以為是屬於公家的職業計畫，但是他減少政府的影響力，採取投資人為本的策略。他的去職原不在規劃中，仍有第三任可作，但為了內部受調查的不適當商業行為，雖不是他的錯誤，也必須因為是領導者負起責任，顧問公司 Teal Group 分析師不遮掩地批評空中巴士說，在 Enders 之前，空中巴士內要嗎是空降的不良領導人，要不就是不具遠見的殷實公僕，他是第一位把公司當作私領域運作的。就是因為包括前述原因及其他更多因素，讓這位個性上強硬且說話講重點的 Tom Enders 獲頒年度人物。

德國籍 Enders 是在 1991 年加入 DaimlerChrysler Aerospace，開始在空中巴士的職涯，從事營銷及後來的策略，2000 年被提名出任國防及民用系統執行長，2005 年成為 EADS 共同執行長，2007 年成為空中巴士公司執行長。筆者當年就探究 Enders 的德文意義，作為家姓是音同 Andreas，源自希臘，意味「有男子氣概的」，正港男子漢，具備勇氣及力量的特質。航空週刊列舉 Enders 功績包括，以 A330 競標美國軍方空中加油機失敗後，策略上將阿拉巴馬州廠區轉作窄體客機組裝廠；繼 2006 年及 2015 年兩度拒絕龐巴迪提議合作 C 系列項目後，等到有客戶親睞加上通過認證，再無風險，最後在加拿大政府電話關切下，聰明簽訂製造合作協議，撇開負債累累的前期開發，還被航空週刊稱讚他眼光獨到，C 系列更先進的線控飛操及複材機翼技術，成為空中巴士邁向下一代單走道飛機的橋樑，甚至被形容成，中國商飛挑戰雙巨頭所需技術之取得遭到阻斷，Enders 甚至說出加拿大正成為空中巴士家國（home nation）之一。這篇航空週刊專文報導繼續回顧空中巴士國際化發展策略的路途轉折，提到法國政府歷來不傾向把工作機會送到國外，直到 2012 年總統大選之後，空中巴士集團內部這股力量才被削勢，Brégier 是受到影響最大的領頭人物，原先在直升機公司深耕養望長達一旬，可望問鼎 EADS 執行長的當年，因為 2007 年 Enders 在最後一刻放棄職位更高的集團單一執行長，選擇擔任營收佔 80％的空中巴士公司執行長，以免 Brégier 擔任民航機事業執行長後，試圖分割建立自己的封地，因為此舉之故，Brégier 改任 COO 長達五年，直到 2012 年才接任 CEO；Enders 自己認為那五年下來，讓他更深刻認識商業世界及集團內的關係連結，有利於日後升任 EADS 執行長。另外，在 A350 研發項目上，報導也提到，Enders 否決了前面四次遜色提案，直到 2006 年初首肯了今日的 A350。他也是一位堅持善念的人，絕不理會有問題的訂單，2014 年時也把集團內一家簡稱 SMO 的單位解散，其中一點原因是對其老闆 John Leahy 不清不楚。而航空週刊也刊出得自 Brégier 身邊的話，認為自己只是對某些職務作出爭取的雄心企圖，自己是全然忠實的，不應該承受許多形同羞辱的職務摘除更動，法國也很驚訝 Enders 竟藉由引入軍事藝術操練領導公司。

航空週刊又透露，Enders 對 Brégier 有看法，認為他是「Lagardere Boys」一員，屬於企業鉅子 Jean-Luc Lagardere 支持下法國航太領域精英學校所培養出來的管理階級，雖然從未指出 Brégier 犯了什麼錯，唯多數意見直指這個世代通常在規則遵守上是放鬆的，一位離職的僱員說 Enders 是「如果有一個想法是要避免衝突，那麼去做本身便是錯誤；但若想法是要把事情看清楚，去做就是對的。」，這就是 Tom。

《再會吧 首推慶功大典》

民航大飛機首度組裝完畢，製造公司多半不免要舉辦慶功宴慶祝會一類的活動。筆者首次注意到的是 A380，實在是太巧合了，當時我第一次為旅遊而出國，一夜隨團住進一家雪梨的旅館，打開電視，碰巧轉到慶祝首架 A380 組裝完成的特別節目，因為是棚內，畫面有時又搞得像是夜店，許多人物發言，又有藝術表演，很熱鬧，但我看了半小時，鏡頭只能呈現局部，始終看不到 A380 全貌，應該是全機太高大了吧；之後又過了多年，輪到 A350 首度出廠，這次就太簡單了，來個停機坪快閃式合影，耗時要不了半天，一個通知就解決了，之後也沒有其他正式的任何儀式類慶祝活動。是發生了啥事？為何有如此大的轉變？一架民航大飛機匯集了航空界精英的智慧及努力，以前可以好好慶祝，讓世界知道新的民航大飛機出廠面市，作一些廣告，十年也不過難得出一型。有些新聞報導給了個說法，原因可能是，當年的 A380 問世搞得太風光了，形成一種對飛機製造業的魔咒，導致一連串 A380 的服勤（Enter into service, EIS）延宕，工程上歷經多次推遲量產放量、翼肋更換召回等事件，同時也發生董事長換人及 Power8 公司組織重整，航空公司怎不抱怨，十年來銷售不佳，空中巴士公司怎能不好好檢討改進，大肆慶祝首推便遭到取消。

另外，同期間，波音公司在 B787 上也發生類似事件。話說在 2008 年，北京將舉辦奧運，波音公司在之前就向外界預告，要以 B787 載運各國參賽選手飛抵北京與賽，這個宣示很早提出，剛聽說時是很有可能，後來因計畫延誤，辦不到了，波音公司改成要在 2008 年 8 月 8 日要完成首推出廠，討個數字上的吉利，這件事也真的辦到了，但是代價太大了，因為用在最終組裝的螺栓尚未交貨，臨時到大賣場買了一批把飛機組起來，等人為加工首推完成後，再推回廠內拆掉。筆者無話可說。路透社曾經在 2011 年 1 月為 Dreammliner（B787 族名）作過新聞專訪，檢討為何導致計畫落後三年，這時剛發生第七次延誤，B787 因試飛發生電子艙失火，暫停試飛檢討。B787 這架成功的民航大飛機，歷經多次更改交機時程，它的延遲將會是民航大飛機的案例教材，而空中巴士公司也把非屬製造的工程因素首推慶

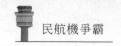

祝大典列為教訓，在後來的 A350 上取消了。

《大飛機製造業的特點》

《長期策略》

因為大飛機是一個資本財，策略不可能一改再改，所以勢必要對趨勢有定見抓準趨勢，甚至創造趨勢領導趨勢。大飛機研發期間長，參與製造的廠家遍及全球數以萬計，一旦策略變更影響到供應鏈隨著調整，都會是曠日廢時，管理者若非出自科技工程，面對諾大團隊，控管未必能如預期，最終不免錯失商機。筆者觀察，波音公司自低座位數轉成大座位數，彌補 B737 機族訂單落後，已然太遲，再加上一直未能從新設計，改變原始起落架短的缺點，致使換上新省油發動機，效率上還是沒跟上對手。由於二十一世紀的油價大漲，整體行業意識到不會有便宜的油，所以日後在大飛機的發展策略上，將會首先考慮能源的效率還有碳排放量的法規符合上，在飛機設計上必得考慮。還有相應設計的製造技藝及設備和運輸機具都是投資下去就是使用幾十年，在規劃擬定時都不能等閒視之。

《延遲上市》

新飛機因為有新設計新技術的引用，因此是研發設計比重非常高的產品開發案，不幸的是，工程專業人士在今日歐美大飛機製造公司的管理階層少之又少，就連空中巴士公司搞得好的高管也是，細細看其早年專業都和工程無關，也難怪項目延遲是比比皆是，筆者早年作研發工作時，就有聽聞西方工程界戲謔稱呼研發 R&D（Research and

Development）為「Rework and Delay」（重工及延誤），研發過程不是會作文章看財報的 EMBA 所能理解的，更不是賺來圖來料及簡單層次加工組裝，但也辛苦發了大財的製造業所能認知到的，所以在規劃時程上很難有準時完工或即時完工的好事。

《成熟設計》

大飛機製造業的相關製造技術已經可說成熟化，由於最有利商業飛行的航速已經停留在 0.85 馬赫上下，大飛機空氣動力特性的最佳化已經達成，飛機外型大致如同今日讀者所見，一對低置主機翼配置在機身下半，發動機掛在機翼前緣下方，機身尾部集合了垂直水平方向舵，起飛降落的輔助操縱面也連同機場標準起降模式固定下成了標準配備，在這樣的配置下，機體機翼發動機等結構的動態特性及應力分佈等分析也成了固定模式，無論是雙巨頭或其他公司都會在相同模式程序下設計製造飛機，但是，隱憂就是真正有經驗的工程師會很少，且一生可能只有一次體認的機會，甚至很可能隔代傳承，難保不會禮失求諸野，例如 B747-8 研發設計時，甚至還找回原 B747 設計部門經理，出身為受專業航空工程教育，有「B747 之父」尊稱的 Joe Sutter，在年近九十的高齡時，來參與解決 8I 機翼顫振（Flutter）的問題。

二十世紀麥道公司所設計的後推式，發動機掛在機身尾端的兩側，這樣的特徵，今後可能只存留在公務機上，大旁通比渦輪扇發動機的大直徑體積，搭不上如此的配置。

《發動機扮權臣》

前面曾經提到，飛機製造廠手握機翼製造的秘訣，是其他製造業沒有的，但作為霸主角色，旗下一級供應商宛如國中重臣，特別是發動機製造商，猶如春秋時代的四大公子，握稱霸關鍵，動見觀瞻，舉足輕重；現今，勞斯萊斯、P&W、通用動力及 CFM 四家發動機公司，幾近全面掌握民航大飛機的運行，稍有不慎，打個噴嚏，民航運輸業便跟著減班停飛掛病號；還有，在飛機外型已然經航空先驅及工程師優化空氣動力特性而定形多年後，作為提供動力推力的發動機仍舊在演化之中，身為具備複雜的熱力轉動多系統模式偶合的大型設備，不但一直被賦予安全可靠的要求著，省油和減空氣及噪音汙染的要求也接續，還被重重地責成為紓解地球暖化出力，2020 年飛往歐洲的航空公司便要開始被歐盟檢察碳排放量。如是，民航大飛機的發動機，百年來，已經作了兩次突變，第一次從往復式活塞發動機到渦輪槳，第二次突變成噴射式及渦噴扇發動機，螺旋槳變形成渦扇，起初為燃燒室扇熱順便讓進氣通順，使偶發鼻塞根治，不知不覺中，渦扇準備顯著地搶了噴射在推力上的貢獻量。等於說，當年噴射發動機問世取代螺旋槳作為噴射飛機的震撼推力，帶給世人的那種刺激快感，經過一番進化又走回老路，只能往軍用噴射戰鬥機群裏重溫。

《航空經濟－航空業未來的四大機遇盛會》

筆者自 1976 年高一參加航空模型社選擇了航空作為志向，大學並考上航空工程系，學到了與飛機設計製造有關的高科技技術，服役也在空軍軍種，之後又有幸受到師長的厚愛，回到學校擔任助教，只可惜後來在台灣的航空業一直錯過,未能進入行業內。之後,在二十一世紀的 2009年,透過網路修習澳洲 Griffith 大學航空管理研究所的課程,學習了解航空運輸業的組織運作,乃至於需求想法。綜合個人在航空工程及航空運輸管理的所學,體認到未來航空業及其航空經濟有四大機遇,牽涉到開發新載具,產生全新的航空運輸模式,可資投入發展,分別是太空旅行,超高音速運輸,無人機市區運輸,以及筆者倡議的以垂直起降飛機為載具的中距蜂巢網路。

《超高音速運輸》

作為海權時代大國的英國及其子民來說,既使在今日由澳洲東岸或紐西蘭飛往英國的 24 小時二段航程,實在是必要卻又是超長時間的旅程,相較於殖民初期的單趟以年為單位的航海時代,雖然已經大幅縮短,但是仍舊是超高音速飛機設計的目標市場,總是拿這段航程要在多久時間內飛抵,當作標竿。自從協和號退出市場後,就有多家公司陸續提出規格,打算開發超音速乃至超高音速飛機;筆者認為這個市場大有可為,因為還是有乘客希望減短飛行的時間,數目足以形成一個有利的利基(nich)市場規模。

由澳洲東岸往返英國的航程會如此受業界注重,其來有自。筆者於 2005 年於雪梨旅遊時,導遊介紹一個位在港岸邊的岩石高點,說這個位置是當年一位總督的太太為了等他的先生自英國回來,每天駐足的地點,駐足等待並不傳神,總督夫人實是搬了一張椅子坐,每次這一等就是要四年。這條航線在有航空運輸的年代,就是熱門的,培養出 Qantas、Cathay Pacific、SIA 等三大航空公司,香港和新加坡也成了重要的中轉機場,當中 Qantas 起步最早,在 1947 年 12 月開飛了有名的袋鼠航路(Kangaroo Route),

以 Lockheed Constellation 機種飛行，單程耗時四日；到了 21 世紀初期，由於民航機越飛越遠，樞紐機場新星杜拜，在競爭上也獲得 Qantas 的青睞，促成與 Emirate 結盟，相當程度對 SIA 及 Cathay 造成影響；不僅如此，時至 2017 年，Qantas 公司透露還在挑戰悉尼（Sydney）至倫敦的不著地飛航，候選機型有空中巴士的 A350-900ULR（Ultra Long Range）及波音公司的 B777X，要把現在的落地一次 24 小時飛抵的飛航時間縮短到不落地的 20 小時。但是，這條超長程金雞母航線的飛行時間依舊是航空製造業挑戰的目標，一旦超音速客機成功，除了可以滿足旅客縮短時程的需要外，許多城市對點對點的飛行運輸市場也可以起來，因為付的起高價機票的乘客多了，足以支撐這塊超音速商務運輸利基市場所需運行成本乃至獲利。有同樣想法及眼光的包含 Boom Supersonic 公司，已經在大型航空公司 JAL 投入一仟萬美金資金下，真正於 2016 年進行開發一架速度達 2.2 馬赫，座位數 55 人的超音速客機，也允諾 20 架訂購選擇權，算是 21 世紀動作最快的，還發下豪語要在 2020 年實現商業運行。還有一家 Aerion 公司，鎖定奢華公務機市場，項目總投入 40 億美元，目標要製造 300 架，這架型號 AS2 世界首架超音速商務噴射機，時速 1.4 馬赫，自 2014 年開始在空中巴士公司內進行了機翼及機身檢討，也在系統及飛操方面進展到佈置（Layout），因為不是空中巴士的優先項目，2018 年一月對外宣示的進度及新團隊顯示，項目在 Flexjet 20 架訂單，加上 Lockheed 接手設計，GE 承諾開發專用發動機，還有 GoldmanSach 出面發債 2 億美元之下，繼續進行，預定在 2023 年首飛。

《太空旅行》

太空旅行這個項目發展的時間相當長久，早在二十一世紀初期的美國航太業，發起一項競賽，看哪個與賽隊伍能用最短時間，用其載具把成員再度送上太空；用意是找出最省能源且最快速的方式讓太空運輸經濟化常態化。這個競賽催生出英國爵士 Richard Branson 及美國民間航空機設計師，有當代萊特兄弟美譽的 Burt Rutan 先生的合作，賽後運用以 Spaceship 及白騎士 WhiteKnight 載人進入大氣層邊緣觀賞太空美景的商業模式，成立太空飛行公司，預售機票，改良飛行器，多次試飛認證，並建立發射機場；此期間，要克服政府及技術上要做到安全無暇的重重難關，時間及成本上都要維持初衷持續投入。Richard Branson 爵士的太空旅行計畫，從筆者關注的 2006 年開始到寫這段文字當日，已歷經十年，尚未獲得認證開始營運，其間最大的挫折是在累積認證所需飛行的最終幾回合發生墜機意外，兩位飛行員一死一傷；發佈的原因竟然是更換新燃料造成的，令人感到非常意外，在這種時間點作這樣的改變，是否合適？如果考慮發動機設計搭配燃料及整合進入航空機的操縱，這樣複雜的流程，甚至上朔至 (Prelimirary) 初始設計，實在不該在認證階段作變更，如果照其說法就是為飛行安全才更換燃料，這個投入的各項驗證時間實在不夠。

Richard Branson 爵士是筆者推崇的人物，他以一位科技外行的人士，願意投資太空旅行，讓航空技術專家 Burt Rutan 設計新式航空機器，開創新的航空經濟，不得不令人佩服，相較某些民航公司執行長，只願意用老舊飛機，賺折舊的錢，差別更大。但是，也有一些負面的聲音，像是英國自己的網誌 Engineer 就曾刊出一篇文章，主旨是「難不成經濟增長要靠 Richard Branson？」；筆者在 30 年的職場歷練的感悟，早期和晚期有所不同，早期也認為經濟要靠全新的技術突破才能帶動，所以要著重在技術的創新；但到了後期，特別是 Richard Branson 和 Rutan 的合作，讓我領悟到新盛的藍海經濟並不完全要靠全新的技術研發，只要發現消費者的需求，將既有技術作一些畫龍點睛般的改良，也可以創造出藍海經濟。

《無人機市區運輸》

2009 年筆者途經上海，主要是參觀上海航空展，當時看見一位青年在展館裡操控升空了一具四軸飛行器，而在那之前，我也在德國也買了一組四軸飛行器遙控模型玩具，當時好像還沒注意到大疆公司面市沒。總之，垂直起降的四軸無人機，就在未曾見到專利爭議的大事件之下，直可以說是雨後春筍般地在全球遍地開花，拜成熟科技發展的到位，便宜到幾乎人人想買就可以買的地步，比起 1950 年代高價的遙控模型飛機，普遍性真是不能同日而語，1970 年代，筆者在高中階段的航空啓蒙時，能玩起線操機就很慶幸了。

2016 年開始，又一波新的無人機浪潮風起雲湧的展開，這次浮出檯面的公司有正統航空業的空中巴士，以及持有巨大資金並且備妥專利的矽谷巨擘像是谷歌及優步（Uber）等，中國的大疆也在列，局面已經不能用玩具業來視之，並且，這一波是玩真的，是要載人載貨的，沒有飛行員的。這波的航空運輸業是創新的藍海經濟，因為牽涉到資訊技術、電池動力，所以業內自己都能理解到僅適合在都市的範圍內，提供縮短區內交通時間的服務，是其商機能為市場接受的可行性之所在，利基之所在。筆者認為這項航空經濟在未來是有很大的機會成為普及的運輸模式，但僅限於載貨；我個人的看法是由於人命事關重大，這種用無人機載人的服務，即使是谷歌的專利宣稱採用超額備援設計（Redundant），能作到飛安萬無一失的地步，也很難說服主管機關的同意吧！這點可以從空中巴士的無人機運輸發想計畫可以看出來，一方面空中巴士投資了 Vahana 公司開發四軸翼無駕駛飛機車輛互轉形態 Pop.Up，一方面也推出了以載運包裹為主的無人機加上專用機場，兩頭押寶。

以民航大飛機載客的民航業發展史，可以百年來計算了，既使到了二十一世紀，技術成熟到幾乎無可挑惕，但談到完全取消駕駛員，交由電腦操控，都僅止於隨便談談而已，業界好像長久以來沒認真討論過；筆者在 2008 年階段，作為 Griffith 大學航空管理研究所的學生，也曾在網路課程討論面對過老師提出民航大飛機無機師飛行的議題，當時筆者就是反對者，到如今也依然反對。

飛行安全不僅僅是科技的問題，在非科技的範疇，牽涉到的是道德的約束，在航空業不是錢說了算，也不是有錢就可以大聲或顛倒是非推托責任，不適任的民航公司經營團隊，一旦搞到飛安意外出了人命，照行規是會要你賠償到關門收起公司的，Lilium 這架垂直起降飛機是以無人機方式搶先在 2017 年九月首度升空，但該公司也意識到最先推出要上市的機種就會附有真人駕駛功能，以便獲取 FAA 等監管單位授證。

2016 年這波因為電商夾大筆簡單錢 (easy money)，像土豪一般扎進航空機製造業，不僅一般人看得眼花撩亂，就連台灣的新聞界作的報導也是大雜燴，全部塞在一起，有的離譜到用飛天車一詞來概述這些航空器。事實上，由專業來看，這是三件事；首先確實有飛天車在 2016 年拿到上市許可，這飛天車是用內燃機帶動螺旋槳往前起飛，要用到直線道路助跑，他是有輪子的，它有機翼，所以可以飛的很遠，在公路上行駛移動時，機翼要向後向車身內側收起，成近似長方形，這架飛天車完成的是 1980 年代普遍存在先進國家，特別是美國人的夢想；另外一件事就是多數電商主攻的以電動馬達帶動短螺旋槳的垂直起降航空器，這一類的設計基本上沒有機翼，加上用電池，所以目標都限定在市區的單雙人短跑運輸，這群沒拿出正統航空工程教育的資訊電商土豪，用了他們九牛一毛的資金，交出一串令人目眩的航空器原型設計，接下來還要看他們好幾年的新聞，這一場錯誤示範，筆者只能用三條線尷尬回應；第三件事可以用空中巴士和西門子合作的 E-Fan 視作一類，這群的主力是飛機製造業，主要以既有的單雙人座螺旋槳飛機作基礎，以電動或氫燃料發動機來取代現行的往復式或渦輪式內燃機，而現行體系內的航空飛行訓練市場就完美合適電力飛行器的用途，這群飛機製造業者下一個目標就是用新式發動機來推動傳統成熟的民航大飛機作長距離長時間飛行。

《中距蜂巢網路》

筆者長年抱持對航空業的熱情，自 2006 年開始重拾行動，把非上班工作時間挪來關注航空機及航空運輸業的發展，漸漸地將注視的焦點擺在垂直起降飛機上，在那幾年，包含川震及台灣每遇颱風暴雨的救災場面，都讓我感覺到，如果能開發出一架垂直起降飛機，或許救災上，乃至於山區平日的交通上都能發揮運輸用途。到了 2013 年，由於亞馬遜公司（Amazon）發表了以四軸機運貨的計畫及行動，加上 2014 年 3 月美國國防部的 DARPA 計畫也投入發展，甚至說出無人機的未來商機在運貨，讓我自己有了急迫感，因為他們的說法已經和筆者的想法只有一線之隔。筆者的想法是航程在 1,000 公里的有人駕駛垂直起降飛機所建構出來的航空運輸網絡，它包含了建構在市區邊緣連結捷運的垂直機場（Vertiport）。到了 2016 年 8 月，空中巴士公司進入概念設計的 City 也見報，說是一架四人座垂直起降飛機，起飛重量 2 公噸，間接證實這個市場有巨頭注意到了。

垂直起降飛機發展的歷史相當早，在二次大戰結束後，就由移民至美國的俄裔美人 Sirkosky 成功發明直升機，廣用在世界各地，但因為它的耗油量不經濟，所以始終局限在軍事及少數特殊用途上，雖然有錢的消費人士，可以買或租直升機，但很難找到有定期航班的例子，像以筆者在台灣的經驗為例，新竹園區在沒有高鐵開通時，曾有航空公司打算以直升機航線經營往返桃園機場的航班，當然是看中有消費得起機票的商務客層，然而終究沒成。還有一個因素也是使定期航班飛不成的，就是飛安始終是個問號，一旦螺旋槳或發動機故障，便沒有保險，幾乎鐵定墜毀，最新的例子是 2016 年 AW609 在累積認證的試飛期，就因控制上發生 Dutch Roll 而摔掉 2 號原型機，這型與 V22 同外型設計的垂直起降飛機，也是真航空工程師一眼便可以看出有安全風險的；傳統民航大飛機是鳥狀滑翔機加上發動機，所以只要搭乘時，將重心控制在可以執行滑翔的範圍，即使在空中失去動力，也可以控制姿態作滑翔降落。總之，在經濟及安全上，現在使用中及發展中的垂直起降飛機，都滿足不了促進航空經濟所需要的大規模使用，所以筆者認為有必要重新設計一型垂直起降飛機，像現行民航大飛機一樣，既經濟又安全。在趨勢上美國國防部也看準了，於 2014 年的 DARPA 計畫裏選擇了四家飛機製造公司開啟新一輪軍用垂直起降飛機先期開發評比，並適時在 2017 至 2018 年期間完成入選者無人示範機（Demonstrator）試飛，性能上希望巡航速度可以比直升機明顯要快，每小時要達到 550 公里至 740 公里，眼光相同的德國 Lilium 則在 2017 年第三季成功以電力推動垂直起降無人示範機升空，下一步是四人乘實用機。

另外，筆者在 2009 年左右修習航空管理課程時，美國以外的廉價航空市場，正在萌芽階段，同時也有許多國家在發展高速鐵路，經過比較，運輸市場有一個定論，認為只要距離在 1,000 公里以內，航空是沒條件和高速鐵路競爭的，最大的原因是考慮機場的安全檢查時間及機場到市中心還有一段車程後，搭飛機在交通上沒有快過高鐵；市場上通過現行成熟載具及運行模式所下的結論鐵律如此，故必須由此處予以破解。所以，筆者以為二十世紀，美國 FAA 曾提出的 Vertiport 倡議，為垂直起降飛機建造免跑道機場，加上筆者專利中讓垂直起降飛機加上機翼的想法，正好有機會可以截長補短，打破這個鐵律，開創一個嶄新的航空藍海經濟。

這個新的航空經濟，就是一個新的大型鋪天蓋地的航空網路，在每一個城市依照其人口多寡，周邊城市的中距離旅客和貨運量，設立合乎需求的垂直機場（Vertiport），或者也可以稱作機塔，提供出城及進城可以縮短時間的便利。這個航空網路可以視作第二個航空網路，就好比人類有史以來，有了公路，接著又有高速公路，而有了鐵路之後，又有了高速鐵路，兩者沒有發生取代的事，雖有高低峰的時段，卻沒有整體閒置的現象發生。這個嶄新的航空經濟，從載具、航管、機塔、法規到你可以從現有民航經濟可以點出的事物，都會需要用到，而且是重新制定，除了金額的大小還不易概略估算之外，可以斬釘截鐵的是肯定這種航空運輸模式可以適用在全球，等到全面成熟後，地球上的航空網路會極似蜂槽一般鋪蓋，包含山區和海洋，人類想去的地方；有別於航空百年以機場發展出來的航空經濟，第二個航空百年再發展出另一個以垂直起降飛機搭配機塔的航空經濟，寫下機場時代與機塔時代共榮的局面。

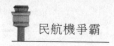

Appendix Content

◎參考資料附錄（依資料年份排序）

1. "JUST IN | Airbus and Bombardier in family ties with CSeries deal", Jun 8 2018, aerotime.aero

2. "Airbus Looks Beyond 'Industrial Crisis' After Parking 100 A320neos", Jens Flottau, Jun 8 2018, aviationweek.com

3. "Podcast: Airbus' Industrial Crisis", Joe Anselmo, Jens Flottau and Guy Norris, Jun 15 2018, aviationweek.com

4. "Brexit Exposes U.K. to Worldwide Raid on Airbus Wing Production", Benjamin D Katz, Jan 30 2018, Bloomberg.com

5. "Brash Airbus Sales Chief John Leahy Bows Out After Reshaping the Airline Industry", DOMINIC GATES, FEB 5, 2018, aviationpros.com

6. "Airbus turmoil overshadows bid to rescue CSeries", Tim Hepher, OCTOBER 22, 2017, reuters.com

7. "Airbus Stops Taking PW1100G Engines", Jens Flottau and Aaron Karp, Feb 10 2018, aviationweek.com

8. "Boeing Readies Delivery of First 787-10 to Singapore Airlines", by Gregory Polek, February 1, 2018, ainonline.com

9. "Pratt & Whitney Meets 2017 GTF Delivery Target" Chris

Kjelgaard, January 24, 2018, ainonline.com

10. "Boeing MAX v Airbus Neo: an evolving rivalry", mba, January 22, 2018, aerotime.aero

11. "Lufthansa Adds Flagship A350-900 to Numerous North American Destinations", Jan 10, 2018, aviationpros.com

12. "Airbus CEO Tom Enders Is Aviation Week 2017 Person Of The Year", Jens Flottau, Jan 5 2018, aviationweek.com

13. "White House confirms UAE fifth freedom assurance, not 'routes freeze'", Karen Walker, May 17 2018, ATWOnline.com

14. "Aerospace Propulsion Highlights Of 2017", Aviation Week & Space Technology, Dec 29, 2017, aviationweek.com

15. "Airbus Group: the old Airbus haunts the new", Bjorn Fehrm, Feb 22 2017, leehamnews.com

16. "CCO: Eurowings' fleet could grow to more than 200 aircraft", Kurt Hofmann, May 30 2017, ATWOnline

17. "British Airways To Fly The A380 to Chicago", Benjamin Bearup, Aug 08 2017, Airways Magazine

18. "Wizz Air plans 10 Airbus A321ceo purchase", September 6, 2017, aerotime.aero

19. "Norwegian Unfazed by New Long-haul, Low-cost Competition", Chris Kjelgaard August 29, 2017, ainonline.com

20. "New Airbus A380 Customer", Dhierin Bechai, Aug 28 2017, Seeking Alpha

21. "The World's Longest Flight Is Coming", Justin Bachman,

August 25, 2017, Bloomberg.com

22. "Supersonic Jet Gets Lift on Goldman Debt Sale, Lockheed Help", Thomas Black, 12 16 2017, Bloomberg.com

23. "Connecticut Honors Whitehead 'First Flight'", August 13 2017, Russ Niles, AV web

24. "WOW Air, the well placed long-haul LCC", Bjorn Fehrm, Aug 23 2017, leehamnews.com

25. "Airbus Achieves a Global First With Its Hot A320", Justin Bachman, August 22, 2017, Bloomberg.com

26. "SIA quietly parks its first A380", GREG WALDRON, 23 AUGUST, 2017, FLIGHT DASHBOARD, FlightGlobal

27. "India Braces for Next ICAO Audit", Neelam Mathews, August 22, 2017, ainonline.com

28. "Demand Surges For Hajj Flights from Southeast Asia" Chen Chuanren, August 21, 2017, ainonline.com

29. "easyJet to establish new airline following Brexit", AeroTime Staff, July, 17, 2017, aerotime.aero

30. "Caution overhangs 777X program-(Update)", Jul 21 2017, leehamnews.com

31. "EasyJet Chooses Austria for AOC Amid Brexit", Benjamin Bearup, July 14 2017, Airways Magazine

32. "Annual Report 2016, Flying as One", Airbus

33. "Lithium-ion Batteries Prove Value On A350", Thierry Dubois, Jun 27 2017, Commercial Aviation content from Aviation Week

34. "Zodiac Aerospace aims to resolve delivery issues by end-September", Reuters, June, 23, 2017, aerotime.aero

35. "Enders: Airbus has to change", Bjorn Fehrm, Jun 14 2017, leehamnews.com

36. "STELIA Aerospace's Celeste seat now available for A320 family", STELIA Aerospace, April 24 2017, wingsmagazine.com

37. "A320neo Engine Woes, Slot Shortage Hamper HK Express", Chen Chuanren, September 14, 2017, ainonline.com

38. "Innovation | Safran Aircraft Engines", safran-aircraft-engines.com, Sep, 2017

39. "For how long can we expect tailwinds?", Rosario Avilés, December 13, 2017, aerotime.aero

40. "Air passenger traffic to double to 7.8 billion by 2036", IATA, October 24, 2017, wingsmagazine.com

41. "From war to partner: Airbus and the CSeries", Oct 18 2017, leehamnews.com

42. "Delta's Boeing 747 Makes Stop at Everett Birthplace on Its Farewell Tour", Dominic Gates, Dec 19, 2017, aviationpros.com

43. "AZUL ANNOUNCES NEW ROUTES TO THE USA WITH A320NEO AND A330", ENRIQUE PERRELLA, August 11 2017, Airways Magazine

44. "Analyst puts Sell on Boeing stock in unusually bearish report", 2/13/2017, leehamnews.com

45. "Composites Facing Production Pinch", Thierry Dubois, March 31, 2016, ainonline.com

46. "Quantum computing", Forum 87, Airbus Group, 2016

47. "Konnichiwa, humanoid", Forum 87, Airbus Group, 2016

48. "Leahy: Aircraft manufacturing no longer a cyclical business", Michael Bruno, 20160302, atwonline.com

49. "FAA approves A350 XWB for 'beyond 180 minutes' ETOPS", 02 MAY 2016, Airbus

50. "Emirates feels low-cost, long-haul competition", Bjorn Fehrm, Nov 23 2016, leehamnews.com

51. "China's Comac aims for first C919 flight by early 2017: sources", Siva Govindasamy, Feb 23 2016, Reuters

52. "Dubai International to have 47 gates for A380", AviationPros. com, Sep 27, 2016 Source: McClatchy

53. "Airbus Becomes One Company 16 Years After It Was First Formed", Andrea Rothman, AEROisme, September 30 2016

54. "Oil Prices… The Big Pain For Jet Makers", Dhierin Bechai, Seeking Alpha, Sep. 15, 2016

55. "Is Zodiac Back on Track for the A350?", Air Insight, 9/13/2016

56. "The A380 Is Inevitable", Aug. 30, 2016, Air Insight

57. "Cathay cuts A340s as A350s roll in", 17 AUGUST, 2016, MAVIS TOH, FLIGHTGLOBAL

58. "Qatar closes A350 sale-and-leaseback with GECAS", 16 AUGUST, 2016, EDWARD RUSSELL, FLIGHTGLOBAL

59. "AirAsia India expands domestic fleet ", Aug, 18, 2016, Mint, AviationPros.com

60. "Planning for New Beijing Airport Excludes Air China", William Dennis, August 11, 2016, ainonline.com

61.Airbus Group: Global 500 RANK HISTORY, 2016, FORTUNE, Time Inc.

62. "Allegiant places order for 12 Airbus A320ceo aircraft ", 8/11/2016, Aerospace Manufacturing and Design

63. "Airbus pursues autonomous air taxi research project", Graham Warwick, 20160802, Air Transport world

64. "Will the monster Airbus A380 ever become a regular at O'Hare?" Lauren Zumbach, Jul 20, 2016, McClatchy, Aviationpros. com

65. "New Airbus plane behind Spirit's sharp profit decline in second quarter", Jerry Siebenmark, Aug 4, 2016, McClatchy, Aviationpros. com

66. "Emirates switches to all-A380 service at Manchester", 09 AUGUST, 2016, FLIGHTGLOBAL

67. "Boeing 787: Stable Rate, Hike Rate or Cut Rate ", Aug. 2, 2016, Leeham Co.

68. "Profits Can't Mask Trading Concerns at European Airlines

69." Charles Alcock, July 29, 2016, ainonline.com

70. "Qatar Airways Buys Dip As It Raises Stake in IAG" , Gregory Polek, August 1, 2016, ainonline.com

71. "RUAG to deliver fuselage structures for Airbus A320 family", August, 2, 2016, aerotime.aero

72. "Lufthansa, net profit of € 429 million in 1H 2016", August, 2, 2016, aerotime.aero

73. "Zodiac Aerospace has not received any takeover offers: sources", May 3, 2016, (Reporting by Cyril Altmeyer writing by Tim Hepher editing by Geert De Clercq and Jason Neely), Reuters

74. "A winner for all: The A380 helps airports, passengers and airlines stay ahead at busy hubs", APRIL 8, 2016, Airbus press release, AVIATION NEWS.EU

75. "Emirates Swells Superjumbo Fleet With Orphaned Skymark Planes", Andrea Rothman, April 13, 2016, AEROisme, Bloomberg.com

76. "B/E Aerospace, Zodiac shares fall as Boeing hires new seat maker", ALWYN SCOTT, Apr 5 2016, Reuters

77. "Exclusive: Boeing to buy directly from new 737 aircraft seat maker", ALWYN SCOTT, Apr 4 2016, Reuters

78. "Cathay Pacific's first A350-900 completes maiden flight", Linda Blachly, Mar 25, 2016, atwonline.com

79. "2015 commercial review, Annual Press Conference", John Leahy, adjusted in February 2016, Airbus

80. "Zodiac management under fire over 'profit warning too far'", (Additional reporting by Cyril Altmeyer and Pawel Lapinski Editing by Elaine Hardcastle), Feb 25 2016, Reuters

81. "Easyjet to trial hydrogen hybrid airplane tech", STU ROBARTS, FEBRUARY 5, 2016, gizmag.com

82. "Emirates Blasts Airbus for Confused Strategy on WideBody Jets", Andrea Rothman, March 10 2016, bloomberg.com

83. "The A380 10 years on and Leahy's optimism for 50 years more", 20150424, atwonline.com

84. "Airbus A380 (Part II): the Constraints on the World's Largest Aircraft", 2015/08/, John Walton, airwaysnews.com

85. "Airbus Struggling to Meet 2015 Delivery Goal as A350 Lags Target", Andrea Rothman, December 8 2015, Bloomberg

86. "Delta CEO warning prompts questions about Boeing 777 production levels", Alwyn Scott and Tim Hepher, 10/16/2015, 4-traders.com

87. "Hexcel Prepares for More Composites in Commercial Aircraft", Thierry Dubois, September 22, 2015, ainonline.com

88. "Zodiac Aerospace Blast Concerns Aviation Industry", John Walton, July 15, 2015, airwaysnews.com

89. "United Airlines, Avianca mull potential jet options", Reporting by Tim Hepher editing by Chris Reese, G Crosse, 3/10/2015, Reuters

90. "Airbus Global Market Forecast 2014-2033 Presentation by John Leahy- 25 Sept 2014", Airbus

91. " 'New Breed Of Managers' Needed For A380 Success, Tim Clark Believes", Jens Flottau, 2014-11-17, Aviation Daily

92. "Hexcel to build new composites plant for Airbus and CFM contracts", DAN THISDELL, 1 Oct 2014, FlightGlobal

93. "DARPA awards Phase 1 contracts for VTOL X-Plane program", David Szondy, March 19, 2014, Gizmag

94. "EASA certifies A350 XWB for up to 370 minute ETOPS", 15 OCTOBER 2014, Airbus

95. "EADS Financial Statements 2013", Airbus Group, 25 February 2014

96. "Poland's LOT aborts Dreamliner flight after computer malfunction" Reuters, Feb 2014

97. "Final report on Boeing 787 battery probe to come in fall", Reuters, Jan 8 2014

98. "Airbus orders more frequent A380 wing fatigue checks", Tim Hepher, Mar 6 2014, rutersprint.com

99. "Boeing Noses Ahead of Airbus in Pinocchio Ad Over Jumbo Claims", Robert Wall, Aug 7, 2013, Bloomberg.com

100. "Proposed American-US Airways Merger, US Airways Fleet", George Hamlin, 2013, Aviation Week Intelligence Network and Airline Financial Report

101. "Emirates Airline firms up order for 50 additional A380s", 23 December 2013, EADS

102. "As Boeing, Airbus factories hum, suppliers get rattled", Alwyn Scott, Mar 2013, Reuter

103. "Airbus and Boeing spar over seat-width benefits", David Kaminski-Morrow, 31 Oct 2013, FlightGlobal

104. "Poland's LOT to get $33 million compensation from Boeing: source", (Reporting by Agnieszka Barteczko, Pawel Bernat and Marcin Goclowski in WARSAW and Tim Hepher in PARIS; Editing by Christian Lowe), Dec 2013, Reuters

105. "Very large planes, Airbus's big bet", Nov 23rd 2013, The

Economist

106. "PARIS: Let the battle of the 100-seater aircraft commence", Edward Russell, 31 May 2013, Flight International

107. "Airbus seals landmark deal with JAL", Jennifer Thompson, October 7, 2013, Financial Times

108. "SPEEDNEWS COMMERCIAL AIRCRAFT PROGRAM STATUS: DECEMBER 31, 2012"

109. "Airbus pushes enhanced A330 against 787-9", David Kaminski-Morrow, 29 Nov 2012, flightglobal.com

110. "A350 XWB update: Smart manufacturing", Ginger Gardiner, 9/1/2011, Composites World

111. "the man who sold the sky", Tim Hepher, Feb 8 2011, Reuters

112. "Topology optimization", GINGER GARDINER, Altair Engineering Inc. , 9 1 2011, Composites World

113. "Airbus A320 family", Wikipedia

114. "An aircraft worth its weight in gold?", MARCH 13, 2010, The Blog by Javier

115.「袒裎相見」, Richard Branson, 譯者 汪可怡 等 , 2010 年元月 , 英屬維京群島商高寶國際有限公司台灣分公司

116. "A380 delay leads to Airbus loss", BBC News, 9 March 2007

117. "EADS Board Reaches Agreement On Power 8 Restructuring Plan", Jens Flottau, Feb 27 2007, Aviation Week

118. "From Worst To First", Gordon M. Bethune & Scott Huler, 1999, Wiley

119. "Competition between Airbus and Boeing", Wikipedia

120. "EADS", Wikipedia

121. "Airbus Chief Sets New Course", Pierre Sparaco, Jan, 23, 1995, Aviation Week & Space Technology

122. "EADS sees Airbus-Boeing duopoly ending", Khaleej Times, 18 July 2010, khaleejtimes.com

123. "Singapore Airlines Joins the Airbus A350 Club", Andreas Spaeth, March 2nd 2016, airwaysnews.com

124. "IAG's Walsh calls for cheaper A380s as it considers fleet plan for Level", Sarah Young, Mar 06 2018, BRUSSELS, Reuters

125. "From war to partner: Airbus and the CSeries", 10/18/2017, leehamnews.com

統計數值引用來源

1. "AIRBUS FY Results 2017", presentation, Tom Enders Chief Executive Officer, Harald Wilhelm Chief Financial Officer, 15 February 2018

2. "AIRBUS Investor Meeting Le Bourget 2017", Tom Enders Chief Executive Officer, Fabrice Brégier Chief Operating Officer, Harald Wilhelm Chief Financial Officer, 21 June 2017, Airbus

3. "IATA annual review 2017", Alexandre de Juniac, Director General & CEO, International Air Transport Association Annual Review 2017, 73rd Annual General Meeting Cancun, June 2017

4. "Presentation of 2016 Air Transport Statistical Results", ICAO Air Transport Reporting

5. "APAC Airline market review", April 2016, FLIGHTGLOBAL

6. "2015 commercial review, Annual Press Conference", John Leahy, adjusted in February 2016, Airbus

7. "Global Market Forecast, Flying on demand 2014~2033", Airbus

8. "Airbus Global Market Forecast 2014-2033 Presentation by John Leahy- 25 Sept 2014", Airbus

9. "ANNUAL RESULTS 2013", Tom Enders & Harald Wilhelm, 26, FEBRUARY 2014, Airbus Group

10. "Global Market Forecast, Flying on demand 2014~2033", Airbus

11. "Airbus Commercial update", John Leahy, EADS Global Investor Forum 2012

12. "A380 Product Update ASFG meeting – Paris, 5th October 2012", Richard Carcaillet, Director Product Marketing, A380, Airbus, EADS

13. "DELIVERING THE FUTURE, Global Market Forecast 2011~2030", AIRBUS

14. "Airbus_Global_Market_Forecast_2013-2032_slides", John Leahy, COO, Customers, Airbus S.A.S.

15. "Airbus_GMF_2011_2030_delivering_the_future_press_conference_presentation", John Leahy, Airbus S.A.S.

國家圖書館出版品預行編目資料

民航機爭霸 / 張建中著. -- 初版. -- 臺北市：博客思, 2018.12
　　面；　公分
ISBN 978-986-96710-4-0(平裝)
1.航空運輸 2.航空運輸管理
　　　557.94　107015275

民航機爭霸

作　　者：張建中
編　　輯：陳勁宏
美　　編：陳勁宏
封面設計：陳勁宏
出 版 者：博客思出版事業網
發　　行：博客思出版事業網
地　　址：台北市中正區重慶南路1段121號8樓之14
電　　話：(02)2331-1675或(02)2331-1691
傳　　真：(02)2382-6225
E—MAIL：books5w@gmail.com或books5w@yahoo.com.tw
網路書店：http://bookstv.com.tw/
　　　　　http://store.pchome.com.tw/yesbooks/
　　　　　博客來網路書店、博客思網路書店、三民書局、金石堂書店
總 經 銷：聯合發行股份有限公司
電　　話：(02) 2917-8022　　傳　真：(02) 2382-6225
劃撥戶名：蘭臺出版社 帳號：18995335
香港代理：香港聯合零售有限公司
地　　址：香港新界大蒲汀麗路36號中華商務印刷大樓
　　　　　C&C Building, 36,Ting, Lai, Road, Tai,Po, New,Territories
電　　話：(852)2150-2100　　傳真：(852)2356-0735
經　　銷：廈門外圖集團有限公司
地　　址：廈門市湖里區悅華路8號4樓
電　　話：86-592-2230177　　傳 真：86-592-5365089
出版日期：2018年12月 初版
定　　價：新臺幣360元整(平裝)
ISBN：978-986-96710-4-0